GUIDE PRATIQUE

DES

SOCIÉTÉS ANONYMES

PAR

NUMA SALZEDO

ANCIEN AVOCAT A LA COUR D'APPEL DE PARIS

———

LIBRAIRIE

DE LA SOCIÉTÉ DU RECUEIL J.-B. SIREY & DU JOURNAL DU PALAIS

Ancienne Maison L. LAROSE & FORCEL

22, rue Soufflot, PARIS, 5e Arrondt.

L. LAROSE & L. TENIN, Directeurs

—

1908

GUIDE PRATIQUE

DES

SOCIÉTÉS ANONYMES

IMPRIMERIE
CONTANT-LAGUERRE
BAR-LE-DUC.

GUIDE PRATIQUE

DES

SOCIÉTÉS ANONYMES

PAR

NUMA SALZEDO

ANCIEN AVOCAT A LA COUR D'APPEL DE PARIS

LIBRAIRIE

DE LA SOCIÉTÉ DU RECUEIL J.-B. SIREY & DU JOURNAL DU PALAIS

Ancienne Maison L. LAROSE & FORCEL

22, rue Soufflot, PARIS, 5e Arrondt.

L. LAROSE & L. TENIN, Directeurs

1908

PRÉFACE

Ce nouveau guide a pour objet de présenter en un petit nombre de pages un tableau aussi complet que possible des règles des Sociétés anonymes. Le texte proprement dit en est d'une étendue moindre, non seulement que les ouvrages spéciaux, mais encore que la partie des grands traités de droit commercial consacrée aux Sociétés par actions. C'est que le but en est essentiellement différent. Ces livres exposent les questions nombreuses soulevées par les lois sur les Sociétés et les solutions diverses qui en ont été données. La plus grande partie en est consacrée à la controverse. Le présent ouvrage, au contraire, ne contient qu'une vue d'ensemble de la matière. Toutes les discussions d'un intérêt exclusivement théorique en sont systématiquement écartées. Réduit à cet objet, il nous a paru répondre à un besoin jusqu'à présent imparfaitement satisfait. Les grands ouvrages fournissent des arguments aux opinions contradictoires. Ils laissent ignorer les règles élémentaires dont la connaissance permettrait le plus souvent d'éviter les difficultés, parce qu'ils ne les présentent que trop disséminées dans la multitude des détails. Dans la pratique, les prescriptions les plus simples de la loi demeurent trop souvent igno-rées. Une preuve des plus fâcheuses pour le public en est la fréquence des nullités qui frappent les constitutions de Sociétés ou les opérations sociales. Nous avons cherché à donner à ce livre une double utilité : c'est un guide, que nous croyons indispensable dans le dédale des règles générales et spéciales; c'est en même temps une intro-duction à l'étude approfondie de la matière si vaste des Sociétés anonymes. Dans ces conditions la brièveté nous a paru le premier mérite à poursuivre. Mais comme cette qualité fût devenue un défaut si elle avait été acquise par la mutilation du sujet, nous avons essayé de l'obtenir sans rien sacrifier d'essentiel. Le moyen le plus sûr nous a paru l'observation d'un ordre aussi rigoureux que possible. Nous avons évité ainsi les répétitions qui grossissent les exposés où l'ensemble a moins d'importance que chaque partie. Nous avons pu aussi abréger les démonstra-tions nécessaires, rien qu'en présentant dans leur succes-sion logique les principes et leurs conséquences, sans y ajouter les motifs, auxquels supplée cette seule disposition.

Si réduit que doit être un tableau d'ensemble, il ne peut se borner à présenter méthodiquement les disposi-tions de la loi. L'interprétation des textes est souvent difficile. Tous les cas principaux sont loin d'avoir été pré-vus. Avec la loi elle-même il fallait indiquer les règles provenant d'une autre source qui ont le plus de chance d'être appliquées, sauf à les critiquer quand elles nous paraissaient insuffisamment justifiées, c'est-à-dire exposées à des changements. Aussi avons-nous fait une part relativement grande à la jurisprudence des cours et tribunaux. Établie par un certain nombre de précédents, elle a la même valeur pratique que la loi elle-même. Il nous a paru également nécessaire de faire connaître la doctrine des principaux auteurs. Une majorité acquise en faveur d'une opinion en indique tout au moins la probabilité. Puis, le lecteur qui a intérêt à approfondir une question trouve dans ces références une indication bibliographique. Nous renvoyons particulièrement à deux ouvrages : le grand *Traité de Droit commercial* de MM. Lyon-Caen et Renault, et l'ouvrage sur les *Sociétés* de M. Houpin. Mais comme toute indication de cette nature eût ralenti l'exposé général en le surchargeant, c'est en note que nous avons porté ces matières. Le lecteur qui s'en tient à l'idée générale n'a pas besoin de s'y référer.

Une mention très succincte des législations étrangères n'était point non plus sans utilité. Il ne pouvait s'agir d'une étude scientifique de législation. C'est uniquement encore pour répondre à un but pratique que nous avons donné quelques renseignements dans cet ordre. D'abord l'extension croissante des affaires amène chaque jour des rapports plus fréquents avec les Sociétés des divers pays. Puis d'assez nombreuses Sociétés, françaises par leur personnel ou leur objet, sont étrangères par leur siège social et leur forme. Il n'est pas alors sans intérêt de savoir par quels principes elles se trouvent régies. Enfin la comparaison avec la loi étrangère permet une appréciation quelquefois utile de la loi française et de sa valeur propre. Mais la même raison que pour les jugements et arrêts nous a fait naturellement rejeter en marge ces références.

L'ouvrage est complété par quatre appendices :

1° Le texte de la loi de 1867, modifié par les lois de 1889 et de 1893, 1902, 1903 et 1905. Cette reproduction permet d'abréger les citations et rend les vérifications rapides. Elle donne tel qu'il doit être lu le texte complet de la législation, composé de plusieurs parties reproduites séparément dans les recueils. Nous y avons joint, pour les Sociétés anonymes, quelques annotations destinées à en rendre la lecture plus facile et débarrassant notre travail de généralisation de tout appareil exégétique.

2° et 3° La législation sur les Sociétés des deux pays où les Français fondent le plus de sociétés en dehors de la France : la Suisse et la Belgique. Le désir, naturel, d'éviter certaines dispositions incommodes de la loi française amène souvent, en effet, les fondateurs d'une Société opérant en France à lui donner la nationalité et, par suite, la forme et les règles d'une Société étrangère. Seuls les deux pays étrangers de langue française fournissent, par leur voisinage et leurs affinités, l'instrument pratique de cette sorte de dénationalisation. Quelles ressources leur législation offre-t-elle à cet effet et à quelles règles les Sociétés ainsi constituées sont-elles soumises? C'est ce qu'il était nécessaire de faire connaître. Seulement au lieu de reproduire purement et simplement les lois de ces deux pays, nous en avons donné l'analyse dans le même ordre et selon le même plan que pour la législation française. De cette manière l'exposé en sera plus clair et la connaissance plus facile pour un lecteur français.

4° Enfin nous reproduisons dans l'état où il est actuellement le nouveau projet de loi sur les Sociétés présenté au Parlement. Quoiqu'il ait peu de chances d'aboutir bientôt, il n'en est pas moins une promesse ou une menace pour de nombreux intérêts nés sous le régime actuel. A ce titre, il constitue une éventualité dont la pratique ne peut se désintéresser complètement.

Notre plan général, dont la connaissance préalable facilite la lecture de l'ouvrage, se divise en huit parties ;

1° *L'origine et la nature* des Sociétés anonymes. Après l'historique nécessaire de la législation et particulièrement des lois de 1867, 1893 et de 1902, cette partie contient la notion de l'action et de l'obligation, l'objet commercial ou civil de la Société, le principe de sa personnalité juridique, enfin son domicile.

2° *La fondation.* C'est l'application de toutes les règles à suivre pour l'établissement d'une Société anonyme : conditions de fond et de forme, publicité, nullité résultant de l'inobservation de ces règles.

3° *L'organisation*, renfermant l'exposé des trois grands rouages de toute Société anonyme : les administrateurs, les commissaires des comptes et les actionnaires.

4° *Le fonctionnement*, en d'autres termes, la marche du mécanisme dont le chapitre précédent donne la description, divisé également en trois paragraphes :

§ 1. — Les effets intérieurs entre les associés, c'est-à-dire leurs droits et leurs obligations ;

§ 2. — Les effets extérieurs par rapport aux tiers, ce qui comprend surtout la conservation du fonds social, unique garantie du public dans une Société exclusivement de capitaux ;

§ 3. — Les cessions d'actions par lesquelles les associés transportent à d'autres, avec leurs titres, leurs droits et leurs obligations.

5° *Les modifications* dont la Société est susceptible au cours de son existence : augmentation ou réduction du capital social, changements dans l'organisation, le fonctionnement ou la durée de la Société, fusion de deux Sociétés.

6° *La dissolution*, avec ses causes et ses effets : liquidation et partage.

7° *Les Sociétés anonymes à capital variable*, si différentes à plusieurs égards des Sociétés anonymes ordinaires.

8° *Les Sociétés anonymes étrangères* fonctionnant en France ou y faisant circuler leurs titres.

INDEX BIBLIOGRAPHIQUE

ALAUZET. — *Commentaire sur les sociétés civiles et commerciales*, 2 vol. in-8°, 1879.

Annales du droit commercial français, étranger et international.

ARTHUYS. — *De la constitution des sociétés par actions*, in-8°, 1898.

ARTHUYS. — *Traité des sociétés commerciales, avec commentaires sur la faillite et la liquidation des sociétés*, 2 vol. in-8°, 1906.

BÉDARRIDE. — *Commentaire de la loi du 24 juillet 1867 sur les sociétés en commandite par actions, anonymes et coopératives*, 2 vol. in-8°, 1877.

BELIN. — *Étude sur la responsabilité civile des administrateurs des sociétés anonymes*, in-8°, 1904.

BESLAY et LAURAS. — *Commentaire du Code de commerce*, t. V, in-8°, 1867-1889.

BESSON. — *Traité pratique de la taxe de 3 0/0 sur le revenu des valeurs immobilières*, in-8°, 1887.

BOISTEL. — *Cours de droit commercial avec supplément*, in-8°, 1890.

— *Manuel de droit commercial*, in-8°, 1899.

BOUVIER-BANGILLON. — *La législation nouvelle sur les sociétés. Loi du 1er août 1893*, in-8°, 1894.

BRAVARD-VEYRIÈRES et DEMANGEAT. — *Traité des sociétés commerciales*, in-8°, 1861.

CARPENTIER et FRÉREJOUAN DU SAINT. — *Répertoire général alphabétique du droit français*, 37 vol. in-8°, 1886-1906.

CELLERIER (L.). — *Étude sur les sociétés anonymes en France et dans les pays voisins*, in-8°, 1906.

CHARMOLU. — *Manuel des sociétés anonymes et des sociétés en commandite par actions*, in-8°, 1883.

COURCY (DE). — *Les sociétés anonymes*, in-8°, 1869.

DALLOZ. — *Jurisprudence générale.* — *Recueil périodique*, 1845 et suiv.

DECUGIS. — *Les actions d'apport et les actions de priorité*, in-8°, 1904.

DECUGIS. — *De la responsabilité envers les tiers dans la gestion des sociétés par actions*, in-8°, 1899.

DELOISON. — *Traité des sociétés commerciales françaises et étrangères*, in-8°, 1882.

DESEURE. — *Responsabilité des administrateurs et des commissaires dans les sociétés anonymes*, in-8°, 1904.

DEVILLENEUVE, MASSÉ ET DUTRUC. — *Dictionnaire du contentieux commercial et industriel*, in-8°, 1875.

DOUAY. — *De la constitution des sociétés par actions à capital fixe en France et à l'étranger*, in-8°, 1889.

Droit (Le), Journal des Tribunaux.

DROUIN. — *De la condition juridique des société commerciales étrangères en France*, in-8°, 1898.

FLOUCAUD-PENARDILLE. — *Les sociétés par actions*, 2 vol. in-8°, 1889.

FRÉMERY (M.). — *Étude de droit commercial*, 1835, in-8°.

HOUPIN. — *Traité général théorique et pratique des sociétés civiles et commerciales*, 2 vol. in-8°, 1901.

Jobit (M.). — *Les valeurs étrangères et les lois d'impôts, traité pratique*, 1890.

Journal des assurances.

Journal de l'enregistrement.

Journal des notaires et des avocats.

Journal du Palais, 1791-1908, in-8°.

Journal des sociétés civiles et commerciales françaises et étrangères.

Lambert (A.). — *Manuel des sociétés de commerce par actions*, 1 vol. in-8°, 1902.

Lecouturier. — *La nouvelle législation sur les actions de priorité*, in-8°, 1903.

Lecouturier. — *Traité des parts de fondateur*, in-8°, 1903.

Lecouturier. — *Manuel pratique des assemblées ordinaires et extraordinaires*, in-8°, 1906.

Lescoeur. — *Essai historique et critique sur la législation des sociétés commerciales en France et à l'étranger*, 1877, in-8°.

Lévy-Lion. — *De la liquidation des sociétés commerciales.*

Loi (La), Journal judiciaire.

Lyon-Caen et Renault. — *Traité de droit commercial*, 8 vol. in-8°, 1899-1903.

Maréchal (C.). — *La loi du 9 juillet 1902 et les actions de priorité*, in-8°, 1902.

Marca (P.). — *Les sociétés commerciales par actions. Manuel des sociétés en commandite par actions et des sociétés anonymes*, in-8°, 1906.

Molinier. — *Traité de droit commercial*, in-8°, 1841.

Namur. — *Le Code de commerce belge*, 3 vol. in-8°, 1884, Bruxelles.

Pandectes françaises. Recueil de jurisprudence et de législation, in-4°.

Perrin (L.). — *Les sociétés par actions. Loi du 1ᵉʳ août 1893*, in-8°, 1894.

Pont (P.). — *Commentaire des sociétés civiles et commerciales*, 2 vol. in-8°, 1880-1884.

Recueil des arrêts du Conseil d'État, 1895-1908.

Revue critique de législation et de jurisprudence.

Revue crtique des sociétés et de droit commercial.

Revue des sociétés.

Rivière. — *Répétitions écrites sur le Code de commerce*, in-8°, 1882.

Roguier. — *Conflit des lois suisses en matière nationale et internationale*, in-8°, 1891.

Rousseau. — *Des sociétés commerciales françaises et étrangères*, 2 vol. in-8°, 1906.

Rubat du Mérac. — *Des délits relatifs aux sociétés par actions*, in-8°, 1889.

Ruben de Couder. — *Dictionnaire de droit commercial, d'après Goujet et Merger*, 6 vol. in-8°, 1877 et 1884. *Supplément*, 2 vol. in-8°, 1897-1898.

Sirey. — *Recueil général des lois et arrêts*, in-4°, 1791 et s.

Thaller. — *Traité élémentaire de droit commercial*, in-8°, 1904.

Tripier. — *Commentaire de la loi du 24 juillet 1867 sur les sociétés, avec supplément*, 2 vol. in-8°, 1876.

Troplong. — *Commentaire sur le contrat des sociétés civiles et commerciales*, 2 vol. in-8°, 1843.

Valéry. — *Des actions de jouissance*, in-8°, 1906.

Vallette. — *Mélanges de droit, de jurisprudence et de législation*, 2 vol. in-8°, 1879-1880.

VAVASSEUR. — *Commentaire des lois du 9 juillet 1902 et 16 novembre 1903 sur les actions de priorité*, in-8°, 1904.

VAVASSEUR. — *Traité des sociétés civiles et commerciales*, 2 vol. in-8°, 1897-1904.

VILLARD. — *Des administrateurs dans les sociétés anonymes*, in-8°, 1884.

GUIDE PRATIQUE

DES

SOCIÉTÉS ANONYMES

CHAPITRE PREMIER

ORIGINE ET NATURE DE LA SOCIÉTÉ ANONYME

§ 1. — *Origine de la société anonyme.*

La société anonyme est la forme la plus parfaite de
l'association de capitaux. Définie d'après ses effets principaux, c'est une société dont les membres, sans autre
risque que celui de perdre leur mise, agissent par l'intermédiaire de mandataires choisis et révoqués librement.
Son caractère essentiel est l'obligation limitée de tous les
associés, auxquels le passif ne peut être réclamé que dans
la mesure de leur apport en argent ou en nature [1]. De ce
premier caractère résultent les deux autres, aussi cons-
tants, mais moins nécessaires : 1° l'impersonnalité des
parts qui, n'obligeant plus leur propriétaire à rien une

[1] Houpin, *Traité des soc.*, t. II, n° 766, p. 2.

fois effectué le versement promis, se transmettent librement, sans acception de personnes [1]; 2° le mode de gouvernement social, dans lequel le pouvoir prépondérant appartient nécessairement aux actionnaires, parce qu'il n'y a personne au-dessus ni à côté des assemblées régulièrement constituées [2]. C'est une république souveraine où chacun peut acquérir le droit d'entrer en achetant une part d'associé et d'où il peut sortir à son gré en l'aliénant. Les tiers avec lesquels elle est en rapport ne connaissent que la collectivité, à l'exclusion de ses membres, et n'ont pour toute garantie que le fonds social.

Inconnue en droit romain, la société anonyme existait à la fin du Moyen âge. L'origine en remonte à la pratique de la commandite, du jour où les bailleurs de fonds se séparèrent des commandités pour en prendre eux-mêmes le rôle en le faisant remplir par représentants [3]. On peut en voir une première ébauche dans l'association formée pour l'exploitation des mines et l'armement des navires. C'est la forme que prirent ensuite, à l'époque moderne, les banques et les sociétés d'exploitation coloniale. Elles s'appelaient *compagnies*, parce que le nom de *société anonyme* ne se donnait alors qu'aux sociétés en participation. Aucune réglementation générale ne leur était appliquée en France. Mais la formation en était subordonnée à une autorisation royale [4]. Telles étaient, entre autres, les deux célèbres compagnies des Indes, celle des Indes occidentales et celle des Indes orientales, dont les plus

(1-2) Houpin, *Traité des soc.*, t. II, nᵒˢ 766 et s., p. 2.
(3) P. Viollet, *Précis de l'histoire du droit français*, Paris, 1884, p. 656.
(4) P. Viollet, *op. cit.*, p. 657.

hauts personnages du royaume avaient fourni les capitaux.

Sous la Révolution, le sort des sociétés anonymes suit les mêmes revirements que les institutions politiques. En proclamant la liberté du commerce et de l'industrie, la loi du 2 mars 1791 avait supprimé la nécessité d'une autorisation sans même la remplacer par une réglementation. Mais les agiotages auxquels cette liberté sans limite enlevait tout frein servirent de prétexte à la loi du 26 germinal an II pour prononcer la dissolution de toutes les sociétés anonymes existantes et subordonner la création des nouvelles à une permission législative. La liberté illimitée fut de nouveau reconnue, mais non organisée, par la loi du 30 brumaire an IV.

Le Code de commerce de 1807, conformément à l'esprit du nouveau régime, revint en partie à l'ancienne législation des sociétés par actions. Les sociétés anonymes, qui perdent alors définitivement le nom de *compagnies,* doivent être autorisées par décret rendu en Conseil d'État. Mais la nouvelle législation admet, d'un autre côté, une commandite par actions susceptible de se former librement. Aucune des deux espèces de sociétés n'est encore soumise à une réglementation générale, ni la société anonyme, à cause de l'autorisation, ni la société en commandite par actions, à cause de la responsabilité indéfinie et solidaire des commandités, responsabilité et autorisation considérées comme offrant une garantie suffisante. Il en résulta, dans la pratique, un anonymat dispensé de toute autorisation et affranchi de tout contrôle, sous couleur de commandite par actions. L'habitude s'introduisit de prendre pour commandités des hommes de paille dupes ou complices des fondateurs, sous le nom desquels ces derniers se livraient sans risques aux spéculations les plus malhonnêtes ou les plus téméraires [1].

Le besoin d'un remède à ces abus amena une refonte complète de la législation des sociétés par actions. C'est l'objet des deux lois du 17 juillet 1856 et du 23 mai 1863, relatives, la première, aux sociétés en commandite, la seconde, aux sociétés anonymes. La loi du 17 juillet 1856, sans assujettir la commandite au régime incommode de l'autorisation, en soumet la formation et le fonctionnement à une réglementation sévère, destinée à prévenir la fraude et l'imprudence. La loi du 23 mai 1863 permet de former, sous le nom de société à responsabilité limitée, et à la condition que le capital ne dépassera pas 20 millions, de véritables sociétés anonymes dispensées d'autorisation gouvernementale, mais subordonnées, en retour, à la même garantie d'une réglementation préventive. Dans la pensée de leurs auteurs, ces mesures législatives n'étaient qu'une expérience, qui fut jugée suffisamment concluante au bout de quelques années. Il en sortit la loi fondamentale du 24 juillet 1867, qui n'est que la codification et le complément des précédentes. Le principe de la liberté est étendu à toutes les sociétés de commerce, sans distinction de capital, par actions aussi bien que par intérêts ; mais l'application en est tempérée, pour les sociétés par actions, par le correctif de la réglementation. Cette loi est divisée en cinq titres : le premier s'occupe des sociétés en

---

(1) Lescœur, *Essai hist. et crit. sur la législ. des soc. comm.*, Paris, 1877, p. 45 et s.

commandite par actions ; le second, des sociétés anonymes ; le troisième, des dispositions particulières aux sociétés dites à capital variable ; le quatrième, des prescriptions relatives aux actes de sociétés ; le cinquième, des tontines et des sociétés d'assurances sur la vie. Le titre premier remplace la loi de 1856 et le second la loi de 1863, abrogées l'une et l'autre par la loi de 1867. Cette préoccupation de la chronologie législative a même entraîné une disposition défectueuse. Les deux espèces de sociétés par actions étant, sur beaucoup d'objets, réglées de la même manière, la loi indique dans le premier titre les règles communes et les règles spéciales aux sociétés en commandite par actions ; puis, dans le second titre seulement, les règles particulières aux sociétés anonymes. De cette façon, le règlement de l'anonymat, de beaucoup la plus importante des sociétés par actions, ne forme pas une suite continue d'articles. De plus, l'exposé doit en être encore complété par les dispositions applicables à toutes les sociétés de commerce (1), ou spéciales à quelques cas des sociétés anonymes, rejetées dans les trois derniers titres.

Depuis sa promulgation, la loi du 24 juillet 1867, reconnue insuffisante, a été revisée par quatre lois successives, dont le texte s'ajoute ou se substitue au sien :

1° La loi du 1ᵉʳ août 1893 portant modification des articles 1, 3 et 8, et ajoutant l'article 68.

2° La loi du 9 juillet 1902 sur les actions de priorité et les actions d'apport, tendant à compléter l'article 3 de cette loi, ainsi que l'article 34 du Code de commerce.

____

(1) V. les textes reproduits en appendice.

3° La loi du 16 novembre 1903 modifiant à son tour la précédente.

4° Enfin la loi du 17 mars 1905 abrogeant le premier alinéa de l'article 66 [1].

Actuellement, la législation des sociétés anonymes est contenue dans les articles 29 à 37 du Code de commerce, et dans la loi de 1867, modifiée en 1893, en 1902 et en 1903. Il y faut joindre les dispositions du Code civil [2], du Code de commerce [3], et des lois particulières communes à toutes les sociétés, quelles qu'elles soient, ou aux sociétés commerciales, et, en particulier, la loi du 30 mai 1857 relative aux sociétés par actions constituées en pays étrangers. A raison de la manière fragmentaire dont elle a été établie, cette législation contient beaucoup de dispositions transitoires, dont l'application devient moins fréquente avec le temps [4].

Un nouveau projet de loi sur les sociétés, voté par le Sénat, est actuellement soumis à la Chambre des députés.

§ 2. — *Nature de la société anonyme.*

Une société anonyme a pour base l'*action*, c'est-à-dire

(1) Aux lois précitées, on doit ajouter comme susceptibles d'application aux sociétés anonymes, mais à part, à raison de leur objet spécial : le décret du 22 janv. 1868 sur les sociétés d'assurances ; la loi du 5 nov. 1894, relative à la création des sociétés de crédit agricole ; les lois des 30 nov. 1894 et 31 mars 1896, sur les habitations à bon marché ; la loi du 4 juill. 1900, concernant la constitution des sociétés ou caisses d'assurances mutuelles agricoles. La loi du 17 mars 1905, citée au texte règle à part la surveillance et le contrôle des sociétés d'assurances sur la vie et de toutes les entreprises dans les opérations desquelles intervient la durée de la vie humaine.

(2) C. civ., art. 1832-1834, 1842, 1845 et s., 1865 et s., 1873.

(3) C. comm., art. 19 et s.

(4) Loi du 24 juill. 1867, art. 46 ; loi du 1er août 1893, art. 7.

la part d'associé dans une société de capitaux, par opposition à l'*intérêt*, ou part d'associé dans une société de personnes [1].

En l'absence de toute définition légale, la distinction entre l'action et l'intérêt est établie par la nature même de la société. Dès lors, la plus ou moins grande liberté de la transmission, seule, caractérise chacune des deux espèces de titres. Un associé peut-il se substituer une personne quelconque sans l'assentissement de la société? Chaque part d'associé est une action. Cette cession est-elle subordonnée à une autorisation accordée ou refusée selon le cessionnaire? C'est au contraire un intérêt [2].

Aucun obstacle légal ne s'oppose à la fondation d'une société anonyme par intérêts [3]. Elle demeurera soumise aux prescriptions de la loi de 1867, parce qu'elles ont pour but principal de garantir les tiers contre le bénéfice de la responsabilité restreinte accordé à tous les associés sans distinction. Mais la cession des parts n'en sera possible

---

(1) Cass., 9 févr. 1887, S. 88. 1. 177; 16 févr. 1892, *Journal des soc.*, 1892, p. 266; Houpin, *Traité des soc.*, t. I, n° 276, p. 227.

(2) Cass., 27 mars 1878, S. 78. 1. 277; 4 nov. 1888, *Journal de l'enregistrement*, art. 23123; *Journal des notaires*, art. 24174; 31 janv. 1893, *Journal des soc.*, 1893, p. 158; Houpin, *Traité des soc.*, t. I, n° 276, p. 227.

(3) Rivière, *Répét. sur le Code de comm.*, n° 180; Alauzet, *Comment. sur les soc.*, n° 529; Boistel, *Droit commercial*, n° 306, p. 208; Vavasseur, *Traité des soc.*, n°ˢ 776 et s.; Lyon-Caen et Renault, *Dr. comm.*, t. II, p. 534, n° 679 *bis*; Lacour, *Revue critique*, 1885, p. 465; Valette, *Mélanges de droit*, t. I, p. 633. Considèrent au contraire la forme par actions comme essentielle à la société anonyme : Troplong, *Traité des soc.*, n° 477; Bravard-Veyrières et Demangeat, *Traité de droit comm.*, t. I, p. 348 et s., et 546; Bédarride, *Commentaires de la loi de 1867*, n°ˢ 330 et s.; P. Pont, *Commentaires des soc.*, t. II, n° 1585; Bouvier-Bangillon, *Loi du 1ᵉʳ août 1893*, p. 4; Houpin, *Traité des soc.*, t. II, n° 770, p. 5.

qu'aux conditions indiquées dans les statuts, puisque telle
aura été la volonté des contractants.

Toutefois, la mobilité des parts d'associés répondant
mieux à la nature des sociétés anonymes, ces parts, en fait,
sont toujours des actions [1]. En principe, elles demeurent
telles malgré toutes les restrictions mises à leur aliénation
qui ne la subordonnent pas à une autorisation. Ainsi,
l'émission peut en être admise seulement dans un petit
cercle de personnes, le transport en serait très valablement soumis à l'accomplissement des formalités exigées
pour la cession des créances; enfin, rien n'empêche d'en
créer d'importance et de valeur inégales [2]. Mais ces particularités s'accordent mal avec l'objet de la société anonyme, et même de toutes les sociétés par actions. L'action
présente presque toujours les caractères diamétralement
opposés : 1° la souscription est provoquée par un appel au
public; 2° l'aliénation est rendue plus facile par la forme
négociable, consistant dans l'endossement, le transfert ou
la remise de la main à la main des titres au porteur; 3° enfin, pour la facilité même de ces opérations, toutes les
actions ou divisions d'actions sont égales, les personnes
qui veulent avoir une participation plus large à la société
en étant quittes pour se procurer un plus grand nombre
d'actions ou de coupons d'actions.

Au capital apporté par les actionnaires se joint très sou-

[1] Cass., 27 mars 1878, S. 78. 1. 277; Houpin, *Traité des soc.*, t. I, n° 276,
p. 227; Cf. Cass., 15 janv. 1890, *Journal des soc.*, 1891. 325.

[2] D'après l'art. 34 du Code de commerce « Le capital de la société
anonyme se compose d'actions et même de coupons d'actions d'une valeur
égale », mais il ne fait qu'indiquer le cas ordinaire et n'énonce pas une règle impérative, qui serait abolie d'ailleurs par la loi de 1902.

vent, dans les sociétés anonymes importantes, un capital
fourni par les obligataires ou souscripteurs d'obligations [1].
Le premier forme ce qu'on a appelé le capital-actions,
constitué au moyen d'apports en nature ou promis par
souscription, et le second représente le capital-obligations,
résultant d'en emprunt. Cet argent est obtenu par un
appel au public et les deux capitaux donnent lieu à des
titres semblables, transmissibles de la même manière. Mais
les actionnaires seuls sont des associés ayant droit à un
dividende variable, et les obligataires sont des créanciers
ne pouvant prétendre qu'à un intérêt fixe. L'émission
d'obligations qui se combine avec l'émission des actions
s'explique par l'avantage de limiter ces dernières. Certaines catégories de souscripteurs préfèrent à l'action l'obligation, qui promet moins de revenu, mais supporte moins
de risques; si la société devient prospère, les actionnaires
ont avantage à ne s'adjoindre que des obligataires auxquels
il sera servi des intérêts moindres que les dividendes; enfin, le capital nécessaire à l'entreprise peut ne pas être
connu tout de suite avec précision. Il en résulte deux catégories de participants à la société, pour lesquels se posent
les mêmes questions, mais qui n'en sont pas moins traités
selon des règles toutes différentes. Alors que les actionnaires sont tout dans la société, un droit de surveillance
n'y est même pas réservé aux obligataires, dont les prêts
peuvent cependant dépasser l'apport des associés [2]. Ce trai-

---

(1) Pour la comparaison entre l'action et l'obligation, V. Houpin, *Traité
des soc.*, t. l, n° 404, p. 334 et s.

(2) Toutefois, il peut être constitué entre les obligataires une société chargée de défendre leurs droits et leurs intérêts communs. Houpin, *Traité des
soc.*, t. I, n° 409, p. 338, et n° 424, p. 359 et s.

tement si différent a son explication juridique dans l'idée
que la situation des obligataires n'est point affectée,
comme celle des actionnaires, par l'état de la société, puisqu'ils touchent un intérêt fixe au lieu d'un dividende variable, et que, dans la liquidation, ils sont remboursés
intégralement avant tout partage. Cependant, la loi française, malgré l'exemple de plusieurs codes étrangers, n'a
établi aucun rapport légal entre le capital-actions et le
capital-obligations (1). Ainsi, une société anonyme pourrait
légitimement emprunter 20 millions avec un seul million
de capital, si elle rencontrait des prêteurs dans ces conditions. La préoccupation d'une relation moins dispropor-
tionnée ne se manifeste que dans les concessions de chemins de fer, où il est prescrit aux concessionnaires de n'é-
mettre qu'un chiffre d'obligations égal au montant des
actions (2).

La société anonyme peut avoir pour objet des actes
civils aussi bien que des actes de commerce (3).

Avant la loi du 1er août 1893, les sociétés civiles par
leur objet, mais commerciales par leur forme anonyme,
devaient se constituer selon les mêmes règles que les

---

(1) Lyon-Caen et Renault, *Dr. comm.*, t. II, n° 594, p. 441; Houpin, *Traité
des soc.*, t. I, n° 408, p. 337.

(2) Loi du 11 juin 1880 sur les chemins de fer d'intérêt local et les tram-
ways, art. 18. Cette loi ne s'applique pas aux grandes Compagnies, mais cette
garantie y est remplacée par l'autorisation ministérielle sans laquelle, aux
termes des conventions financières passées entre elles et l'État, elles ne
peuvent émettre d'obligations nouvelles. Lyon-Caen et Renault, *Dr. comm.*,
t. II, n° 594, p. 441.

(3) Houpin, *Traité des soc.*, t. II, n° 771, p. 9.

autres, mais n'avaient ni les droits ni les obligations des commerçants.

L'article 68 ajouté à la loi de 1867 par la loi de **1893** a supprimé cette distinction. Toute société anonyme fondée depuis la promulgation de cette loi [1], qu'elle ait un objet civil ou commercial, est considérée par la loi comme société de commerce. Non seulement elle ne diffère point des autres par son organisation et son fonctionnement, mais elle doit aussi se conformer dans ses actes aux lois et usages du commerce. En conséquence, elle a l'obligation de tenir les livres prescrits aux commerçants ; les contestations entre ses membres sont jugées par les tribunaux de commerce ; enfin, elle peut être mise en faillite ou demander la liquidation judiciaire. D'un autre côté, ses directeurs sont électeurs et éligibles au tribunal de commerce, au même titre que les directeurs d'une société anonyme commerciale, et sans avoir non plus la qualité de commerçants. Seules ses opérations considérées isolément, demeurant civiles, restent soumises à l'application du Code civil et à la compétence des tribunaux ordinaires [2].

Quant aux sociétés antérieures à la loi de **1893**, anonymes

[1] C'est ce qui résulte du nouvel art. 68 de la loi de 1867-1893, d'accord avec le principe de la non-rétroactivité des lois. Alger, 11 déc. 1897, *La Loi*, n° du 3 nov. 1898 ; Lyon-Caen et Renault, *Dr. comm.*, t. II, n° 1087, p. 933 ; Houpin, *Traité des soc.*, t. II, n° 771, p. 5.

[2] Lyon-Caen et Renault, *Dr. comm.*, t. II, n° 1085, p. 926. Cette opinion a contre elle plusieurs auteurs : Lacour, dans le *Recueil de Dalloz*, 1895. 2. 105 ; A. Wahl, dans le *Recueil de Sirey* et dans le *Journal du Palais*, 1896. 2. 57. Thaller, dans *Annales de dr. comm.*, 1894, p. 136 et s.; et dans *Traité élém. de dr. comm.*, 2° édit., n° 784 excepte les opérations de la Société ayant des immeubles pour objet.

ou non, elles peuvent se transformer en sociétés anonymes commerciales du nouveau type. Ce changement est subordonné seulement à deux conditions : 1° décision d'une assemblée générale extraordinaire; 2° absence de toute clause contraire dans les statuts. [1] Les sociétés antérieures ainsi transformées ne diffèrent en rien des sociétés postérieures à la nouvelle loi [2].

Ainsi que toutes les sociétés de commerce, à l'exception de la société en participation, la société anonyme jouit de la personnalité morale. C'est donc elle, à l'exclusion de ses membres, considérés individuellement, qui devient, par l'organe de ses représentants, propriétaire, créancière, débitrice, et figure en justice comme demanderesse ou défenderesse. Ce caractère prend même chez elle une importance spéciale par l'absence complète de tout élément personnel. Ses membres peuvent être renouvelés intégralement sans qu'elle cesse pour cela d'être la même. Aucun des événements qui les affectent, mort, interdiction, faillite, n'a d'influence sur elle. Réciproquement, la faillite de la société n'entraîne pas celle des associés, quelle que soit la part qu'ils y possèdent par le nombre de leurs actions.

Une conséquence de la personnalité morale est l'aptitude

(1) L. 1893, art. 7, dern. alin.; Paris, 10 juill. 1894, S. et *J. Pal.*, 96. 2. 57; D. 95. 2. 105; Lyon-Caen et Renault, *Dr. comm.*, t. II, n° 1088, p. 935.

(2) Ainsi les tribunaux de commerce seront compétents pour tout ce qui concerne ces sociétés. Il n'y a même pas à distinguer si les faits et actes qui ont donné naissance à la contestation sont antérieurs ou postérieurs à la transformation de la société. Cf. Trib. comm. Seine, 18 juin 1896, *La Loi*, n° du 7 juill. 1896; Lyon-Caen et Renault, *Dr. comm.*, t. II, n° 1089, p. 936.

de la société anonyme à recevoir des dons et legs [1]. La validité de ces libéralités n'étant soumise à aucune condition, l'acceptation n'en est pas subordonnée à l'autorisation du Gouvernement [2]. C'est une différence entre la société, qui poursuit un but lucratif et l'association, dont l'objet politique, religieux, littéraire ou scientifique n'est pas appréciable en argent. L'assimilation de la première à la seconde, proposée par plusieurs interprètes, est inadmissible en l'absence d'un texte.

Le domicile d'une société anonyme doit être fixé au lieu de son principal établissement (C. civ., art. 102) [3]. C'est une question de fait, résolue différemment selon les circonstances. En principe, il y a lieu de considérer le siège social, d'où émanent effectivement les décisions, plutôt que celui des opérations. A part le cas de fraude, les fondateurs le placent où ils jugent convenable. Si la société a des succursales, elle peut être actionnée, pour ses opérations, à chacune de ces succursales.

En l'absence de tout élément personnel, la société anonyme est désignée, non par une raison sociale, mais par l'objet de son entreprise (C. comm., art. 30), ou par une dénomination de fantaisie : *Compagnie des chemins de Fer du Nord, l'Urbaine, la Rente Foncière,* etc. Ce nom étant sa

---

(1) Seine, 30 mars 1881, S. 81. 2. 249; Trib. Bordeaux, 11 avr. 1892, *Journal des soc.*, 1892, p. 516; Lot, *Des libéralités aux soc. civ. et comm.*, p. 162 et s.; Houpin, *Traité des soc.*, t. I, n° 17, p. 16, et les autres auteurs cités.

(2) Argument : C. civ., art. 902, par *a contrario*.

(3) Cass., 1ᵉʳ déc. 1884, *Revue des soc.*, 1885, p. 318; 15 avr. 1885, D. 86. 1. 306; Toulouse, 23 nov. 1892, *Revue des soc.*, 1893, p. 135; Houpin, *Traité des soc.*, t. II, n° 772, p. 5.

propriété, elle peut en empêcher l'usurpation par une
action en changement de nom ou en dommages-intérêts (1).

(1) Seine, 23 déc. 1879, *Journal des soc.*, 1880, p. 329 ; Paullet, *Traité des mar-
ques de fabr.*, n⁰ˢ 463 et s. ; Houpin, *Traité des soc.*, t. II, n⁰ 768, p. 3 ; Lyon-
Caen et Renault, *Dr. comm.*, t. II, n⁰ 679, p. 533.

CHAPITRE II

LA FONDATION

Le grand nombre d'actionnaires appelés ordinairement à faire partie d'une société anonyme rend indispensable le rôle des fondateurs. Nulle part la loi n'en donne la définition [1] mais elle les mentionne à plusieurs reprises. Ce sont les personnes qui, ayant eu l'idée première de la société, ont accompli les démarches nécessaires pour en amener la création [2]. Les fondateurs rédigent les statuts, avancent les premiers frais, invitent le public à souscrire. C'est par cette souscription que la société se forme. Le contrat est

[1] C'est une question de fait : Cass., 9 avr. 1888, *Revue des soc.*, 1889, p. 5, S. 88. 1. 207; *J. Pal.*, 88. 1. 506; 10 nov. 1897, S. et *J. Pal.*, 97. 1, p. 505; Lyon-Caen et Renault, *Dr. comm.*, t. II, nº 793, p. 669; Houpin, *Traité des soc.*, t. II, nº 466, p. 398.

[2] Cass., 10 févr. 1885, S. 87. 1. 299; *J. Pal.*, 87. 1. 738; 14 oct. 1885, S. 86. 1. 476 ; *J. Pal.*, 86. 1160; Trib. comm. Seine, 18 janv. 1886, *Revue des soc.*, 1886, p. 174; Poitiers, 26 juill. 1886, *Revue des soc.*, 1886, p. 582; S. 88. 1. 207; *J. Pal.*, 88. 506; Paris, 2 déc. 1886, *La Loi*, nº du 9 déc. 1886; Cass., 10 janv. 1887, *J. Pal.*, 87. 917; S. 87. 1. 374; Trib. comm. Seine, 27 mai 1889, *Le Droit*, nº du 23 juin 1889; Cass., 21 juill. 1890, *Revue des soc.*, 1891, p. 9; Tripier, *Commentaire de la loi du 23 mai 1863*, p. 27; de Muralt, *De la fondation des sociétés anonymes*, p. 36; P. Pont, *Comm. des soc. civ. et comm.*, t. II, nº 1127; Lyon-Caen et Renault, *Dr. comm.*, t. II, nº 793, p. 669; Houpin, *Traité des soc.*, t. I, nº 466, p. 398.

conclu entre les souscripteurs devenus actionnaires par leur signature et désormais maîtres de la situation. Les fondateurs qui ne se seraient rien réservé dans les statuts demeureraient sans autre droit que ceux des souscripteurs ordinaires [1]. Mais ils ont la faculté, dont ils usent largement dans la pratique, de s'assurer par une clause spéciale de l'acte de société, outre le remboursement de leurs avances, la qualité de premiers administrateurs et des avantages particuliers en retour de leurs démarches ou des apports qu'ils effectuent en nature. Mais, juridiquement, ils tiennent ces avantages, non de leur qualité de fondateurs, mais de la convention. En tant que fondateurs seuls, il ne leur reste que l'obligation légale de faire la déclaration constatant la formation de la société, sauf leur responsabilité en cas de nullité encourue par leur faute.

Une autorisation préalable a cessé d'être exigée, depuis 1863, pour les sociétés dont le capital ne dépasse pas 20.000.000 francs, et, depuis 1867, pour toutes indistinctement. Toutefois, la loi du 21 juillet maintenait sous le régime de l'ancien droit, quelle qu'en soit l'importance, les sociétés anonymes dont les opérations reposent sur des calculs de mortalité. Ce sont :

1° Les tontines, c'est-à-dire les combinaisons par lesquel les titulaires de rentes perpétuelles font bénéficier les survivants des droits qu'avaient les prédécédés ;

2° Les associations de la nature des tontines, fondées sur

______

[1] Une pratique consacrée par la jurisprudence leur accorde, en dehors de toute stipulation spéciale, une rémunération de 5 0/0, mais par interprétation de la volonté probable des parties.

le même principe d'accroissement, mais portant sur des capitaux quelconques ;

3° Les sociétés d'assurances sur la vie, mutuelles ou à primes. Dans les assurances rentrent toutes les combinaisons fondées sur la durée plus ou moins longue de la vie humaine. On doit y comprendre les contrats de rentes viagères. Mais il faut en exclure les assurances contre certains risques de mort déterminés, tels que les accidents auxquels sont exposés les ouvriers [1], les périls qui menacent les militaires des armées de terre ou de mer dans une expédition, les marins ou les passagers dans la navigation maritime ou fluviale [2].

L'autorisation donnée à ces sortes de sociétés remplaçait les garanties exigées des autres par la loi de 1867. Rien ne les empêchait donc de régler comme elles l'entendaient, dans leurs statuts, les versements à faire sur chaque action, la vérification des apports en nature, le mode de libération des souscripteurs, les conditions de validité imposées aux délibérations des assemblées générales, etc. [3]. Bien que la même raison n'existât point, la

---

(1) Pour les sociétés assurant les ouvriers contre les accidents : Paris, 25 mars 1872, *Journal des assur.*, 1875, p. 34 ; jugements du tribunal civil de la Seine, 2 févr. 1875 et 11 juin 1876, *Journal des assur.*, 1875, p. 221, et 1876, p. 223 ; Avis du Conseil d'État du 11 févr. 1868, article de Chauchat, dans le *Journal des soc.*, 1881, p. 564 ; Houpin, *Traité des soc.*, t. I, n° 1055, p. 219.

(2) Avis du Conseil d'État des 6-27 oct. et du 4 nov. 1870, *Journal des assur.*, 1870, p. 467 ; Note du Gouvernement de la défense nationale, *e. l.*, p. 471 et 472 ; Lyon-Caen et Renault, *Dr. comm.*, t. II, n° 917, p. 792 ; Houpin, *Traité des soc.*, t. II, n° 1055, p. 219.

(3) Cass., 9 mai 1879, S. 79. 1. 329 ; *J. Pal.*, 79. 803 (note de Ch. Lyon-Caen). Voir dans le même sens : Cass., 28 nov. 1873 ; *J. Pal.*, 75. 660 ; S. 73.

jurisprudence ne leur appliquait même pas celles des dispositions de cette loi qui ne font que trancher des questions générales controversées, étrangères à la constitution et plutôt relatives au fonctionnement. Distribuaient-elles, par exemple, des dividendes fictifs, c'est au droit commun, non à la loi de 1867, qu'il appartenait d'en indiquer les conséquences civiles et pénales [1].

Ce régime a été remplacé par celui qu'établit la loi du 17 mars 1905. Toutes les sociétés dont les engagements ont pour base la durée de la vie humaine sont désormais soumises à des règles de garanties et de contrôle spéciales et doivent obtenir, avant de fonctionner, l'enregistrement accordé par le ministre du Commerce. Dans le délai maximum de six mois, à partir du dépôt de la demande, celui-ci fait mentionner l'enregistrement au *Journal officiel* ou en notifie le refus aux intéressés. Ce refus ne peut être motivé que pour infraction soit aux lois régissant les sociétés, soit aux décrets organiques de la loi de 1905. Il est susceptible d'un recours pour excès de pouvoirs devant le Conseil d'État, qui doit statuer dans les trois mois. Un règlement d'administration publique détermine les conditions dans lesquelles peuvent être constituées les sociétés d'assurances sur la vie à forme mutuelle ou tontinière.

A défaut d'une autorisation spéciale, indiquant à chaque société ses conditions de constitution et de fonction-

1. 281; Houpin, *Traité des soc.*, t. II, n° 1053; opinion mixte de Lyon-Caen et Renault, *Droit comm.*, n° 919, p. 794.

(1) Cass., ch. crim., 9 mai 1879, S. 79. 1. 329; Houpin, *Traité des soc.*, t. II, n° 1053, p. 217 et s.

nement, la loi établit pour la formation des sociétés anonymes des règles nombreuses et minutieuses. Chacune d'elle a pour but de prévenir un abus signalé déjà dans la pratique des sociétés en commandite par actions, avant 1856. C'est la partie de la loi du 24 juillet 1867 à laquelle on reprochait, à côté d'insuffisances notoires, des sévérités inutiles, qui a surtout été remaniée par la loi du 1er août 1893. Ces règles ont pour objet le nombre des associés, la forme de l'acte de société, le montant des actions, la souscription, les versements, l'approbation des avantages particuliers que se réservent les fondateurs et les auteurs d'apports en nature, l'organisation de la direction et de la surveillance, la publicité, et, enfin, la constatation légale de la réalisation de ces conditions [1].

Les actionnaires doivent être au mois sept. Cette exigence ne s'explique qu'historiquement, par imitation de la loi anglaise de 1862, où elle répond à un objet spécial. Des parties numériquement insuffisantes la tourneraient facilement en faisant souscrire même une seule action à une sixième ou à une septième personne. Mais le chiffre de sept est ordinairement de beaucoup dépassé dans la pratiqne [2].

La Société anonyme se constate par un acte authenti-

.(1) Ces conditions sont limitatives et, par conséquent, aucune autre ne peut y être ajoutée dans le silence de la loi. Jugé en conséquence que la constitution d'une société anonyme n'est pas défendue entre les membres d'une même famille : Nantes, 11 déc. 1897, *Journal des soc.*, 1898, p. 130 ; Houpin, *Traité des soc.*, t. II, n° 774, p. 7.

(2) Le chiffre minimum de sept associés est exigé par la loi *belge* de 1873, art. 29; celui de dix, par le Code de commerce *portugais*, art. 162-1°. Le Code de commerce *allemand*, qui ne vise que les fondateurs, sans se préoccuper des actionnaires, en fixe le nombre à cinq, au moins.

que ou sous-seing privé (L. 1867, art. 47, al. 2) [1]. Dans ce dernier cas, le droit commun du Code civil subit deux dérogations :

1° Il suffit de deux originaux, tandis que, d'après l'article 1325, il en faudrait autant que d'associés ; mais la publicité de la société remplace avantageusement l'application de ce dernier article, que rendrait gênante dans la pratique le grand nombre des contractants ;

2° Cet acte peut contenir, au profit des fondateurs ou de toute autre personne, procuration de constituer hypothèque au nom de la société, contrairement au principe qui soumet la procuration aux mêmes conditions de forme que l'acte lui-même (L. 1867-1893, art. 69). Mais l'acte d'hypothèque devra être passé en la forme authentique, conformément à l'article 2127 du Code civil.

Pour écarter de la souscription les petites bourses, plus faciles que les autres à s'ouvrir aux entreprises risquées, la loi a imposé aux actions un taux minimum variable selon l'importance du capital social ; mais le chiffre fixé par la loi de 1867 a été abaissé par celle de 1893. En 1867, il était de 100 francs lorsque le capital ne dépassait par 200.000 francs, et de 500 francs au-dessus de ce chiffre. Depuis 1893, il a été réduit à 25 ou à 100 francs, selon la même distinction [2].

---

(1) La plupart des lois étrangères, plus exigeantes que la loi française, imposent un acte authentique : *C. allemaad*, art. 209, al. 1 ; *Loi belge* de 1873, art. 30 et 31 ; *C. italien*, art. 82 ; *C. roumain*, art. 88 ; *C. hollandais*, art. 38 ; *C. portugais*, art. 164 ; *C. espagnol*, art. 119. Quelques législations laissent le même choix que la loi française entre l'acte authentique et l'acte sous seing privé. *Code suisse des oblig.*, art. 615.

(2) Aucun minimum légal n'est fixé pour la valeur des actions en *Belgi-*

L'acte essentiel de la fondation est la souscription du capital social. C'est par elle, en effet, que les associés se lient définitivement. En principe, il est fait appel au public; le plus souvent, les fondateurs souscrivent eux-mêmes la totalité des actions. La loi n'a prévu que la première de ces deux souscriptions.

La loi française de 1867, à la différence de plusieurs législations étrangères [1], ne prescrivait aucune publicité des statuts qui permît aux adhérents de ne s'engager qu'en connaissance de cause [2]. Cette lacune a été comblée par la la loi du 31 janvier 1907, dont l'article 3 contient des dispositions applicables à tous les titres et à toutes les sociétés. Préalablement à toute mesure de publicité, les auteurs de l'émission devront faire insérer dans un bulletin annexé au *Journal officiel*, dont la forme est déterminée par décret :

1° La dénomination de la société;

2° L'indication de la législation (française ou étrangère), sous le régime de laquelle fonctionne cette société;

que, *Grande-Bretagne, Suisse, Italie, Espagne, Autriche*. La loi *allemande*, qui a beaucoup varié (Code de comm., art. 207), impose le chiffre de 1.000 marks, en principe, mais admet de nombreuses exceptions.

[1] La loi *belge* de 1873, art. 31, exige la publication préalable de l'acte de société, dont l'acte de souscription doit reproduire les plus importantes énonciations. Le *Code suisse des obligations*, art. 615, al. 1, prescrit tout au moins que les souscriptions soient faites par une déclaration écrite se référant aux statuts. Le Code de commerce *italien*, art. 129, ordonne le dépôt au greffe d'un programme contenant un certain nombre d'indications énumérées par la loi. Le Code de commerce *allemand* de 1897 (art. 187), impose un bulletin de souscription, fait en double, contenant aussi l'énonciation des plus importantes dispositions.

[2] Paris, 18 mars 1887, D. 88. 1. 129; *Revue des soc.*, 1887, p. 196; Trib. corr. Seine, 4 août 1886, *Revue des soc.*, 1887, p. 22; Lyon-Caen et Renault, *Dr. comm.*, t. II, n° 687, p. 544; Houpin, *Traité des soc.*, t. I, n° 433, p. 371.

3° Le siège social ;

4° L'objet de l'entreprise ;

5° La durée de la société ;

6° Le montant du capital social, le taux de chaque catégorie d'actions et le capital non libéré.

Il devra, en outre, être fait mention des avantages stipulés au profit des fondateurs et des administrateurs et de toute autre personne, des apports en nature et de leur mode de rémunération, des modalités de convocation aux assemblées générales, du lieu de réunion de ces assemblées.

Les auteurs de l'émission sont tenus de revêtir la notice de leur signature et de leur adresse.

Les affiches, prospectus et circulaires devront reproduire les énonciations de la notice et en mentionner l'insertion, avec référence au numéro du bulletin annexe du *Journal officiel*. Les annonces dans les journaux devront reproduire les mêmes énonciations ou tout au moins un extrait de ces énonciations avec la même référence.

Les infractions à ces dispositions sont constatées par les agents de l'enregistrement et punies d'une amende de 10.000 francs à 20.000 francs, sauf application de l'article 463 du Code pénal sur les circonstances atténuantes.

Par l'ouverture d'une souscription publique, chacun est invité à participer à la société. Chaque souscripteur peut prendre une ou plusieurs actions, et, si le total des actions souscrites dépasse le total des actions émises, il est fait entre les souscripteurs une répartition proportionnelle, à moins de dispositions contraires dans les statuts. Les fondateurs remplissent seulement le rôle de gérants d'affaires. Le contrat se conclut alors entre eux et les souscripteurs. Toutes les règles du Code civil sur la validité des contrats reçoivent d'ailleurs leur application à la souscription. Ainsi, l'engagement de tous ou de quelques-uns peut être annulé pour dol ou incapacité [1], mais [2], à part la fraude, il n'est point vicié par l'insolvabilité du souscripteur. Chaque souscription, comme la réponse à une pollicitation, doit être faite purement et simplement, c'est-à-dire sans terme ni condition [3]. Mais toutes sont subordonnées à la condition tacite que la société se formera. Par suite, tout fait qui apporte obstacle à cette formation, par exemple, la souscription incomplète du capital social, a pour effet de rendre non-avenu l'engagement des actionnaires. Ils ont même droit, à moins de clause contraire, au remboursement intégral du versement effectué au moment de la souscription. Une fois la société définitivement constituée, ils sont tenus envers elle d'exécuter leur

(1) Pour *incapacité* : Paris, 4 nov. 1887, *Revue des soc.*, 1888; Trib. comm. Seine, 28 sept. 1887, *Revue des soc.*, 1888, p. 596; pour *dol :* Cass., 14 juill. 1862, S. 62. 1. 849; 10 févr. 1868, D. 68. 1. 379; Lyon-Caen et Renault, *Dr. comm.*, t. II, n° 689, p. 548; Houpin, *Traité des soc.*, t. I, n° 450, p. 383.

(2) Par dérogation aux règles de la nullité relative, il a été jugé que les souscripteurs ne peuvent s'en prévaloir contre les créanciers pour refuser de s'exécuter : Cass., 10 févr. 1868, D. 68. 1. 380; S. 68. 1. 149; 25 mai 1886, S. 87. 1. 268; *J. Pal.*, 87. 640; Trib. comm. Seine, 18 sept. 1891, *La Loi*, n° du 1er oct. 1891; Lyon-Caen et Renault, *Dr. comm.*, t. II, n° 689, p. 549.

(3) Paris, 17 juill. 1882, *Revue des soc.*, 1883, p. 67; Nantes, 28 janv. 1888, *Journal des soc.*, 1890, p. 87; Frémery, *Étude de dr. comm.*, 1835, p. 14 et s.; Dalloz, *Répertoire*, v° *Sociétés*, n° 1162; Bédarride, *Comment. de la loi de 1867*, n° 144; Lyon-Caen et Renault, *Précis*, n° 412; Beudant, *Revue critique*, p. 127; Sourdat, *Soc. en commandite*, p. 104; Houpin, *Traité des soc.*, t. I, n° 450, p. 383; P. Pont, *Comment. des soc. civ. et comm.*, n° 1444. En sens contraire : Molinier, *Droit comm.*, n° 254; Alauzet, *Comment. sur les soc. civ. et comm.*, n° 641; Mornard, *Sociétés par actions*, p. 53; Ruben de Couder, *Dictionn. de dr. comm.*, v° *Soc. en commandite*, n° 91.

obligation [1]. Bien que les actionnaires ne soient pas des commerçants, cette obligation est commerciale et soumise, comme telle, à toutes les règles applicables aux actes de commerce.

Le capital à réunir d'après les statuts étant réputé suffisant, mais nécessaire, la société ne prend naissance que si toutes les actions ont été souscrites [2]. Cette condition sera réputée défaillie si elle n'a pas été accomplie dans le délai fixé par l'acte de souscription, ou, à défaut de cette indication, dans un délai normal, dont la détermination serait laissée à l'appréciation discrétionnaire des tribunaux. Elle ne serait pas non plus effectivement remplie si elle ne l'avait été qu'au moyen de souscriptions fictives, demandées à des signataires de complaisance hors d'état d'y donner suite [3]. De la nécessité d'une souscription réunissant tout le capital indiqué résulte la nullité de tout acte ou de tout arrangement qui empêcherait de l'atteindre effectivement ou le réduirait, une fois atteint, sans que les tiers fussent avertis. Ainsi :

a) Les actions ne peuvent être émises au-dessous du

(1) Trib. comm. Seine, 25 avr. 1891, *La Loi*, n° du 6 juin 1891; Lyon-Caen et Renault, *Dr. comm.*, t. II, n° 686, p. 543; Houpin, *Traité des soc.*, t. I, n° 443, p. 379.

(2) La souscription intégrale est aussi une condition imposée par la plupart des législations étrangères. *C. allemand* de 1897, art. 104; *C. hongrois*, art. 159, § 1; L. *belge* de 1873, art. 29; *C. italien*, art. 131; *C. suisse des obligations*, art. 618; *C. roumain*, art. 132; *C. portugais*, art. 162-2°. Le Code *espagnol* et la loi *anglaise* des sociétés n'exigent aucune condition de ce genre.

(3) Tel est le cas, par exemple, d'une souscription faite par les employés de la société elle-même. C'est d'ailleurs une question de fait que de savoir si la souscription est réelle ou fictive. Paris, 8 août 1889, *Le Droit*, n° du 6 sept. 1889; Lyon-Caen et Renault, *Dr. comm.*, t. II, n° 693, p. 551. Cf. Houpin, *Traité des soc.*, t. I, n° 450, p. 384.

pair, du moment que c'est sur le pair que le montant total en a été calculé [1]. Rien ne s'oppose, au contraire, à ce qu'elles soient émises au-dessus. Le surplus sert alors à couvrir certaines dépenses sans toucher au capital social ; ou est affecté à la formation d'un fond de réserve spécial [2].

b) S'il est accordé aux fondateurs ou à d'autres personnes des actions dites *parts bénéficiaires* donnant droit à des dividendes, mais dispensées de tout versement, la valeur vénale n'en devra pas être comptée dans le chiffre du capital nominal.

c) La société ne pourra faire remise aux actionnaires ou à tels d'entre eux, d'une partie de leurs engagements.

d) D'une manière générale, il ne peut être accompli aucun acte ou aucune opération qui aurait pour effet de faire ou de laisser croire à l'existence d'un capital supérieur au capital effectivement réuni ou conservé.

Il n'y a pas de souscription publique quand les fondateurs ou leurs amis prennent seuls toutes les actions pour les garder ou les revendre ensuite avec bénéfice. C'est ce qu'on appelle l'émission d'actions de primes [3]. La légitimité

(1) V. Paris, 9 août 1895, *Journal des soc.*, 1896, p. 370; Lyon-Caen et Renault, *Dr. comm.*, t. II, nᵒˢ 688 *bis;* Houpin, *Traité des soc.*, t. I, nᵒ 444, p. 379.

(2) Moyennant certaines précautions, le Code *allemand* de 1897 autorise expressément l'émission d'actions au-dessus du pair. Art. 182, al. 2; art. 189, al. 3; art. 192.

(3) Les abus auxquels peut donner lieu l'émission d'actions de primes par des banquiers syndiqués ont été prévus après le Code allemand de 1861 et la loi du 18 juillet 1884, par le Code de 1897, art. 203. Les personnes qui, dans les deux ans après la constitution d'une société anonyme, procèdent à une vente publique d'actions en donnant des indications inexactes, sont responsables solidairement de leur dol ou de leur faute. Mais les autres législations ne sont pas entrées dans cette voie.

de cette opération n'est pas douteuse [1]. Mais c'est à la condition que toutes les prescriptions de la loi de 1867 aient été observées, car elles ont été établies, non seulement dans l'intérêt des souscripteurs, mais aussi dans celui du public [2]. Cependant, la jurisprudence n'impose pas ici l'observation de formalités protectrices, telles que la vérification des apports en nature ou des avantages particuliers [3]. Cette décision critiquable fournit aux fondateurs un moyen commode d'éluder les dispositions légales. Il leur suffit de se partager les actions, puis, sans avoir suivi toutes les règles imposées, de les négocier immédiatement; et l'opération faite, ils demeurent étrangers à la société [4].

Pour s'assurer que les souscripteurs sont sérieux et ne cherchent pas seulement à spéculer sur des plus-values espérées ou même provoquées, la loi a subordonné en principe la formation de la société au versement du quart de chaque action. Dans le système de 1867 où les actions étaient au minimum de 100 et de 500 francs, le versement à effectuer était de 25 ou de 100 francs. En 1893, la

---

(1) Cf. article de Neymark, *Comment se fait une émission*, dans *Revue des soc.*, 1887, p. 601.

(2) Lyon-Caen et Renault, *Dr. comm.*, t. II, n° 724; Houpin, *Traité des soc.*, t. I, n° 442, p. 379.

(3) Ile de la Réunion, 16 juin 1876, S. 77. 2. 1; *J. Pal.*, 77. 79; D. 78. 2. 202; Cass., 26 avr. 1880, S. 81. 1. 5; *J. Pal.*, 81. 5; D. 80. 1. 268; Trib. comm. Seine, 18 juill. 1887, *La Loi*, n° du 13 août 1887. En sens inverse : Trib. comm. Seine, 20 juill. 1886, *Le Droit*, n° du 25 juill. 1886. Cf. Houpin, *Traité des soc.*, t. I, n° 451, p. 385.

(4) La légalité d'une souscription faite entre les seuls fondateurs est admise expressément par plusieurs législations étrangères : Loi *belge* de 1873, modifiée par celle de 1886, art. 30; *C. italien*, art. 128; *C. roumain*, art. 129; *C. allemand*, art. 209; *C. portugais*, art. 163.

loi a maintenu le principe du quart pour les actions égales et supérieures à 100 francs, et elle a exigé le versement intégral pour les actions de 25 francs. Mais elle n'a point mentionné celles dont la valeur est entre 25 et 100 francs. Comme le minimum de versement exigé ne saurait être moindre que pour une action de 25 francs, ni plus élevé que pour une action de 100 francs, il faut dire qu'il sera invariablement de 25 francs. Ces trois solutions se ramènent ainsi à une seule règle : le versement d'au moins un quart est obligatoire, quelle que soit la valeur de l'action, sans que ce minimum puisse jamais descendre au-dessous de 25 francs [1].

Si l'apport d'un associé est représenté par une *action mixte*, c'est-à-dire partie en nature, partie en argent [2],

[1] La nécessité d'un certain versement est imposée aussi par la plupart des lois étrangères, qui ne diffèrent les unes des autres que par la quotité exigée. Elle est d'un dixième d'après la loi *belge* du 22 mai 1886 ; de 20 0/0, soit un cinquième, dans le Code *suisse des obligations*, art. 618 et 672-2° ; d'un quart, dans le Code *allemand* de 1884 (art. 210) ; d'une quantité fixée par l'autorisation en *Autriche* ; de 10 0/0, dans le Code *hollandais* (art. 51) ; de trois dixièmes, dans les Codes *italien* (art. 135), *roumain* (art. 132) ; d'un dixième dans le Code de commerce *portugais* (art. 162).

[2] Soit un apport en nature de 100.000 francs. Au lieu des 200 actions de 500 francs représentatives de cet apport en nature, le fondateur qui l'effectue peut recevoir, par exemple, 800 actions, soit 4 fois plus d'actions, représentant chacune pour 125 francs un apport en nature, pour 375 francs un apport en argent qu'il devra effectuer. Depuis la loi de 1893, qui en a fait disparaître l'avantage, il n'est plus créé, en fait, de ces actions, mais avant cette date il en était émis quelquefois; leur existence soulevait deux questions dont l'importance pratique a subsisté pour les sociétés antérieures à 1893 : 1° Ces actions sont-elles licites? 2° Le versement du quart est-il utile? La jurisprudence avait répondu favorablement à chacune de ces questions : non seulement elle admettait la légalité des actions mixtes, mais elle dispensait le fondateur du versement du quart en numéraire, lorsque ce quart était représenté par l'apport en nature. C'est en exigeant que ces

la loi de 1893 en exige la réalisation intégrale. Alors qu'antérieurement il suffisait à cet associé de procurer au fonds social le quart de la valeur totale, il lui faut maintenant fournir la totalité de l'apport en nature et verser tout entière la somme d'argent. Cette dérogation au droit commun a été introduite par défiance à l'égard des actions mixtes, auxquelles on reprochait d'être trop souvent un moyen de fraude.

Dans le silence de la loi, c'est le droit commun qui détermine par qui, à qui et comment le quart doit être fourni. Il pourra être versé, même avec de l'argent emprunté à cet effet, par le souscripteur lui-même, son mandataire ou un gérant d'affaires [1]. Ce versement sera fait, selon les cas, aux fondateurs, aux administrateurs, à un banquier ou à un notaire, indistinctement [2]. La loi

---

actions soient entièrement libérées que la loi de 1893 les a fait complètement disparaître dans la pratique. Pour la jurisprudence sur la validité, voir les arrêts cités par Lyon-Caen et Renault : Paris, 1re ch., 28 avr. 1883, S. 84. 2. 99; *J. Pal.*, 84. 1. 505; note de Demangeat sur Bravard-Veyrières, *Traité de droit comm.*, t. I, p. 502. Pour la dispense du versement en numéraire, comparer : Trib. comm. Seine, 1er mai 1861, *Journal des soc. de comm.*, 1861, p. 387; Paris, 1re ch., 28 avr. 1883, S. 84. 2. 29; *J. Pal.*, 84. 1. 505; Cass., 15 févr. 1884, S. 84. 1. 199; *J. Pal.*, 84. 471; D. 84. 1. 325; Rouen, 10 mai 1884, *Gaz. Pal.*, no du 12 sept. 1884; Req., 22 déc. 1886, S. 87. 1. 30; *J. Pal.*, 87. 1. 47; Séance de la ch. des députés, 19 févr. 1881, *Journal officiel*, 1881, p. 296; Note de Lyon-Caen, dans *Recueil de Sirey*, 2. 97, et dans le *Journal du Palais*, 1881, p. 561; article de Vavasseur, dans *Le Droit*, nos 1, 2, 4 et 5, et 24 avr. 1881; Lyon-Caen et Renault, *Dr. comm.*, t. II, no 703, p. 565, note 1; Houpin, *Traité des soc.*, t. I, nos 458 et 464, p. 391 et 397.

(1) Paris, 1er août 1888, *Revue des soc.*, 1889, p. 10; Cass., 20 nov. 1888, *Journ. des soc.*, 1889, p. 10; Lyon-Caen et Renault, *Dr. comm.*, t. II, no 701, p. 563; Houpin, *Traité des soc.*, t. I, no 459, p. 393.

(2) Cass., 29 juin 1887, *Journ. des soc.*, 1888, p. 192; Trib. comm. Seine, 19 mai 1888, *Revue des soc.*, 1888, p. 331; *Le Droit*, no du 31 mars 1888;

de 1893 [1] veut qu'il soit effectué en espèces [2]. Des interprètes en ont conclu qu'on ne peut plus assimiler aux
espèces monétaires et aux billets de banque l'effet de la
compensation, les chèques, les bons du trésor, les coupons échus des obligations ou actions, non plus que les
valeurs de bourse et les effets de commerce [3], parce que
la réalisation n'en est pas suffisamment sûre et que, par
conséquent, ils ne constituent pas pour le public la sûreté
exigée (L. 1867-1893, art. 3). Mais cette solution est évidemment trop rigoureuse du moment que la conversion
de ces valeurs en argent comptant est possible immédiatement [4]. Y eût-il d'ailleurs véritablement infraction à la
loi que la nullité en résultant serait couverte aussitôt après
avoir été encourue.

Si les sommes versées étaient ensuite retirées, il n'y
aurait qu'un versement fictif, et la condition légale ne

Lyon-Caen et Renault, *Dr. comm.*, t. II, n° 701, p. 563; Houpin, *Traité des
soc.*, t. I, n° 459, p. 393.

(1) La législation commerciale étrangère ordonne souvent, pour mieux
assurer le versement en espèces, qu'il soit fait dans une caisse publique :
C. italien, art. 133; *C. roumain*, art. 134; *C. portugais*, art. 162-3°.

(2) Le versement en argent comptant est également imposé dans d'autres
législations : *C. allemand* de 1861, art. 210; *C. italien*, etc.

(3) Lyon-Caen et Renault, *Dr. comm.*, t. I, 1893, n° 12; Faure, *La nouvelle
loi sur les sociétés par actions*, p. 18; L. Perrin, *Les sociétés par actions*, p. 5;
Goirand, *Traité des soc. par actions*, n° 135; Arthuys, *De la constit. des soc.
par actions*, n° 36; V. Thaller, *Droit comm.*, n°s 118 et s.; Seine, 22 juin 1893,
Journal des soc., 1899, p. 95.

(4) Tout en maintenant la nécessité du versement en espèces, des auteurs
y assimilent le virement d'un compte à l'autre chez le même banquier :
Lyon-Caen et Renault, *Droit comm.*, t. II, n° 699; Thaller, *Droit comm.*,
n° 520; Houpin, *Traité des soc.*, t. I, n° 459, p. 393; Arthuys, *De la constit.
des soc. par actions*, n° 36.

serait point remplie [1]. Mais on ne doit pas considérer
comme un retrait le paiement de commissions aux intermédiaires lorsqu'il rémunère dans une mesure normale
un concours effectivement accordé.

L'évaluation des apports en nature et l'approbation
d'avantages particuliers sont soumis à une procédure
spéciale. On appelle apports en nature tous ceux qui ont
pour objet autre chose que du numéraire ou des titres
équivalents; par exemple, usines, exploitations industrielles, mines, brevets d'invention. Les avantages particuliers consistent dans toute rémunération accordée aux
fondateurs ou à certains associés pour les services rendus
ou à rendre. Ce sont, entre autres, des redevances pour
l'exploitation d'un brevet, une participation aux bénéfices,
des parts de fondateurs. Pour empêcher la fraude ou dis-
siper les illusions, la loi de 1867 en a confié la vérification à deux assemblées de souscripteurs, dont la première
prépare et la seconde arrête la décision. Tous les souscripteurs, même ceux d'une action unique, ont le droit
de prendre part à ces assemblées, avec voix délibérative. Seuls, les auteurs d'apports en nature ou les bénéficiaires d'avantages particuliers, sur les propositions desquels il va être statué, ont simplement voix consultative [2],

(1) Paris, 10 mars 1885, *La Loi*, n° du 17 juill. 1887; *Revue des soc.*, 1887,
p. 589; Houpin, *Traité des soc.*, n° 360. En sens inverse : Lyon-Caen et Renault, *Dr.* comm., t. II, n° 700, p. 563; Paris (4° ch.), 1er août 1888, *Rev.
des soc.*, 1889, p. 10; Vavasseur, *Traité des soc.*, n° 397 *ter*.

(2) Étant donné les motifs de la loi, ils ne pourraient même pas prendre
part au vote pour le compte et comme représentants d'un autre actionnaire :
Paris, 17 nov. 1891, *Journ. des soc.*, 1892, p. 194; *J. Pal.*, 92. 2. 281; Cass.,
6 nov. 1894; 17 déc. 1894, S. et *J. Pal.*, 95, 1. 113; Lyon-Caen et Renault,
Dr. comm., t. II, n° 712, p. 578; Houpin, *Traité des soc.*, t. I, n.° 514, p. 427.

eussent-ils fait aussi des apports en numéraire [1]. En principe, chacun n'a qu'une voix. Mais la loi, pour ne pas supprimer toute différence entre les gros souscripteurs et les petits, permet de donner à chacun un nombre de voix proportionnel au nombre d'actions souscrites, sans que toutefois ce nombre soit supérieur à dix (L. 1867. art. 27). Les délibérations sont prises à la majorité des voix ainsi comptées, abstraction faite du capital qu'elles représentent. Il est tenu, pour vérification, une feuille de présence contenant les noms et domiciles des actionnaires, ainsi que le nombre d'actions dont chacun d'eux est porteur. Cette feuille, certifiée par le bureau de l'assemblée, est déposée au siège social et doit être communiquée à tout requérant (L. 1867, art. 28).

Aucune condition n'est imposée à l'assemblée préparatoire, dans laquelle les actionnaires présents et le capital représenté n'ont pas besoin de s'élever à un chiffre déterminé [2]. Cette assemblée peut procéder elle-même à la vérification ou en commettre le soin à des experts ; mais, fût-elle

Toutefois, la jurisprudence n'est pas unanime. Voir les décisions en sens contraire citées par Houpin, *l. c.*

(1) Cass., 21 févr. 1888, S. 88. 1. 417 ; *J. Pal.*, 88. 1. 1036 ; Trib. comm. Seine, 12 août 1891, *Le Droit*, n° du 13 sept. 1891 ; Lecomte, dans Sirey, 1888, *l. c.* ; Lyon-Caen et Renault, *Dr. comm.*, t. II, n° 712, p. 578 ; Houpin, *Traité des soc.*, t. I, n° 514, p. 426.

(2) La majorité fait toujours loi (L. 1867, art. 28, al. 1, et art. 30). Des arrêts exigent que cette majorité, comme dans les commandites par actions, comprenne le quart des actionnaires et représente le quart du capital social : Angers, 27 juill. 1887, S. 88. 1. 417 ; *J. Pal.*, 87. 1. 1036 ; Paris, 17 nov. 1891, S. et *J. Pal.*, 92. 2. 281 ; cf. Cass., 6 nov. 1894, S. et *J. Pal.*, 95. 1. 113. Mais il résulte des articles cités que la loi de 1867 a voulu appliquer une règle différente aux sociétés anonymes : Lyon-Caen et Renault, *Dr. comm.*, t. II, n° 713, p. 579.

unanime, elle n'a pas le droit de prononcer elle-même l'approbation. Toujours il est fait un rapport spécial, imprimé et mis à la disposition des souscripteurs cinq jours au moins avant la seconde réunion. C'est seulement à l'audition de ce rapport que la seconde assemblée pourra arrêter la décision. La présence d'un certain nombre de souscripteurs n'est pas plus exigée dans cette seconde assemblée que dans la première, mais la moitié au moins du capital social en numéraire doit y être représentée, comme dans toutes les assemblées dites constitutives. Si ce chiffre n'a pas été atteint tout d'abord, l'assemblée ne peut prendre qu'une délibération provisoire. Une nouvelle réunion générale est provoquée. Deux avis publiés à huit jours d'intervalle, au moins un mois à l'avance, dans l'un des journaux désignés pour recevoir les annonces légales, font connaître aux actionnaires les résolutions ainsi adoptées. Il suffit que sur la seconde convocation le cinquième du capital social en numéraire soit représenté. Les résolutions provisoires deviennent définitives par l'approbation donnée, à la majorité des voix, dans cette dernière réunion (L. 1867, art. 30) [1].

Si aucune des deux convocations n'amène la réunion du capital nécessaire ou si l'assemblée refuse l'approbation demandée, le projet de société reste sans effet. Lorsque la prévision d'un rejet amène les fondateurs ou les bénéficiaires d'avantages particuliers à réduire leur demande, l'assemblée peut incontestablement accepter les nouvelles propositions. Dans l'impossibilité de réunir l'unanimité

---

[1] V. Houpin, *Traité des soc.*, t. I, n° 507, p. 423.

que l'application stricte des principes exigerait, les néces-
sités pratiques, reconnues d'ailleurs dans les travaux
préparatoires, font même admettre qu'il suffit alors de la
majorité.

Après le vote régulier, les offres sont considérées comme
acceptées et la convention ainsi formée ne peut plus être
attaquée que pour dol ou toute autre cause de nullité
relative [1].

Ces règles reçoivent exception si la société anonyme est
une compagnie de chemin de fer. Aux termes de la loi du
13 juillet 1845 (art. 1) [2], les fondateurs n'ont droit qu'au
remboursement de leurs avances. Le principe d'interprétation qu'il n'est point dérogé au particulier par le général
a fait admettre que la loi de 1867 avait laissé subsister
cette disposition [3].

Dans tous ces cas le législateur ne s'est préoccupé que
des actionnaires. Mais une certaine protection a été accor-

---

(1) Des précautions particulières, dont le détail varie d'un pays à l'autre,
ont été prises également par la plupart des législations étrangères pour
empêcher l'approbation hâtive et insuffisamment éclairée des apports en
nature et des avantages particuliers : *Loi belge de 1873*, art. 31; *C. suisse
des oblig.*, art. 619; *C. italien*, art. 130 et 135; 1º et 2º; *C. espagnol*, art. 151;
C. allemand, art. 209; *C. hongrois*, art. 150, 5º et 6º; *C. roumain*, art. 128 et
134.

(2) Loi du 15 juill. 1845, art. 11. On en a conclu qu'il ne pourrait leur
être attribué d'avantages particuliers : Paris, 29 juill. 1881, *Journ. des soc.*,
1881, p. 667; Cass., 11 févr. 1884, D. 85. 1. 199; Lyon-Caen et Renault, *Dr.
comm.*, t. II, nº 708, p. 575.

(3) La jurisprudence n'admet donc pas l'opinion soutenue par de nombreux auteurs, que cette disposition de la loi de 1845, relative à la concession du chemin de fer de Paris à la Belgique, aurait été abrogée par la loi
du 14 juill. 1867 : V. Lyon-Caen et Renault, *l. c.*

dée aux souscripteurs d'obligations par la loi du 31 janvier 1907. Toute émission d'obligations doit être précédée de la même notice que l'émission initiale des actions[1]. Cette notice doit contenir de plus : 1° le dernier bilan, certifié pour copie conforme, ou la mention qu'il n'en a pas été dressé encore ; 2° le montant des obligations qui auraient déjà été émises par la société, avec énumération des garanties qu'y s'y trouvent attachées ; 3° le nombre ainsi que la valeur des titres à émettre, l'intérêt à payer pour chacun d'eux, l'époque et les conditions de remboursement et les garanties sur lesquelles repose la nouvelle émission.

L'observation de ces dispositions est assurée par la même amende de 10.000 francs à 20.000 francs dont sont frappées les infractions à la loi du 31 janvier 1907.

La création des organes nécessaires au fonctionnement de la société anonyme est essentielle à sa formation. Ce sont : 1° les administrateurs[2] ; 2° les commissaires des comptes. Ils sont désignés, les premiers, par les statuts ou l'assemblée générale, les seconds, par l'assemblée générale seulement. Toutefois, l'omission de cette condition n'a pas les mêmes conséquences dans les deux cas. L'absence d'administrateurs est un obstacle à la formation de la société. A défaut de l'assemblée, le président du tribunal

---

(1) Voir plus haut, chap. II.

(2) Si l'administrateur a été nommé en son absence, il n'est véritablement désigné que s'il a accepté ; mais cette acceptation peut être expresse ou tacite, et la date en est une question de fait : cf. Cass., 13 nov. 1876, S. 76. 1. 6 ; Mathieu et Bourguignat, *Comment. de la loi du 24 juill. 1867*, n° 187 ; P. Pont, *Comm. des soc. civ. et comm.*, t. II, n° 1066 ; cf. Houpin, *Traité des soc.*, t. I, n° 529, p. 436 ; Lyon-Caen et Renault, *Dr. comm.*, t. II, n° 723, p. 590.

de commerce peut, sur requête, nommer des commissaires (**L. 1867, art. 32**).

L'assemblée qui nomme les premiers administrateurs est une assemblée initiale ou constitutive, soumise aux mêmes règles que l'assemblée chargée de décider sur les apports en nature et les avantages particuliers : représentation de la moitié au moins du capital social, sinon convocation d'une nouvelle réunion, et, alors, représentation tout au moins du cinquième.

Les deux conditions consistant dans la souscription intégrale du capital social et dans le versement du quart sont assurées par une vérification particulière :

1º Les fondateurs en affirment l'accomplissement dans une déclaration faite par-devant notaire [1]. Ils y annexent, pour plus de précision et d'exactitude :

a) La liste des souscripteurs et l'état des versements ;

b) Un exemplaire de l'acte de société, s'il est sous seing privé, et une expédition, s'il est notarié et a été reçu par un autre notaire que la déclaration des fondateurs [2].

----

(1) La déclaration notariée constatant la souscription et le versement du quart doit-elle précéder la *convocation* ou la *réunion* des actionnaires? Cette question n'a pas encore été décidée dans la pratique.

(2) Le notaire joue ici le rôle d'un simple enregistreur. Il n'y a donc pas lieu de lui appliquer la disposition de l'art. 8 de la loi de ventôse an XI, d'après laquelle un notaire ne peut être partie dans les actes dressés par lui. Sa participation à la société ne l'empêcherait pas de recevoir la déclaration légale. D'après plusieurs auteurs, il est vrai, le notaire, outre son rôle d'enregistreur, doit encore signaler aux déclarants les irrégularités de l'acte. Mais son intérêt dans la société, loin de contrarier cette obligation, ne pourrait que la fortifier. C'est, au fond, l'idée de la jurisprudence. Un notaire, a-t-il été jugé à plusieurs reprises, peut recevoir valablement la déclaration de constitution s'il n'a pas dans la société un intérêt trop considérable.

2° Une assemblée constitutive d'actionnaires, remplissant les conditions exigées par les art. 28 et 30, est convoquée pour vérifier l'exactitude de cette déclaration [1]. Ici encore, comme dans toute assemblée constitutive, il faudra donc que la moitié du capital social soit représentée dans une première réunion, ou, à son défaut, le cinquième tout au moins, dans une seconde réunion séparée de la première par un intervalle d'au moins un mois. Cette assemblée peut statuer directement ou charger une commission de lui présenter un rapport sur lequel elle statuera (L. 1867, art. 24, al. 2).

Aucune intervention administrative ou judiciaire n'est imposée. Le rôle du notaire à qui la déclaration ci-dessus est remise se borne à la recevoir sans en contrôler l'exactitude.

Un mois au plus tard après sa constitution définitive, la société anonyme doit se faire connaître au public par l'accomplissement de deux formalités essentielles de publicité :

1° L'acte de société est déposé aux greffes du tribunal de commerce et de la justice de paix (L. 1867, art. 55).

A ce dépôt doivent être annexées :

a) Une expédition de la déclaration notariée constatant la souscription intégrale du capital social et le versement légal sur chaque action ;

____

[1] C'est aussi une assemblée générale, avec ou sans le concours de l'autorité judiciaire, qui vérifie, ailleurs qu'en France, l'accomplissement des conditions constitutives. *Loi belge* du 18 mai 1873, art. 32; *C. allemand*, art. 209 et 210 *a* et *b; C. italien*, art. 134-1°; *C. roumain*, art. 135-1°; *C. hongrois*, art. 154; *C. portugais*, art. 64, § 4.

b) Une copie certifiée des délibérations dans lesquelles l'assemblée générale a approuvé les apports en nature et les avantages particuliers;

c) La liste nominative, dûment certifiée, des souscripteurs, contenant les noms, prénoms, demeure et le nombre d'actions de chacun d'eux.

Toute personne a le droit de prendre communication des pièces déposées et de s'en faire délivrer à ses frais expédition ou extrait par le greffier ou par le notaire détenteur de la minute (L. 1867, art. 63, al. 1) [1].

2° Un extrait de l'acte de société est inséré dans un journal pouvant contenir les annonces légales. Il est signé, s'il est authentique, par le notaire, et, s'il est sous seing privé, par les administrateurs. Cet extrait mentionne (art. 57 et 58) :

a) La dénomination de la société (C. comm., art. 30);

b) Le siège social;

c) Les administrateurs;

d) Le montant du capital;

e) Le montant des valeurs à fournir par les actionnaires;

f) L'époque où la société commence et celle où elle doit finir;

g) La date de dépôt fait aux greffes du tribunal de commerce et de la justice de paix;

h) La nature de la société;

i) La quotité à prélever sur les bénéfices pour composer le fonds de réserve.

A ces mentions imposées par la loi il faut ajouter toutes

(1) P. Pont, *Commentaire des soc.*, t. II, n° 1185; Lyon-Caen et Renault, *Dr. comm.*, t. II, n° 808, p. 686; Houpin, *Traité des soc.*, t. II, n° 1047, p. 210.

les clauses intéressant les tiers [1]. Telle est celle, par exemple, en vertu de laquelle des intérêts peuvent être payés aux actionnaires avant la réalisation des premiers bénéfices, c'est-à-dire, en fait, sur le capital social, qui se trouverait alors diminué irrégulièrement.

Des formalités de publicité permanente s'ajoutent, mais avec une sanction moindre, aux formalités initiales de publicité :

1° Les différentes pièces déposées aux deux greffes doivent être affichées d'une manière apparente dans les bureaux de la société;

2° Toute personne a le droit d'exiger au siège de la société une copie certifiée des statuts, moyennant le paiement d'une somme qui ne peut excéder un franc (L. 1867, art. 3);

3° Dans tous les actes : factures, annonces, publications et autres documents imprimés ou autographiés émanant des sociétés anonymes, la dénomination sociale est accompagnée des mots : « *Société anonyme au capital de....* », c'est-à-dire de l'énonciation du capital social [2].

La société est définitivement constituée et peut commencer ses opérations après l'accomplissement de toutes les

---

(1) Partout des formalités de publicité diverses, mais analogues à celles de la loi française, sont imposées aux sociétés anonymes : *C. fédéral suisse des oblig.*, art. 621-623; *Loi belge* du 18 mai 1873, art. 9, 41, 65, 66, 2ᵉ al.; *C. allemand*, art. 210, 239 *b*, et 185 *c*; *C. italien*, art. 91, 94, 180; *Loi anglaise* de 1862, art. 25 et 26.

(2) Cette énonciation n'est pas exigée dans les revues ou journaux publiés par la société, mais seulement dans les actes susceptibles d'intéresser ses créanciers : Paris, 2 avr. 1896, S. et *J. Pal.*, 96. 2. 216; Lyon-Caen et Renault, *Dr. comm.*, t. II, n° 776 *bis*, p. 650.

conditions légales [1] et avant les formalités de publicité, pourvu qu'elles soient remplies dans le délai d'un mois à partir de cette date (L. 1867, art. 55 et 56).

Les règles relatives à la fondation des sociétés anonymes ont pour sanction :

1° La nullité de la société ;

2° La responsabilité civile de ceux par la faute desquels cette nullité a été encourue ;

3° Des condamnations pénales dans certains cas.

Une société anonyme peut être déclarée nulle, non seulement par application du droit commun, mais encore pour violation des dispositions spéciales de la loi de 1867. Parmi les causes ordinaires de nullité, il n'y a guère que le dol qui soit susceptible d'affecter la société anonyme. Les infractions à la loi de 1867 amenant la nullité sont les dérogations aux art. 22, 23, 24 et 25.

Elles existent dans douze cas [2] :

1° Les actions sont inférieures aux minimum légal ;

2° Le capital social n'est pas souscrit intégralement ;

3° Le minimum légal de chaque action n'a pas été versé ;

4° L'accomplissement des deux conditions relatives à la souscription et au versement n'est point affirmé par la déclaration notariée des fondateurs ;

(1) Parmi ces conditions ne figure pas l'entrée en fonctions des commissaires de surveillance, puisqu'elle n'a lieu que trois mois après la réunion de l'assemblée générale (L. 1867, art. 33). En ce sens, Bédarride, *Commentaire de la loi de 1867*, t. II, p. 218 et s.; Rubat du Mérac, *Des délits relatifs aux soc. par actions*, n° 273 ; Lyon-Caen et Renault, *Dr. comm.*, t. II, n° 805, p. 681, n° 1. Cf. Houpin, *Traité des soc.*, t. II, n° 845, p. 53.

(2) Houpin, *Traité des soc.*, t. I, n° 540, p. 443.

5° Cette déclaration n'a pas été soumise à la vérification de l'assemblée générale;

6° L'évaluation des apports en nature ou des avantages particuliers n'a pas eu lieu dans la forme légale;

7° Les commissaires annuels de surveillance n'ont été désignés ni par l'assemblée, ni par le tribunal;

8° Les assemblées générales constitutives n'ont pas été convoquées régulièrement; par exemple, il n'a été observé ni les délais, ni les formes légales [1];

9° Il y a moins de sept actionnaires;

10° Les formalités de publicité [2] initiale n'ont pas été observées [3].

11° Il n'a été nommé aucun administrateur;

12° Enfin, une stipulation des statuts permet, soit la mise au porteur prématurée, soit la négociation d'actions, en dehors des conditions légales de versement ou de minimum pour les actions ordinaires, de délai pour les actions d'apport. Mais le fait même de la négociation, quand elle n'est point ainsi autorisée, ne saurait, naturellement, avoir les mêmes conséquences.

---

(1) Cette nullité ne pourrait être reprochée si tous les associés avaient répondu à la convocation, puisque leur présence suffirait à établir que l'irrégularité n'a eu aucune conséquence.

(2) Cass., 7 févr. 1865, D. 65. 1. 289; S. 65. 1. 110; *J. Pal.*, 65. 250. Par application de la loi de 1856, dont le principe a été maintenu par celle de 1867 : Cass., 15 janv. 1889, S. 91. 1. 196; *J. Pal.*, 91. 1. 487; Lyon-Caen et Renault, *Dr. comm.*, t. II, n° 786, p. 663; Houpin, *Traité des soc.*, t. II, n° 1019, p. 189. En sens contraire : Bravard-Veyrières et Demangeat, *Traité de droit comm.*, t. I, p. 209; Thaller, *Droit comm.*, n° 47.

(3) L'inaccomplissement des formalités permanentes de publicité, dont l'omission est bien moins grave, n'entraîne pas la nullité : Lyon-Caen et Renault, *Dr. comm.*, t. II, n° 808, p. 686; Houpin, *Traité des soc.*, t. II, n° 1019, p. 189.

La connaissance personnelle de la société qu'aurait un tiers malgré le défaut de publicité, ne le priverait pas de l'action en nullité, de même que l'ignorance où la publicité accomplie l'aurait laissé, ne la lui donnerait pas. Le but de la loi a été, en effet, de supprimer toute question de bonne ou de mauvaise foi, en ne tenant compte que de l'accomplissement ou du non-accomplissement des formalités.

Les prescriptions de la loi de 1867 étant d'ordre public, la nullité attachée à sa violation est en principe une nullité absolue, rendant inexistant l'acte qui en est entaché [1] aussi bien dans le passé que dans l'avenir.

Il résulte de ce caractère de la nullité qu'elle peut être invoquée par toutes les personnes juridiquement intéressées. Ce sont les créanciers sociaux, les débiteurs sociaux, les associés eux-mêmes agissant les uns contre les autres. Il faut encore admettre à s'en prévaloir le débiteur d'un associé, créancier de la société, pour arriver à la compensation, ainsi que les créanciers personnels des associés, pour concourir sur le fonds social avec les créanciers sociaux [2]. Mais ce droit n'appartient pas à une société

---

(1) Mais il n'en résulte pas que les actionnaires doivent être considérés comme des associés en nom collectif : Toulouse, 22 juill. 1891; Cass., 30 janv. 1893, S. et *J. Pal.*, 95. 1. 493; cf. Cass., 28 janv. 1859, S. 60. 1. 157; *J. Pal.*, 60. 627, D. 59. 1. 408; Trib. comm. Seine, 7 janv. 1887, *La Loi*, n° du 21 juill. 1887; Lyon-Caen et Renault, *Dr. comm.*, t. II, n°ˢ 527 et 786 *bis*, p. 369 et 663; Houpin, *Traité des soc.*, t. I, n° 572, p. 405.

(2) La déclaration de nullité faisant disparaître la personnalité morale de la société, les créanciers personnels des associés concourent avec les créanciers sociaux sur le fonds social : Cass., 14 avr. 1893, *Journal des soc.*, 1894, n° 68; 7 août 1893, *Journal des soc.*, 1893, p. 491; Lyon-Caen et Renault, *Dr. comm.*, t. II, n° 786, p. 661, et n° 235, p. 181; Thaller, pour le cas de

concurrente, parce que ce n'est point un intérêt juridique qu'elle invoquerait.

Par une exception fondée sur la considération de leur faute, les associés agissant individuellement ou au nom de la société, considérée comme personne civile, ne sauraient opposer cette nullité aux tiers[1], c'est-à-dire à toute personne autre que les associés eux-mêmes : créanciers sociaux, administration de l'enregistrement[2].

En l'absence d'une disposition contraire de la loi, il n'est point dérogé, dans l'exercice de l'action en nullité, au principe de l'autorité relative de la chose jugée (C. civ., art. 1311)[3]. En conséquence, le jugement prononcé à la poursuite de l'un des intéressés n'a pas d'effet à l'égard

nullité pour défaut de publicité, n° 548; Houpin, *Traité des soc.*, t. I, n° 570, p. 464.

(1) Dans le silence de la loi de 1867, art. 41, cette solution résulte des principes généraux consacrés par les lois antérieures et la loi de 1867 elle-même, pour les sociétés en commandite par actions et les sociétés nulles pour défaut de publicité. L. 1867, art. 7 et 56; Mathieu et Bourguignat, *Comment. de la loi du 24 juill. 1867*, n°⁰ 240 et 242; Lyon-Caen et Renault, *Dr. comm.*, n° 781, p. 657; cf. Houpin, *Traité des soc.*, t. I, n° 569, p. 463.

(2) La mauvaise foi des tiers, c'est-à-dire la connaissance qu'ils auraient de la nullité, ne fait pas obstacle à l'application de cette règle : Cass., 25 févr. 1885, *Journal des soc.*, 1891, p. 540; Lyon-Caen et Renault, *Dr. comm.*, t. II, n° 781, p. 657; Houpin, *Traité des soc.*, t. I, n° 569, p. 463.

(3) La question est controversée pour le cas où le jugement prononce la nullité. Une opinion veut que la société soit dès lors considérée comme nulle à l'égard de tous les intéressés : Cass., 2 juill. 1873, S. 73. 1. 306; Seine, 22 mars 1886, *Revue des soc.*, 1886, p. 271; Gand, 25 juill. 1887, *Journal des soc.*, 1889, p. 110; Seine, 5 août 1890, *Journal des soc.*, 1891, p. 245; V. aussi Cass., 19 déc. 1862, S. 63. 1, p. 473; Houpin, *Traité des soc.*, t. I, n° 545, p. 446, n° 10. En sens contraire : Lyon-Caen et Renault, *Droit comm.*, t. II, n° 231; Arthuys, *De la constit. des soc. par actions*, n° 167; Bruxelles, 14 nov. 1892, *Revue prat. des soc. de Belgique*, 1892, p. 353.

des autres. Mais, avant de statuer, le tribunal peut or-
donner leur mise en cause [1].

Une autre conséquence du caractère de la nullité, admise, dans le silence de tous les textes, sous l'empire de la
loi de 1867, était qu'elle ne pouvait être couverte ni par
la cessation du vice, ni par la prescription [2]. Mais cette
règle avait l'inconvénient de vouer à une précarité perpé-
tuelle les sociétés affectées d'un vice originaire. La loi de
1893 l'a fait cesser par une double dérogation au droit
commun des nullités absolues :

1° La nullité disparaît avec la cause qui l'avait pro-
duite. Ainsi, la société nulle pour versement initial insuffisant ou pour défaut de déclaration devient valable
quand ce versement est complété ou quand cette déclaration est faite. De plus, à la cessation de la nullité on
assimile la convocation de l'assemblée nécessaire pour y
mettre fin. Si la convocation n'avait pas produit le même
effet que la délibération, elle n'aurait servi qu'à attirer
l'attention sur la cause de nullité et à provoquer elle-
même l'acte qu'elle avait pour objet de rendre impossible.
Il suffira donc, par exemple, que les actionnaires soient
appelés régulièrement à approuver les apports en nature
pour faire tomber la nullité qu'aurait entraînée l'absence
de cette approbation;

----

(1) Cass., 25 janv. 1881, D. 81. 1. 253; Houpin, *Traité des soc.*, t. 1, n° 545,
p. 447, n° 16. Un second actionnaire pourrait d'ailleurs, au lieu d'introduire une nouvelle demande, faire tierce opposition au premier jugement :
Cass., 5 janv. 1880, *Journal des soc.*, 1881, p. 360.

(2) Houpin, *Traité des soc.*, t. I, n° 557, p. 557, et n° 1, avec les arrêts
cités : P. Pont, *Comment. des soc. civ. et comm.*, n° 1236; Mathieu et Bourguignat, *Comment. de la loi du 24 juill. 1867*, n° 68.

2° Le vice subsistât-il, la nullité qui en résulte n'existe plus au bout de dix ans. Le point de départ en est le jour où cette nullité commençait à pouvoir être invoquée, c'est-à-dire celui où la société a été ainsi constituée irrégulièrement (L. 1867-1893, art. 8) [1].

Mais ces exceptions aux règles de la nullité absolue ne font pas de cette nullité spéciale une nullité simplement relative, invocable seulement par certaines personnes et susceptible de cesser quand elles renoncent à leur droit. Elle ne peut donc prendre fin par aucune ratification [2].

La société nulle devrait, d'après les principes généraux du droit, ne produire aucun effet, ni dans l'avenir, ni même dans le passé. Mais l'esprit de la loi, indiqué par l'article 56, et des considérations d'équité, ont fait introduire à cette règle d'importantes dérogations. Tout au moins entre les associés et quand la société avait commencé à fonctionner [3], on a pu dire très exactement qu'il y avait

(1) La tendance de beaucoup de législations étrangères est de restreindre les causes de nullité en les remplaçant par la responsabilité ou en les faisant cesser après l'accomplissement de certaines formalités protectrices : *Loi belge* du 22 mai 1886, art. 32; *Code fédéral suisse des oblig.*, art. 616 et suiv., 621 et suiv., 671 et suiv.; *C. allemand* de 1897, art. 309-311.

(2) Besançon, 3 août 1898, *Journal des soc.*, 1900, p. 14; cf. Marseille, 22 août 1899, *Journal des soc.*, 1900, p. 80; Houpin, *Traité des soc.*, t. I, n° 560, p. 453.

(3) Ainsi la négociation des actions antérieure à la déclaration de nullité demeure valable : Cass., 3 juin 1885, S. 85. 1. 259; *J. Pal.*, 85. 1. 641, D. 86. 1. 25; V. aussi : Lyon (1re ch.), 22 janv. 1884, S. 84. 2. 49; *J. Pal.*, 84. 1. 316, D. 84. 2. 153; Lyon (1re ch.), 22 mai et 31 juill. 1885, *Revue des soc.*, 1886, p. 155; Lyon (2e ch.), 27 nov. 1885, *La Loi*, n° du 24 juin 1886; Trib. comm. Seine, 27 mai 1886, *Le Droit*, n° du 18 juin 1886; *Revue des soc.*, 1886, p. 155; Orléans, 24 juill. 1890, S. 91. 2. 154; *J. Pal.*, 91. 1. 883; Cass., 9 nov. 1892, S. et *J. Pal.*, 93. 1. 361; cf. Houpin, *Traité des soc.*, t. I, n° 568, p. 463.

moins annulation que dissolution. Il en sera traité, en conséquence, à propos de la manière dont la société prend fin.

La déclaration de nullité impose une responsabilité civile à tous ceux dont la faute a produit ce résultat. Ce sont :

1° Les fondateurs [1];

2° Les administrateurs en fonction au moment où elle a été encourue, c'est-à-dire les premiers administrateurs. Il n'y a pas lieu de distinguer s'ils sont désignés par les statuts, ou même élus par l'assemblée générale [2]. Sans doute, dans ce dernier cas, ils ne sont pas les auteurs des faits reprochés, mais ils ont eu le tort de se laisser mettre à la tête d'une société nouvelle dont ils n'ont point préalablement vérifié la régularité [3];

[1] La responsabilité des fondateurs et administrateurs est édictée par : C. de comm. *allemand* modifié, art. 213, *a, b, c; C. fédéral suisse des oblig.*, art. 671; *Loi belge* du 27 mars 1886, art. 34. V. Lyon-Caen et Renault, n° 797 *bis*, p. 675.

[2] En ce sens : Paris, 28 mars 1869, D. 69. 2. 145; Cass., 27 janv. 1873, D. 73. 1. 331; 13 mars 1876, D. 77. 1. 49; Poitiers, 26 juill. 1886, *Revue des soc.*, 1886, p. 582; Griolet, note dans Dalloz, 69. 2. 145; Bédarride, *Commentaire de la loi de 1867*, n° 483; Boistel, *Dr. comm.*, n° 315; Lyon-Caen et Renault, *Dr. comm.*, t. II, p. 672, n° 794; Alauzet, *Commentaire sur les soc.*; n° 556; Mathieu et Bourguignat, n° 243; Vavasseur, *Traité des soc.*, n° 834; P. Pont, *Commentaire des soc.*, t. II, n°s 1293 et s.; Houpin, *Traité des soc.*, t. I, n° 584, p. 471.

[3] Il avait d'abord été admis que la responsabilité atteignait tous les administrateurs, indistinctement : Toulouse, 28 nov. 1883, *Revue des soc.*, 1884, p. 622. Mais des décisions judiciaires postérieures en ont dégagé ceux qui n'avaient point participé à l'irrégularité commise : Cass., 30 janv. 1893; Douai, 11 avr. 1897, S. et *J. Pal.*, 93. 1. 493; D. 98. 1. 8; Lyon-Caen et Renault, *Dr. comm.*, t. II, n° 791, p. 668; Houpin, *Traité des soc.*, t. I, n° 584, p. 471.

3° Les auteurs des apports en nature ou les bénéficiaires des avantages particuliers, si la nullité tient au manque d'approbation de ces apports ou de ces avantages. Toutefois, à la différence des fondateurs et des administrateurs, quand ils en sont distincts, ils ne sont exposés qu'à une condamnation facultative, subordonnée à l'appréciation du tribunal. S'ils ont provoqué la vérification ou l'approbation prescrites, mais que, malgré leurs efforts, elles n'aient pas eu lieu, ils doivent être exemptés des conséquences de cette omission.

Toutes ces personnes sont tenues solidairement, sauf à celles d'entre elles qui auraient payé le tout, à exercer, selon les principes généraux, un recours contre les autres [1]. Mais la même faculté d'appréciation qui autorise le tribunal à ne pas condamner les auteurs d'apports en nature ou les bénéficiaires d'avantages particuliers, lui permet aussi, en les condamnant, de les soustraire aux effets de la solidarité.

Si les faits reprochés, dont la nullité est la conséquence, constituent une infraction punissable, la solidarité est de rigueur, par application de l'article 55 du Code pénal.

L'action en responsabilité appartient :

1° Aux tiers, c'est-à-dire aux créanciers sociaux ;

2° Aux actionnaires, mais agissant individuellement, puisque la société, n'étant point régulièrement constituée,

---

[1] L'administrateur qui a dû acquitter les dettes sociales à raison de sa responsabilité en cas de nullité, a aussi un recours contre les actionnaires non libérés : Paris, 10 juin 1890, *La Loi*, n° du 19 juin 1890 ; Houpin, *Traité des soc.*, t. I, n° 609, p. 487 ; Lyon-Caen et Renault, *Dr. comm.*, t. II, n° 796 *ter,* p. 674 ; Cass., 8 nov. 1886, S. 87. 1. 353, et *J. Pal.*, 87. 1. 881.

n'a pas droit, en tant que personne juridique distincte, à une indemnité (1).

L'étendue de la responsabilité et la durée de l'action ont été réduites par la loi de 1893.

En principe, les personnes déclarées responsables sont contraintes de réparer les dommages causés par leur faute (2). D'après la loi de 1867, les fondateurs et les premiers administrateurs étaient obligés, vis-à-vis des créanciers sociaux, à l'acquittement de tout le passif social, parce que la nullité de la société anonyme les empêchait d'invoquer la règle que les actionnaires ne sont jamais tenus que sur leurs actions (3). Mais cette responsabilité passait avec raison pour excessive. La loi de 1893 a réduit, en conséquence, à la réparation du dommage la responsabilité encourue dans tous les cas (L. 1893, art 5).

De droit commun, la disparition du vice ne mettait pas plus fin à l'action en responsabilité qu'à la nullité, et cette action ne s'éteignait que par trente ans. A ce double point de vue, la loi de 1893 contient encore une innovation :

1° La disparition du vice amène celle de la responsabi-

(1) La responsabilité des fondateurs et des administrateurs envers les actionnaires est limitée au dommage : Cass., 23 déc. 1889, *Revue des soc.*, 1890, p. 75 ; Lyon-Caen et Renault, *Dr. comm.*, t. II, n° 796, p. 672 ; Houpin, *Traité des soc.*, t. I, n° 600, p. 480.

(2) La loi de 1867 ne s'étant pas préoccupée spécialement du dommage causé par la nullité pour défaut de publicité, c'est par application du droit commun que les administrateurs chargés d'accomplir les formalités sont responsables de leur négligence : P. Pont, *Comment. des soc.*, t. II, n° 1295 ; Lyon-Caen et Renault, *Dr. comm.*, t. II, n° 807, p. 685.

(3) Cass., 13 mars 1876, S. 76. 1. 361 ; *J. Pal.*, 76. 873 ; D. 77. 1. 49 ; Poitiers, 26 juill. 1886, *Revue des soc.*, 1886, p. 582 ; Cass., 9 avr. 1888, S. 88. 1. 207 ; *J. Pal.*, 88. 1. 506 ; Griolet, dans Dalloz, 69. 1. 145 ; L. Chappard, *Revue crit. de législ. et de jurispr.*, 1878, p. 65 et s.

lité. Toutefois, si cette disparition laisse subsister un préjudice aux dépens de quelqu'un, ceux à qui le vice est imputable demeurent responsables pendant trois ans.

2° L'expiration du délai de dix ans, qui éteint l'action en nullité, fait cesser, par voie de conséquence, l'action en responsabilité.

La violation de la loi de 1867 devient dans certains cas une infraction à la loi pénale, frappée de peines correctionnelles :

1° Est punie d'une amende de 500 à 10.000 francs l'émission d'actions ou de coupons d'actions d'une société constituée contrairement aux prescriptions des articles 1, 2 et 3 (L. 1867, art. 13) [1].

C'est, non l'ouverture de la souscription, mais la délivrance des titres qui constitue l'émission, et, par conséquent, la perpétration du délit.

2° La même peine s'applique à la négociation des mêmes actions ou coupons d'actions. Elle frappe aussi toute participation à ces négociations, toute publication de la valeur des actions (L. 1867, art. 14).

Les intermédiaires y sont exposés aussi bien que les cédants et les cessionnaires, parce que la loi ne fait aucune distinction [2].

____

(1) Dans les termes de l'art. 13 de la loi de 1867, l'amende qui frappe l'émission des actions d'une société nulle pour infraction aux art. 1, 2 et 3, ne s'applique pas si la nullité est encourue pour violation de l'art. 4 sur la vérification des apports en nature et des avantages particuliers : Orléans, 28 avr. 1887, *Revue des soc.*, 1888, p. 34; Lyon-Caen et Renault, *Dr. comm.*, t. II, n° 799, p. 679; cf. Houpin, *Traité des soc.*, t. I, n° 620, p. 494.

(2) L. 1867, art. 14. « La négociation d'actions ou de coupons d'actions

Dans ces deux cas, la mauvaise foi, ainsi qu'il a été jugé, n'est pas une condition essentielle de culpabilité [1]. Le fait réprimé est une contravention frappée de peines correctionnelles [2]. C'est le défaut d'attention aussi bien que l'intention qui constitue l'élément intellectuel nécessaire à la répression [3].

3° Sont considérées comme escroqueries :

a) La simulation de versements inexistants ou de tous autres faits faux, destinés à provoquer des souscriptions ou des versements.

b) La publication faite de mauvaise foi, en vue d'obtenir des souscriptions ou des versements, des noms de personnes soi-disant attachées à la société à un titre quelconque.

Les peines sont celles de l'article 405 du Code pénal :

L'emprisonnement de un à cinq ans ;

dont la valeur ou la forme serait contraire aux dispositions des art. 1, 2 et 3 de la présente loi ou pour lesquels le versement du quart n'aurait pas été effectué conformément à l'article 2 ci-dessus, est punie d'une amende de 500 à 10.000 francs. Sont punies de la même peine toute participation à ces négociations et toute publication de la valeur des dites actions ». Cass., 3 juin 1885, *Journal des sociétés*, 1887, p. 421 ; P. Pont, *Commentaires des soc.*, n° 1319 ; Vavasseur, *Traité des soc.*, n° 719 ; Rubat du Mérac, *Délits relatifs aux sociétés par actions*, n° 266 ; Lyon-Caen et Renault, *Dr. comm.*, t. II, n° 800, p. 679 ; Houpin, *Traité des soc.*, t. I, n° 620, p. 495.

(1) Cass., 28 janv. 1887, S. 87. 1. 236 ; *J. Pal.*, 87. 1. 554 ; P. Pont, *Commentaire des soc.*, t. II, n° 381 ; Lyon-Caen et Renault, *Dr. comm.*, t. II, n° 800, p. 679. Voir arrêts cités par Houpin, *Traité des soc.*, t. I, n° 622, p. 496, note 5, et p. 497, n° 1.

(2) Le délai de prescription est, en conséquence, de trois ans : Paris, 4 déc. 1884, *Revue des soc.*, 1885, p. 119 ; Paris, 28 avr. 1887, *Revue des soc.*, 1887, p. 323 ; Lyon-Caen et Renault, *Dr. comm.*, p. 679, n° 801 ; Houpin, *Traité des soc.*, t. I, n° 625, p. 497.

(3) Une autre conséquence qu'entraîne la nature de l'infraction est l'application des art. 59 et s. du Code pénal sur la complicité : Paris, 3 déc. 1884, *Le Droit*, n° des 22-23 déc. 1884 ; Cass., 28 févr. 1885, D. 85. 1. 329 ; S. 87. 1. 41 ; *J. Pal.*, 87. 1. 65. V. un article critique sur ce dernier arrêt dans *La Loi*,

L'amende de 50 à **3.000** francs ;

L'interdiction facultative, pour une durée de cinq à dix ans, des droits civils, civiques et de famille, énumérés par l'article 42 [1].

Ces opérations ne donnent lieu à aucune peine quand c'est d'obligations qu'il s'agit [2]. Cependant l'opinion contraire a pour elle quelques décisions judiciaires [3]. Mais les dispositions pénales étant de droit étroit, on ne peut étendre, sous prétexte d'analogie, à une catégorie de titres ce qui a été décidé seulement pour une autre [4].

Une amende de 50 à 1.000 francs frappe les contraventions à l'article 64 prescrivant d'indiquer sur tous les documents qui émanent de la société sa nature de société anonyme et le capital social (L. 1867, art. 64).

L'observation des formalités initiales de publicité n'est assurée par aucune disposition pénale.

n⁰ˢ des 8 et 9 avr., et du 11 juin 1885; Lyon-Caen et Renault, *Dr. comm.*, t. II, n° 801, p. 679, n° 4.

(1) S'il y a pluralité de délinquants, ils sont tenus solidairement, par application de l'art. 55 du Code pénal : Lyon-Caen et Renault, *Dr. comm.*, t. II, p. 588.

(2) Vavasseur, *Traité des soc.*, t. 1, n⁰ˢ 486 et 494; Lyon-Caen et Renault, *Dr. comm.*, t. II, n° 805, p. 681; Lyon-Caen, note sous l'arrêt du 20 avr. 1887, dans S. 87. 1. 393 et *J. Pal.*, 87. 1. 948; cf. Travaux préparatoires de la loi du 17 juill. 1856, dont la loi du 24 juill. 1867 reproduit sur ce point textuellement les dispositions. Le rapport présenté au Corps législatif montre que les fraudes commises aux dépens des actionnaires tombaient seules sous le coup des sanctions pénales : Lyon-Caen et Renault, *l. c.*, n° 805, p. 681, note 4; Houpin, *Traité des soc.*, t. I, n° 415, p. 346.

(3) Paris, 18 févr. 1881, *Journal des soc.*, 1881, p. 654; Cass., 30 avr. 1887, S. 87. 1. 393; *J. Pal.*, 87. 1. 948 ; D. 88. 1. 334; Lyon-Caen et Renault, *Droit comm.*, t. II, n° 805, p. 681, n° 2; Houpin, *l. c.*

(4) L'opinion de la doctrine exposée au texte exclut naturellement les faits d'escroquerie ou autres tombant sous l'application du Code pénal et qui entraînent leurs conséquences ordinaires, que ce soit à propos d'obligations ou d'actions qu'ils aient été commis.

CHAPITRE III

ORGANISATION DE LA SOCIÉTÉ ANONYME

La société anonyme possède plusieurs organes en rapport étroit l'un avec l'autre. Le pouvoir souverain appartient aux actionnaires réunis en assemblée. Mais cette souveraineté n'est pas arbitraire. L'exercice en est réglé par la loi et les statuts, qui forment la charte constitutive de la société. Il est subordonné à l'action des administrateurs, véritable autorité exécutive émanée des actionnaires, mais munie de pouvoirs propres et sans le concours de laquelle l'assemblée ne peut, en principe, délibérer. La constitution sociale est une application du régime représentatif. Au souverain officiel il n'appartient guère que de choisir ses mandataires. Ceux-ci, une fois constitués, ne dépendent de leurs commettants que par la durée temporaire et la révocabilité de leur mandat. Le pouvoir effectif appartient à l'autorité exécutive, et le rôle de la puissance souveraine se borne en général à élire ceux par lesquels elle a besoin d'être conduite.

Les organes de la société anonyme sont :

1° Les administrateurs ;

2° Les commissaires des comptes;

3° Les actionnaires.

§ 1. — *Les administrateurs.*

Les administrateurs sont vis-à-vis de l'assemblée des actionnaires ce qu'est un ministère vis-à-vis d'un parlement. Ils la convoquent et la dirigent. Sous le contrôle supérieur et la sanction de l'assemblée, ils sont les chefs de la société, mais des chefs que celle-ci a le moyen permanent de remplacer.

Le nombre des administrateurs est fixé par les statuts. Il peut y en avoir un ou plusieurs. Dans ce dernier cas, ils composent le conseil d'administration. Le président en est désigné par le conseil lui-même.

Mandataires des actionnaires, les administrateurs sont toujours nommés par ces derniers. Les premiers administrateurs peuvent être désignés par les statuts, et c'est en adhérant à cette désignation par leur souscription que les actionnaires exercent alors leur droit de nomination. Les autres sont élus en assemblée générale [1].

Toute autre restriction au droit des actionnaires est illégale. Serait telle, notamment, la clause des statuts qui conférerait aux administrateurs en fonctions la faculté de choisir leur remplaçant. Toutefois, il peut être stipulé

---

(1) Les administrateurs sont désignés, comme dans la loi française, par l'assemblée générale ou les statuts dans la loi *belge* du 10 mai 1873, art. 4; le Code de comm. *italien*, art. 124, le Code *roumain*, art. 125; par l'assemblée générale ou le conseil de surveillance, dans le Code de comm. *allemand* de 1861, art. 227, et de 1897, art. 231; le Code de comm. *hongrois*, art. 182.

qu'en cas de vacance dans le conseil, celui-ci comblera provisoirement le vide causé par décès, démission ou autre cause [1]. Mais ce choix ne devient définitif qu'après avoir été ratifié par l'assemblée générale dans sa prochaine réunion [2].

La durée du mandat confié aux administrateurs est fixée par les statuts [3]. Elle ne peut dépasser le maximum de trois ans, s'ils sont statutaires. et de six ans [4], s'ils ont été élus par l'assemblée (L. 1867, art. 25, §§ 2 et 3) [5]. En cas d'infraction à cette règle, le temps exagéré des fonctions serait ramené au terme légal, à la demande de tout intéressé (Analog. C. civ., art. 1660) [6]. Statutaires ou élus, ils sont indéfiniment rééligibles, à moins de convention

(1) Toute clause des statuts qui autoriserait les administrateurs à se donner des remplaçants définitifs serait illicite : P. Pont, *Comment. des soc. civ. et comm.*, t. II, n° 1604 ; Lyon-Caen et Renault, *Dr. comm.*, t. II, n° 811 *bis*, p. 687, 2 : Houpin, *Traité des soc.*, t. II, n° 841, p. 51.

(2) La nomination de ces administrateurs peut être considérée comme faite sous condition résolutoire.

(3) C'est une question discutée que de savoir si la faillite ou la liquidation judiciaire de la société met fin aux pouvoirs des administrateurs : Lyon-Caen et Renault, *Dr. comm.*, t. II, n° 813, p. 690, et t. VIII, n° 1192 ; Houpin, *Traité des soc.*, t. II, n° 780, p. 12.

(4) Pour déterminer le moment où cessent les pouvoirs des administrateurs, il faut compter l'année, non pas comme une collection de 365 jours, mais par l'intervalle qui sépare la dernière assemblée annuelle de la précédente : Trib. comm. Seine, 12 août 1897, *La Loi*, n° des 22-23 sept. 1897, *Journal des soc.*, 1898, p. 94 ; Lyon-Caen et Renault, *Dr. comm.*, t. II, n° 813, p. 689, n° 3 ; Houpin, *Traité des soc.*, t. II, n° 780, p. 11.

(5) Les statuts peuvent établir pour le Conseil d'administration un renouvellement partiel comme celui des assemblées politiques : Lyon-Caen et Renault, *Dr. comm.*, t. II, n° 813, p. 690 ; Houpin, *Traité des soc.*, t. II, n° 780, p. 11.

(6) Cf. C. civ., art. 1660, par analogie ; De Courcy, *La société anonyme*, p. 187, n° 188 ; Lyon-Caen et Renault, *Dr. (comm.*, t. II, n° 813, p. 690 ; en sens contraire : Houpin, *Traité des soc.*, t. II, n° 780, p. 11, note 2. La sanction de la nullité, admise par cet auteur, est évidemment excessive et sans utilité.

contraire, très rare en pratique. Il s'établit ainsi dans les sociétés anonymes de véritables dynasties d'administrateurs qui, d'ordinaire, leur apportent un élément de fixité et en consolident les traditions.

Avant l'expiration de leur pouvoir, les administrateurs peuvent en être privés par délibération [1] de l'assemblée générale [2]. Cette révocabilité étant de l'essence du mandat il ne saurait y être dérogé, ni directement, ni indirectement. Les administrateurs statutaires y sont soumis de la même manière que les administrateurs élus [3]. Une clause des statuts établissant l'irrévocabilité ne serait pas valable [4]. Aucune indemnité ne peut être promise ou accordée aux administrateurs écartés [5-6].

[1] L'assemblée ne pouvant statuer que sur les questions à l'ordre du jour, celle de la révocation a besoin d'y figurer, ce qui garantit les administrateurs contre des résolutions précipitées ou surprises : mais il cesserait d'en être ainsi si la question de révocation était amenée par un incident de séance : Cass., 15 juill. 1895, D. 96. 1. 31 ; Thaller, *Dr. comm.*, n° 650 ; Lyon-Caen et Renault, *Dr. comm.*, t. II, n° 812, p. 688, note 3.

[2] La clause des statuts qui réserverait à une assemblée extraordinaire seule la facilité de révocation ne saurait être considérée comme valable : Lyon-Caen et Renault, *Dr. comm.*, t. II, n° 812 ; Houpin, *Traité des soc.*, t. II, n° 782, p. 14.

[3] Cette révocation n'étant point une modification aux statuts peut aussi être prononcée par une assemblée ordinaire : Paris, 6 mars 1890, *La Loi*, n° du 25 avr. 1890 ; Lyon-Caen et Renault, *Dr. comm.*, t. II, n° 812, p. 689 ; Houpin, *Traité des soc.*, t. II, n° 782, p. 14.

[4] Cass., 10 avr. 1878, D. 78. 1. 314 ; Lyon-Caen et Renault, *Dr. comm.*, t. II, n° 812, p. 688-2 ; Houpin, *Traité des soc.*, t. II, n° 782, p. 14.

[5] Cass., 28 juill. 1868, D. 1. 442 ; Paris, 29 janv. 1885, *Revue des soc.*, 1885, p. 264 ; Lyon-Caen et Renault, *Dr. comm.*, t. II, n° 812, p. 688, 4. La clause des statuts qui réserverait une indemnité à l'administrateur statutaire révoqué serait sans valeur : Paris (6ᵉ ch.), 13 déc. 1883, D. 85. 2. 8 ; 18 mars 1893, D. 93. 2. 309 ; Lyon-Caen et Renault, *Dr. comm.*, t. II, n° 812, p. 688 ; Houpin, *Traité des soc.*, t. II, n° 782, p. 14, et n° 1.

[6] Le *C. allemand*, art. 231, et le *C. hongrois*, art. 182, réservent à l'administrateur révoqué le droit à une indemnité.

Mais les administrateurs ne peuvent, au contraire, renoncer à leurs fonctions avant l'époque fixée (1), si ce n'est
dans les termes du Code civil (art. 2007) : ils sont tenus,
en conséquence, de notifier à l'assemblée leur décision ; si
cette renonciation cause à la société un préjudice, les administrateurs, comme tous mandataires, sont obligés de
lui en fournir indemnité, à moins de prouver qu'ils n'a-
vaient pas d'autre moyen de s'épargner à eux-mêmes un
préjudice considérable (2).

Les administrateurs doivent être pris parmi les associés (3).
Mais, aucune disposition légale ne fixant le nombre d'actions
qu'ils sont tenus de posséder, il est déterminé souveraine-

____

(1) C. civ., art. 2007; Trib. comm. Seine, 23 oct. 1890, *Le Droit*, nᵒˢ des
2, 3, 4 nov. 1890; Lyon-Caen et Renault, *Dr. comm.*, t. II, nᵒ 812, p. 689, 2;
Houpin, *Traité des soc.*, t. II, nᵒ 783, p. 15.

(2) Art. 2007. « Le mandataire peut renoncer au mandat en notifiant au
mandant sa renonciation. Néanmoins si cette renonciation préjudicie au
mandant, il devra en être indemnisé par le mandataire, à moins que celui-ci
ne se trouve dans l'impossibilité de continuer le mandat sans en éprouver
lui-même un préjudice considérable ». La pluralité habituelle des administrateurs rend d'ailleurs cette éventualité extrêmement rare.

(3) Comme il n'est pas non plus fait de distinction entre les différentes
espèces d'actions, il peut être déposé des actions d'apport, aussi bien que
des actions en numéraire, que ces actions aient été accordées à l'administrateur au moment de la fondation, ou qu'il les ait acquises postérieurement : Lyon-Caen et Renault, *Dr. comm.*, t. II, nᵒ 815 *ter*, p. 692 et s.;
Houpin, *Traité des soc.*, t. II, nᵒ 791, p. 18; cf. article de Houpin, dans *Journal des soc.*, 1896, p. 48 et s. Mais pendant les deux années qui suivent la
constitution de la société, les administrateurs ne pourraient affecter à la
garantie de leur gestion les actions d'apport qui leur auraient été cédées,
parce que, dans ce délai, les actions d'apport ne sont pas susceptibles de
transfert, et, par conséquent, ne peuvent être mises en nominatif, ainsi que
l'exige l'art. 26 de la loi de 1867. En ce sens : art. de Houpin, dans *Journal
des soc.*, 1898, p. 97 et s.; Lyon-Caen et Renault, *Dr. comm.*, t. II, nᵒ 815 *ter*,
p. 693; Houpin, *Traité des soc.*, t. II, nᵒ 791, p. 19. En sens contraire : art.
de A. Millerand, dans *Rev. trim. du nouv. reg. des soc.*, 1897, p. 7 et s.

ment par les statuts. La propriété d'une seule pour chaque
administrateur serait suffisante[1]. En dehors de toute stipulation c'est aussi le minimum jusqu'auquel chacun d'eux
peut descendre sans cesser d'être en règle avec la disposition légale[2]. Quel que soit le chiffre exigé, il suffit de l'a-
voir non au moment de la nomination, mais à l'instant de
l'entrée en fonctions[3]. L'administrateur désigné avant
d'avoir satisfait à cette condition devrait se faire remplacer, s'il ne parvenait pas à la remplir[4].

Les actions des administrateurs sont soumises à des dispositions spéciales. Elles sont nominatives, inaliénables[5],
frappées d'un timbre indiquant l'inaliénabilité et déposées
dans la caisse sociale (L. 1867, art. 26, al. 3). Ce dépôt est

(1) C'est ce chiffre qu'il faut même admettre dans le silence des statuts :
Lyon-Caen et Renault, *Dr. comm.*, t. II, n° 815 *bis*, p. 692; Houpin, *Traité
des soc.*, t. II, n° 788, p. 17. En l'absence de toute disposition légale sur ce
point, on ne peut dire que les administrateurs sont tenus de faire compléter les statuts avant de commencer leur gestion, sous peine de responsabilité personnelle. En ce sens : Lyon-Caen et Renault, *Dr. comm.*, t. II,
n° 815 *bis*, p. 692 : en sens contraire : Alauzet, *Comment. sur les soc.*, n° 539;
Mathieu et Bourguignat, *Comment. de la loi du 21 juill. 1867*, n° 192; P. Pont,
Comment. des soc., n° 1626.

(2) D'après la loi *belge* du 10 mai 1873, art. 4, les actions que les administrateurs sont tenus de donner comme gage à la société, doivent représenter pour chacun un cinquième du capital social, sans toutefois dépasser
50.000 francs.

(3) Houpin, *Traité des soc.*, t. II, n°⁸ 784 et s., p. 15 et s.

(4) Si le dépôt légal n'a pas été effectué, l'administrateur doit se faire
remplacer, mais la société n'est point nulle : Trib. comm. Lyon, 14 août
1885, *La Loi*, n° du 14 nov. 1895; Lyon-Caen et Renault, *Dr. comm.*, t. II,
n° 815 *bis*, p. 692. La règle a pour sanction la responsabilité personnelle de
l'administrateur en faute : Cass., 20 juin 1898, *Journal des soc.*, 1898, p. 491;
Lyon-Caen et Renault, *Dr. comm.*, t. II, n° 815 *quater*, p. 693.

(5) La cession civile n'en est pas plus possible que la négociation commerciale : Lyon-Caen et Renault, *Dr. comm.*, t. II, n° 815 *bis*, p. 691; Houpin, *Traité des soc.*, t. II, n° 793, p. 19.

une constitution de gage qui assure à la société le privilège du créancier gagiste (1)-(2).

Aucune condition spéciale de capacité n'est exigée des
administrateurs de la société anonyme. Mais il y a incompatibilité entre cette qualité et certaines fonctions. Le rôle
d'administrateur est interdit aux notaires et aux militaires
de tous grades, par ordonnances et circulaires ministé-
rielles, aux avocats par le conseil de discipline de certains
barreaux. La désignation faite en violation de ces défenses
n'est pas nulle, mais fait encourir à l'administrateur des
peines disciplinaires (3).

Agissant pour le compte de la société, non en leur nom
propre, les administrateurs ne sont pas commerçants (4).
La nature, commerciale ou civile de leur mandat, est même

(1) P. Pont, *Comment. sur les soc. civ. et comm.*, nos 1624-1625; Thaller,
Droit comm., n° 652; Lyon-Caen et Renault, *Dr. comm.*, t. II, n° 815 *bis*,
p. 691; Houpin, *Traité des soc.*, t. II, n° 793, p. 19. Mais les privilèges étant
de droit étroit, celui-ci ne garantit à la société que ses créances à raison des
fautes de gestion, non celles qu'elle pourrait avoir à raison d'avances ou
d'autres contrats : Lyon-Caen et Renault, *l. c.*; Trib. civ. Seine, 19 janv.
1893, *Journal des soc.*, 1893, p. 374.

(2) Les législations étrangères se divisent sur les qualités imposées aux
administrateurs. Les unes exigent, comme la loi française, qu'ils soient pris
parmi les actionnaires, C. comm. *portugais*, art. 171, 172, 174. Mais le plus
grand nombre en admettent le recrutement en dehors de la société. *Loi belge*
du 10 mai 1873, art. 45; C. comm. *allemand*, L. de 1861, art. 227, L. de 1897,
art. 231; C. comm. *hongrois*, art. 182; C. comm. *italien*, art. 124; C. comm.
roumain, art. 122.

(3) Légalement ce pourraient être des étrangers, des faillis non réhabi-
lités, etc. : Circ. min. du 24 déc. 1869, pour les militaires ; ordonn. du 4 janv.
1843, art. 12, 2 *a.* pour les notaires; Lyon-Caen et Renault, *Dr. comm.*, t. II,
n° 816, p. 694, nos 1 et s.; Houpin. *Traité des soc.*, t. II, n° 786, p. 16.

(4) Paris, 29 déc. 1898, *Le Droit*, n° du 18 janv. 1899 ; Lyon-Caen et Renault, *Dr. comm.*, t. I, n° 304, t. II, n° 817, p. 696, et t. VIII, n° 48; Houpin,
Traité des soc., t. II, n° 797, p. 23; cf. t. I, n° 605, p. 483, et t. II, n° 831,
p. 45.

discutée[1]. Quelle que soit la nature de l'acte accompli par eux, il n'est point à leur égard acte de commerce. Dans aucun cas non plus, ils ne sont obligés personnellement.

Le conseil d'administration ne délibère valablement que si le minimum de membres fixé par les statuts [2] sont présents [3]. La délibération est prise à la majorité des voix. Un membre isolé ne peut rien faire que s'il y est autorisé par les statuts ou l'assemblée générale. C'est une différence, introduite par la coutume commerciale, avec les gérants d'une société en nom collectif et les membres d'une société civile. La décision prise en violation de ces règles serait nulle.

Les pouvoirs du conseil d'administration ou de l'administrateur unique sont d'abord indiqués par les statuts. Dans le silence du contrat, ils peuvent encore l'être par une délibération de l'assemblée générale. En dehors de ces deux cas, il faut appliquer les principes généraux du mandat : les actes d'administration sont permis ; les actes de disposition ne sont pas possibles [4]. Quant à la distinc-

---

(1) L'opinion qui lui reconnaît une nature commerciale se prévaut de ce qu'il a le commerce pour objet; cf. Cass., 6 mai 1869, D. 69. 1. 351; *J. Pal.*, 69. 1103; S. 69. 1. 430. *Contrà*, Renault et Lyon-Caen, *Dr. comm.*, t. II, n° 834, p. 714.

(2) Le *quorum*, si les statuts ne l'indiquent point, devient une question de fait, que le tribunal décide d'après les circonstances : Lyon-Caen et Renault, *Dr. comm.*, t. II, n° 818, p. 697; Thaller, *Dr. comm.*, n° 653; Houpin, *Traité des soc.*, t. II, n° 812, p. 31.

(3) Paris, 24 janv. 1889, *La Loi*, n° du 19 avr. 1889. Dans ce dernier cas, il s'agissait d'un appel de fonds : il a été jugé qu'il ne liait point les actionnaires : Lyon-Caen et Renault, *Dr. comm.*, t. II, n° 818, p. 696; Houpin, *Traité des soc.*, t. II, n° 812, p. 31.

(4) Houpin, *Traité des soc.*, t. II, n° 798, p. 23 et 800, p. 24 et s.

tion entre les deux espèces d'actes, elle est établie par l'objet même de la société, et non par la nature de l'acte. Tout ce qui tend directement à cet objet est acte d'administration. Tout ce qui sort des opérations ordinaires est acte de disposition. Ainsi, l'aliénation d'un immeuble est objet d'administration dans une société immobilière qui poursuit l'achat et la vente des immeubles. Pour toute autre qui ne se proposerait pas des opérations de cette nature, ce serait un acte de disposition.

Tout ce que le conseil d'administration ou l'administrateur unique a fait en dehors de ses pouvoirs est nul. L'administrateur peut être alors responsable envers les tiers, mais la société anonyme n'est point obligée [1]. Toutefois, cette dernière règle cesse quand l'acte excessif a été approuvé après coup par l'assemblée générale, lorsque c'est un acte de disposition [2]; par l'unanimité des associés, s'il est étranger à l'objet de la société, c'est-à-dire contraire aux statuts. La société est encore tenue si l'acte lui a pro-

---

[1] Douai, 15 mai 1844, S. 44. 2. 403; Bédarride, *Comment. de la loi de 1867*, n° 285; Mathieu et Bourguignat, *Comment. de la loi du 24 juill. 1867*, n° 253; Houpin, *Traité des soc.*, t. II, n° 799-4.

[2] Cass., 24 mars 1852, S. 52. 1. 436; 13 mars 1876, S. 76. 1. 361; Bruxelles, 11 janv. 1884, *Journal des soc.*, 1890, p. 24; Cass., 14 janv. et 23 févr. 1885, *Journal des soc.*, 1885, p. 167 et 379; Trib. Gand, 18 mai 1887, *Journal des soc.*, 1890, p. 32; Rouen, 15 juin 1887, *Revue des soc.*, 1888, p. 81; Seine, 17 mai 1888, *Revue des soc.*, 1888, 364; P. Pont, *Comment. des soc. civ. et comm.*, n° 1630; Houpin, *Traité des soc.*, t. II, n° 799, p. 24. Cette ratification dégage la responsabilité dont les administrateurs seraient, autrement, tenus envers les tiers : Paris, 30 juill. 1867, D. 67. 2. 238; Boistel, *Droit comm.*, n° 314; P. Pont, *Comment. des soc. civ. et comm.*, n° 1712; Houpin, *Traité des soc.*, t. II, n° 827, p. 42. La société serait également obligée si, sans avoir ratifié l'engagement, elle en avait cependant profité : Cass., 24 mars 1852, S. 52. 1. 436.

fité, mais ce n'est alors que dans la mesure de son enrichissement.

Il est interdit à tout administrateur de prendre ou de conserver un intérêt direct ou indirect dans une entreprise ou dans un marché fait avec la société, ou pour son compte. Non seulement il ne peut traiter au nom de la société avec un établissement dont il serait, en tout ou en partie, propriétaire ou directeur, mais la même défense s'appliquerait s'il était simplement intéressé, par exemple comme créancier, aux affaires de cet établissement (L. 1867, art. 40) [1]. Toutefois, il résulte des travaux préparatoires que la prohibition ne s'applique qu'aux marchés ou entreprises de gré à gré, non aux adjudications. Dans tous les cas, un vote de l'assemblée générale peut permettre à l'avance ou régulariser après coup cette intervention. Seulement, il lui sera alors rendu compte chaque année de la suite qu'aura reçue l'opération ainsi autorisée (L. 1867, art. 40, al. 2). L'administrateur qui, contrairement à cette défense, prendrait une part directe dans une opération de la société, n'agirait pas valablement. S'il conservait un intérêt dans un marché antérieur ou si son intérêt n'était qu'indirect, il n'y aurait lieu qu'à des dommages-intérêts [2].

---

(1) Pour la constatation de l'intérêt indirect, les tribunaux ont un large pouvoir d'appréciation : Mathieu et Bourguignat, *Comment. de la loi du 24 juill. 1867*, n° 235; Lyon-Caen et Renault, *Dr. comm.*, t. II, n° 821 ; Vavasseur, *Traité des soc.*, n° 825. V. Douai, 8 août 1889, *Revue des soc.*, 1891, p. 27; Seine, 17 mars 1890, *Revue des soc.*, 1890, p. 391.

(2) P. Pont, *Comment. des soc. civ. et comm.*, n° 1642; Bédarride, *Comment. de la loi de 1867*, n° 471; Lyon-Caen et Renault, *Dr. comm.*, t. II, n° 822, p. 700; Houpin, *Traité des soc.*, t. II, n° 809, p. 23. Quelques auteurs

C'est aux administrateurs que revient l'exécution des obligations imposées à la société anonyme par l'art. 34 de la loi de 1867.

1º Elle doit dresser chaque année un état sommaire de sa situation active et passive ;

2º Il est en outre établi, également chaque année, conformément à l'art. 9 du Code de commerce, un inventaire contenant l'indication des valeurs mobilières et immobilières et de toutes les dettes actives et passives de la société [1].

Une multiple responsabilité pèse sur les administrateurs, tant par application du droit commun qu'en vertu de la loi de 1867.

Les premiers administrateurs sont tenus, avant leur entrée en fonctions, et sous les sanctions indiquées précédemment, de vérifier si la société est régulièrement constituée.

Au cours de la gestion, tous sont soumis à trois cas de responsabilité :

1º Violation de la loi [2] ;

n'admettent dans les deux cas que la sanction pécuniaire des dommages-intérêts : Alauzet, *Comment. sur les soc. civ. et comm.*, nº 553.

(1) Le bilan, c'est-à-dire l'exposé du doit et de l'avoir, fait connaître chaque année l'état de la société, tandis que l'indication du capital social ne renseigne que sur son état initial. Mais la loi française, qui prescrit la publicité du capital, n'exige pas celle du bilan. Il en résulte pour le public l'absence d'un moyen régulier et légal de savoir où en est la société. La plupart des lois étrangères, mieux inspirées, rendent au contraire la publication du bilan obligatoire : *C. allemand* de 1897, art. 265 ; *Loi belge* du 18 mai 1873, art. 65 ; *C. italien*, art. 180 ; *C. roumain*, art. 182 ; *C. espagnol*, art. 157 ; *C. portugais*, art. 194.

(2) V. Paris, 13 juill. 1892, *Revue des soc.*, 1893, p. 223 ; P. Pont, *Comment. des soc. civ. et comm.*, nº 1700 ; Houpin, *Traité des soc.*, t. II, nº 820, p. 34.

2° Violation des statuts [1];

3° Faute de gestion [2].

Il y faut ajouter la fraude, conformément aux principes généraux des obligations.

Cette responsabilité est encourue envers les tiers et envers les associés considérés dans leur ensemble ou individuellement.

Les administrateurs sont responsables envers les tiers, par application de l'art. 1382 du Code civil, pour toutes infractions à leurs obligations générales dont ces tiers auraient éprouvé un préjudice [3]. C'est d'abord la violation de la loi; c'est aussi la violation des statuts, parce que la loi leur faisant une obligation de les respecter, cette violation est considérée comme une violation de la loi elle-même.

Ils sont responsables envers les associés, en dehors des deux cas précédents, par application des règles du mandat, pour leurs fautes de gestion (C. civ.,

____

(1) Seine, 27 juill. 1866, et Paris, 30 juill. 1867, D. 67. 2. 238; Cass., 3 déc. 1890, D. 91. 1. 117; Houpin, *Traité des soc.*, t. II, n° 820, p. 34; P. Pont, *Comment. des soc. civ. et comm.*, n° 1701; V. Cass., 24 janv. et 11 juill. 1870, D. 70. 1. 177, et 71. 1. 137.

(2) Cette faute consiste à violer les règles du mandat ou à commettre un quasi-délit : V. Trib. Bruxelles, 20 juill. 1888, et C. Bruxelles, 12 et 23 mai 1888, *Journal des soc.*, 1890, p. 14, 15 et 16; Cass., 23 déc. 1889, *Journal des soc.*, 1894, p. 510; Seine, 15 janv. 1894, *Revue des soc.*, 1894, p. 145; Paris, 18 juill. 1895, *Journal des soc.*, 1895, p. 433; Douai, 15 déc. 1898, *Journal des soc.*, 1899, p. 407.

(3) Houpin, *Traité des soc.*, t. II, n° 827, p. 42. V. les arrêts et jugements cités, notes 2 et s. D'autres décisions judiciaires établissent formellement que les administrateurs ne sont pas responsables envers les tiers de leurs fautes de gestion : Orléans, 20 juill. 1853, S. 53. 2. 485; V. aussi Cass., 16 juin 1851, S. 51. 1. 583; Cass., 19 nov. 1856, S. 57. 1. 33; 15 juin 1857. S. 59. 1. 132.

1992) [1]. La gravité en est appréciée discrétionnairement par les tribunaux. Ayant reçu d'ordinaire un mandat salarié, ils répondent des fautes qui n'engageraient pas la responsabilité d'un mandataire ordinaire.

Quand il existe plusieurs administrateurs, ils peuvent être déclarés responsables solidairement ou individuellement, La responsabilité solidaire n'existe que s'il y a faute commune et impossibilité de déterminer dans quelle mesure chacun y a participé [2]. Si cette constatation peut avoir lieu, les tribunaux ont la faculté d'écarter la responsabilité pour les uns, de l'admettre pour les autres, et, dans ce dernier cas, de la répartir inégalement. Un administrateur échappe aux suites d'une délibération contre laquelle il a protesté, ou, s'il était absent pour cause légitime, quand elle a été prise [3]. Mais une absence injustifiée ne saurait constituer une cause d'excuse, parce que cette absence est une faute, et par conséquent ne peut servir de base à un droit.

Si l'exécution de la délibération prise en son absence ou malgré sa réclamation exige postérieurement son concours,

____

(1) Paris, 28 juin 1870, S. 74. 1. 169; 9 févr. 1877, S. 77. 1. 20; Lyon-Caen et Renault, *Dr. comm.*, t. II, n° 824 *bis*, p. 702; Houpin, *Traité des soc.*, t. II, n° 821, p. 34.

(2) Les administrateurs n'étant responsables solidairement que dans les termes du droit commun, ils ne sont ainsi tenus qu'en cas de faute commune et si la part de chacun dans le dommage ne peut être déterminée : Cass., 3 mai 1865, S. 65. 1. 251; D. 65. 1. 379; *J. Pal.*, 65. 613; Lyon-Caen et Renault, *Dr. comm.*, t. II, n° 285, p. 702; Houpin, *Traité des soc.*, t. II, n° 824, p. 40.

(3) Pour le cas d'absence : Lyon, 17 août 1865, D. 66. 2. 196; pour ce cas et celui de protestation : Lyon-Caen et Renault, *Dr. comm.*, t. II, n° 825, p. 703; cf. Houpin, *l. c.*

l'administrateur n'en évite les suites qu'en donnant sa démission (1).

En outre de ces dispositions, tous les administrateurs sont responsables solidairement, sans distinction, sur les actions dont ils doivent être propriétaires (L. 1867, art. 26, al. 2). Le dépôt fait dans la caisse sociale vaut constitution de gage au profit de la société qui obtient ainsi le privilège du créancier gagiste Ces actions sont (2) affectées en totalité à la garantie de tous les actes de gestion, même des actes exclusivement personnels à l'un des administrateurs. Le seul droit reconnu à l'administrateur innocent est celui d'exercer un recours contre les auteurs de la faute.

La société représentée par de nouveaux administrateurs ou un mandataire spécial exerce ce qu'on a appelé l'action sociale en responsabilité contre les administrateurs en faute (3), soit qu'ils aient violé la loi ou les statuts, légale-

(1) Les lois commerciales étrangères règlent en général avec plus de précision et de détails que la loi française, la responsabilité des administrateurs. Elles en énumèrent les principaux cas. La solidarité est aussi le principe appliqué plus ou moins sévèrement : *Loi belge* de 1873, art. 52; *C. allemand*, 1861, art. 241 : *C. italien*, art. 147; *C. roumain*, art. 149-151; *C. suisse des obligations*, art. 673-675.

(2) Ce principe ne garantit à la société que ses créances à raison de la gestion contre les administrateurs, non celles qu'elle peut avoir pour toute autre cause : avances, etc. C'est l'application du principe que les privilèges sont de droit étroit : Trib. civ. Seine, 13 janvier 1893, *Journ. des soc.*, 1893, p. 374.

(3) L'action sociale en responsabilité contre certains administrateurs seulement appartient, comme l'action intentée contre tout le Conseil d'administration, à l'assemblée générale seule. Celle-ci peut en charger les autres administrateurs, mais ces derniers ne l'ont point de plein droit, car ils n'ont aucun titre pour l'exercer : Trib. comm. Rouen, 20 janv. 1885, *Le*

ment obligatoires, soit qu'ils aient simplement commis une erreur de gestion. Cette action appartient à la société en sa qualité de personne morale distincte de la personne de ses membres [1]. L'assemblée générale des actionnaires en a, hors le cas d'illégalité, la disposition [2]. Il dépend d'elle exclusivement de l'intenter ou d'y renoncer en approuvant les comptes des administrateurs ou en transigeant [3].

Une action individuelle appartient :

1° Aux tiers auxquels la violation de la loi ou des statuts a causé un préjudice [4];

2° Aux associés considérés à part, c'est-à-dire non plus comme membres du corps social, mais comme des unités distinctes, et les victimes d'un dommage particulier [5] [6].

Droit, n° du 14 févr. 1885; Lyon-Caen et Renault, *Dr. comm.*, t. II, n° 827, p. 705, 1; Houpin, *Traité des soc.*, t. II, n° 825, p. 41.

(1) A défaut de la société, la jurisprudence reconnaît à chaque actionnaire le droit d'exercer contre les administrateurs l'action sociale : Cass., 3 déc. 1884, D. 83. 1. 339; S. 85. 1. 97; *J. Pal.*, 85. 1. 225; 23 févr. 1885, D. 85. 1; Paris, 6 mai 1885, D. 86. 2. 25 et la note de Thaller; Vavasseur, *Traité des soc.*, t. II, n° 745; P. Pont, *Comment. des soc.*, t. II, n° 1706; Lyon-Caen et Renault, *Dr. comm.*, t. II, n° 827, p. 706, n° 2.

(2) Cette faculté de renoncer à l'action sociale en ratifiant l'acte cesse naturellement, en effet, s'il a été fait en violation de la loi ou des statuts : Paris, 6 févr. 1896, D. 96. 2. 518; Labbé, note sous l'arrêt du 3 déc. 1885; Deloison, *Traité des soc. comm.*, n° 455; Vavasseur, *Traité des soc.*, n° 746; Villard, *Des admin. dans les soc. anon.*, p. 129 et suiv.; Lyon-Caen et Renault, *Dr. comm.*, t. II, n° 826, p. 706 et s.; cf. Houpin, *Traité des soc.*, II, n° 829, p. 43.

(3) Alors un actionnaire, agissant individuellement, cesse de pouvoir agir en se substituant à la société : Paris, 13 janv. 1899, *La Loi*, n° du 9 févr. 1899.

(4-5) L'action en responsabilité, à raison d'un préjudice individuel, appartient tout entière et seulement au tiers ou à l'actionnaire qui l'a éprouvé : Paris, 28 juin 1894, D. 95. 2. 525; Lyon-Caen et Renault, *Dr. comm.*, t. II, n° 827, p. 704; Houpin, *Traité des soc.*, n°s 826, 827 et 828, p. 41 et s.

(6) Il ne faut pas confondre cette action *individuelle*, qui n'est que l'action sociale exercée par un associé à la place de la société, mais dans la mesure

A la différence de la précédente, l'action individuelle des associés échappe, en principe, à la disposition de la société, qui n'a pas le droit d'en priver un actionnaire en ratifiant l'acte quand il est susceptible de confirmation [1]. Cependant les statuts, alors, en subordonnent valablement l'exercice à la consultation de l'assemblée générale [2], disposition dérogatoire au droit commun qui ne doit, en conséquence, être interprétée que restrictivement [3]. La condition d'un avis favorable peut d'ailleurs être imposée [4]. S'il en résulte pour les actionnaires la privation de leur droit individuel, cette considération ne doit cependant pas prévaloir contre le principe de la liberté des conventions [5].

La détermination du tribunal compétent pour connaître

de son intérêt propre, avec l'action *personnelle* fondée sur un dol ou tout autre acte dommageable dont il aurait été spécialement l'objet. V. ci-dessous, p. 89.

[1] Angers, 16 mai 1891, D. 91. 2. 31; Paris, 6 févr. 1896, D. 96. 2. 518; Lyon-Caen et Renault, *Dr. comm.*, t. II, n° 827, p. 706; Houpin, *Traité des soc.*, t. I, n. 762, et t. II, n° 829, p. 44.

[2] Paris, 19 avr. 1875, S. 78. 2. 113; *J. Pal.*, 76. 467; cf. Cass., 29 juin 1899, S. et *J. Pal.*, 99. 1. 409; P. Pont, *Comment. des soc. civ. et comm.*, t. II, n° 1564; Lyon-Caen et Renault, *Dr. comm.*, t. II, n° 827 *bis*, p. 707.

[3] Cass., 3 mai 1893, *La Loi*, n° des 9-10 juill. 1893; Lyon-Caen et Renault, *Dr. comm.*, t. II, n° 827 *bis*, p. 708.

[4] Cass., 3 déc. 1883, S. 85. 1. 97; *J. Pal.*, 85. 1. 231. Quoique cette clause aboutisse à supprimer l'action personnelle des actionnaires, la validité en est quelquefois admise sans distinction : Lyon-Caen et Renault, *Dr. comm.*, t. II, n° 827 *bis*, p. 708.

[5] L'application de ces règles reçoit une modification si la société est en état de faillite ou de liquidation judiciaire. Logiquement, cette situation ne devrait rien changer au droit des actionnaires ni des créanciers contre les administrateurs, parce que, si la faillite suspend la poursuite individuelle contre le failli, elle ne change rien aux actions entre les tiers. Mais la jurisprudence supprime cette distinction. Cass., 11 nov. 1885, *Journal des faill.*, 1886, p. 5. Dans le sens ci-dessus : Lyon-Caen et Renault, *Dr. comm.*, t. VIII, n°ˢ 1183 et s.

des actions en responsabilité se fait par application des principes généraux. C'est le tribunal de commerce si le procès est engagé contre les administrateurs par la société ou les associés [1], puisqu'il s'agit alors d'une contestation entre associés (C. comm., art. 631, 2°). Lorsque l'action est exercée par des tiers, la tendance de la jurisprudence est assez flottante [2].

Si l'on admet, avec une partie de la doctrine et de la jurisprudence, que le mandat des administrateurs n'est pas commercial, le tribunal civil serait toujours seul compétent, car le tribunal de commerce ne saurait alors être saisi, à aucun titre, de la question.

Avec l'opinion qui soutient la commerciabilité du mandat des administrateurs, une distinction est nécessaire :

L'acte reproché aux administrateurs est-il commercial pour le créancier? La compétence du tribunal de commerce est incontestable.

Cet acte est-il à leur égard un acte civil? Ils ont le choix entre les deux juridictions [3]. Quand il a été passé un acte mixte, commercial pour l'une des parties, civil pour

---

(1) Houpin, *Traité des soc.*, t. II, n° 828, p. 43.

(2) V. pour la compétence des tribunaux civils : Seine, 20 juill. 1887, *Revue des soc.*, 1887, p. 527. Pour la compétence des tribunaux de commerce : Paris, 2 août 1870, S. 74. 1. 97, et note; Seine, 8 déc. 1881, *Journal des soc.*, 1885, p. 47; Trib. Toulouse, 25 nov. 1885, *Répert. de Dalloz, Suppl.*, v° *Sociétés*, n° 2225; Seine, 29 janv. 1900, *Journal des soc.*, 1900, p. 277 et s.; cf. Vavasseur, *Traité des soc.*, n° 752; Ledru, *Journal des soc.*, 1895, p. 48 et s.

(3) Paris, 26 janv. 1874, S. 76. 2. 3; *J. Pal.*, 76. 82; P. Pont, *Comment. des soc. civ. et comm.*, t. II, n° 1547. En sens contraire : Lyon-Caen et Renault, *Dr. comm.*, t. II, n° 714, p. 835; cf. Houpin, *Traité des soc.*, t. II, n° 828, p. 43.

l'autre, semblable option appartient, en effet, à celui des deux contractants qui a fait une opération civile.

En dehors de toute disposition contraire, les actions en responsabilité sont soumises à la prescription de trente ans [1]. Elles ne rentrent, en effet, dans aucun des cas spéciaux où la durée ordinaire du délai se trouve abrégée. Mais si le fait dommageable constituait une infraction à la loi pénale, l'action en responsabilité, comme toute action civile, s'étendrait en même temps que l'action publique.

A côté des administrateurs, il existe, dans la plupart des sociétés anonymes un fonctionnaire principal appelé généralement directeur, quelquefois agent général, secrétaire général, etc. [2]. Il est choisi, selon les statuts, soit par l'assemblée générale, comme les administrateurs, soit par les administrateurs eux-mêmes [3]. La loi de 1867 suppose qu'il est pris parmi les administrateurs, auquel cas il porte généralement le nom d'administrateur-délégué. Mais les connaissances techniques dont il a

---

(1) Ce n'est pas à ce cas, en effet, que s'applique l'art. 64 du Code de commerce, établissant la prescription quinquennale : Cass., 6 mars 1893, *Le Droit*, n° du 29 avr. 1893; Lyon-Caen et Renault, *Dr. comm.*, t. II, n° 833, p. 713; Houpin, *Traité des soc.*, t. II, n° 830, p. 44. V. ci-dessous, ch. VI, § 2 : *Effets de la dissolution*.

(2) Il ne faut pas confondre avec le directeur l'employé supérieur que le conseil d'administration engagerait, par exemple, pour diriger une usine ou tel autre établissement de la société : Cass., 12 déc. 1892, *Revue des soc.*, 1893, p. 82, S. et *J. Pal.*, 93. 72; Paris, 4 nov. 1886, S. 86. 2. 235: *J. Pal.*, 86. 1. 1237; Trib. comm. Seine, 10 nov. 1887, *La Loi*, n° du 2 déc. 1887; De Courcy, *Des sociétés anonymes*, p. 56 et 58.

(3) Lyon-Caen et Renault, *Dr. comm.*, t. II, n° 835, p. 715; Houpin, *Traité des soc.*, t. II, n° 836, p. 47. En fait c'est toujours par les administrateurs que le Directeur est nommé.

souvent besoin d'être pourvu le font quelquefois prendre au dehors (1). Quel que soit son mode de nomination, le directeur, de même encore que les administrateurs, ne peut être nommé pour plus de six ans. Il est d'ailleurs indéfiniment renouvelable, mais, aussi, révocable à volonté (2).

Si les fonctions de directeur sont conférées a un comité de plusieurs personnes, elles forment entre elles un conseil de direction qu'il ne faut pas confondre avec le conseil des administrateurs.

Le directeur, sous l'autorité des administrateurs, dirige l'ensemble des affaires sociales (3). Considéré par rapport au conseil d'administration, il est son agent d'exécution. C'est par le directeur que les administrateurs, hors d'état de descendre dans le détail, exécutent leurs décisions. Le directeur est partie dans les contrats. Il figure dans les instances judiciaires.

Il ne peut se substituer une autre personne agissant au nom de la société (4).

(1) Les administrateurs n'ont le droit de se substituer ainsi des mandataires étrangers que si les statuts les y autorisent (L. 1867, art. 22, al. 2). V. Houpin, *Traité des soc.*, t. II, nº 835, p. 46.

(2) De même que celle des administrateurs, cette révocabilité *ad nutum* du Directeur est exclusive de tout droit à des dommages-intérêts : Cass., 10 janv. 1881, S. 81. 1. 251; *J. Pal.*, 81. 1. 610; Paris, 13 déc. 1883, S. 84. 2. 39; *J. Pal.*, 84. 1. 219; 20 janv. 1836, S. 86. 2. 234; *J. Pal.*, 86. 1234; Cass., 2 juill. 1888, S. 88. 1. 421; *J. Pal.*, 88. 1. 1043; Houpin, *Traité des soc.*, t. II, nº 837, p. 47.

(3) Honpin, *Traité des soc.*, t. II, nºs 832 et s., p. 45 et s.; Mathieu et Bourguignat, *Comment. de la loi du 24 juill. 1867*, nº 174.

(4) Paris, 3 févr. 1896, S. et *J. Pal.*, 98. 2. 185; Cass., 22 mai 1896, S. et *J. Pal.*, 1. 542; Lyon-Caen et Renault, *Dr. comm.*, t. II, nº 836 *bis*, p. 715; Houpin, *Traité des soc.*, t. II, nº 838, p. 49: *Contrà* : Rouen, 27 mars 1895, S. et *J. Pal.*, 98. 2. 185.

Mandataire de la société et non des administrateurs, le directeur ne fait pas encourir de responsabilité à ces derniers, même quand ce sont eux qui l'ont désigné [1]. Alors, en effet, c'est encore la société seule qu'il représente. Les administrateurs ne sont tenus à son occasion que dans deux cas :

a) Appelés à le choisir eux-mêmes, ils ont porté leur choix sur une personne notoirement incapable ;

b) Ils l'ont autorisé à accomplir ou, par défaut de surveillance, ne l'ont pas empêché de faire des actes illicites ou dangereux.

§ 2. — *Les commissaires des comptes.*

Les commissaires des comptes diffèrent des administrateurs par l'objet de leur mandat : contrôler et non agir. Ils ont avec eux le caractère commun d'être les représentants nécessaires des actionnaires, hors d'état de surveiller aussi bien que d'administrer en personne. Cette diversité de but avec cette identité de fonctions établissent entre les uns et les autres des rapports de différence et de ressemblance.

Les commissaires des comptes ne peuvent être nommés que par l'assemblée générale, jamais par les statuts, comme les administrateurs [2]. Cette première différence

---

(1) C'est aussi parce que le délégué représente la société et non les administrateurs qui l'ont nommé, qu'il conserve ses pouvoirs lorsque les administrateurs perdent les leurs : Guillouard, *Du mandat*, n° 231 ; Houpin, *Traité des soc.*, t. II, n° 834, p. 46.

(2) Houpin, *Traité des soc.*, t. II, n° 845, p. 53.

s'explique par la nécessité d'une indépendance que ne sauraient avoir des commissaires statutaires choisis par les fondateurs, c'est-à-dire, comme il arrive souvent, par les premiers administrateurs eux-mêmes. A défaut de nomination par l'assemblée générale, ou dans le cas de décès ou de démission, les commissaires sont désignés, à la requête d'un intéressé quelconque, les administrateurs dûment appelés, par le président du tribunal de commerce du siège de la société (L. 1867, art. 32, al. 3).

La loi ne fixe pas le nombre des commissaires des comptes. Pour assurer une plus grande liberté de recrutement, elle permet de les prendre même en dehors des associés. Aucune condition de capacité ni aucune cause d'incompatibilité ne leur sont imposées [1]. A la différence des administrateurs, ils ne sont nommés que pour un an. De même que les administrateurs, ils sont indéfiniment rééligibles [2].

Les commissaires des comptes doivent avoir les pou-

[1] Ord. 4 janv. 1843, art. 12, relatif aux seuls administrateurs : Lyon-Caen et Renault, *Dr. comm.*, t. II, n° 839, p. 719; Houpin, *Traité des soc.*, t. II, n° 846. Toutefois, un notaire devra s'abstenir de ces fonctions.

[2] Il y a des Conseils de surveillance organisés dans la plupart des législations commerciales étrangères. Leurs membres sont élus en principe par l'assemblée générale. Ils peuvent être pris parmi les associés ou en dehors de la société : Loi *belge* de 1873, art. 54; *C. allemand* de 1861, art. 224, 191 et s.; *C. hongrois*, art. 194; *C. italien*, art. 184; *C. roumain*, art. 185; *C. fédéral suisse des obligations*, art. 659; *C. portugais*, art. 175. Au contraire aucun organe de surveillance n'est imposé par : la législation *anglaise*, sauf pour les sociétés de banque à responsabilité limitée; le *C. espagnol*; la loi *autrichienne*. Toutefois, dans cette dernière législation, l'administration, dont l'autorisation est toujours nécessaire, peut la subordonner à la constitution d'un Conseil ou d'un organe équivalent.

voirs nécessaires à l'exercice de leur rôle : contrôler les administrateurs et renseigner les actionnaires. Les pouvoirs indiqués par la loi peuvent être étendus par les statuts de la société [1]. Ils ne sauraient être l'objet d'une restriction valable. D'une manière générale, les commissaires ont le droit, mais seulement dans un certain délai avant l'assemblée générale des actionnaires, de se faire communiquer les documents de nature à les éclairer. Dans le trimestre qui précède, ils sont autorisés aussi à prendre connaissance des livres et à examiner les opérations de la société (L. 1867, art. 34, al. 1[2]). Dans les quarante jours avant l'époque fixée pour la réunion de la même assemblée, ils peuvent faire mettre à leur disposition, pour en prendre connaissance et les présenter à l'assemblée :

a) L'état sommaire de l'actif et du passif, que la société anonyme doit dresser chaque semestre ;

b) L'inventaire établi chaque année, conformément à l'article 9 du Code de commerce, contenant l'indication des valeurs mobilières et immobilières, des créances et des dettes de la société ;

c) Le compte de profits et pertes (L. 1867, art. 33 et 34).

Ils font un rapport à l'assemblée sur la situation de la

---

(1) Paris, 14 déc. 1880, *Journal des soc.*, 1881, p. 28; Conf. Mathieu et Bourguignat, *Comment. de la loi du 24 juill. 1867*, n° 249; Alauzet, *Comment. sur les soc. civ. et comm.*, n° 273; P. Pont, *Comment. des soc. civ. et comm.*, n° 1661; Lyon-Caen et Renault, *Dr. comm.*, n° 840; Ruben de Couder, *Diction. de dr. comm.*, v° *Soc. anon.*, n° 388; Houpin, *Traité des soc.*, t. II, p. 57, n° 2; V. cependant Romiguière, *Loi de 1863*, p. 122.

(2) Le droit de prendre connaissance de ces documents implique celui d'en faire prendre des extraits ou des copies : Paris, 9 juill. 1866, S. 67. 2. 262; Houpin, *Traité des soc.*, t. II, n° 853, p. 57.

société, sur le bilan, sur les comptes présentés par les administrateurs. Ce n'est aussi que sur leur avis conforme que l'assemblée peut voter la distribution des dividendes proposés (L. 1867, art. 32).

Sans relations aves les tiers, les commissaires des comptes sont responsables seulement envers les actionnaires, conformément aux règles générales du mandat [1] (L. 1867, art. 43). Ils sont tenus à raison de leur fait positif ou de leur négligence. Leur responsabilité peut être, selon les cas, collective ou individuelle, solidaire ou non solidaire. L'action contre les commissaires de surveillance s'intente devant le même tribunal, donne lieu à la même prescription, s'exerce selon les mêmes règles que l'action donnée contre les administrateurs.

Les actionnaires qui trouveraient le contrôle insuffisant ou complice n'ont pas le droit, quel que soit leur nombre, de faire nommer par l'autorité judiciaire des experts chargés d'y suppléer. Leur seule ressource est d'intenter aux administrateurs un procès au cours duquel ils pourront exiger les communications nécessaires.

§ 3. — *Les actionnaires.*

Investis de la souveraineté, les actionnaires, comme les

______

(1) Paris, 14 nov. 1880, *Journal des soc.*, 1881, p. 23; Cass., 4 juin 1883. 1. 385; V. Bordeaux, 24 mai 1886, D. 87. 2. 115; Cass., 28 mai 1889, D. 90. 1. 414; Seine. 30 sept. 1889, *Journal des soc.*, 1889, p. 522; Angers, 19 mai 1891, D. 92. 2. 81: Mack, *Revue des soc.*, 1889, p. 417; Vavasseur, *Revue des soc.*, 1893. p. 396; Houpin, *Traité des soc.*, t. II, n° 855, p. 57.

membres d'un corps politique, ne peuvent l'exercer que dans des formes déterminées par la loi et les statuts. Ce qu'est le peuple dans ses comices, les actionnaires le sont dans l'assemblée générale. En dehors, ils demeurent impuissants, faute d'organe propre à leur action. Toutefois, certains droits personnels leur sont encore laissés, comme aux électeurs politiques considérés isolément. Pour se représenter exactement leur situation, il faut donc considérer l'assemblée générale, puis le rôle individuel des actionnaires.

A. *Assemblées générales des actionnaires.* — Les assemblées sont obligatoires ou facultatives. Il y a obligation légale de convoquer les premières. Les secondes sont réunies chaque fois que les personnes ayant le droit de convocation le jugent nécessaire.

La loi distingue trois espèces d'assemblées obligatoires :

1° Les assemblées initiales ou constitutives, chargées de vérifier les conditions de validité et d'en remplir quelques-unes.

2° Les assemblées annuelles. Elles se tiennent au moins une fois chaque année à l'époque fixée par les statuts. On leur soumet la situation de la société et les propositions de dividendes.

3° Les assemblées extraordinaires. Leur objet essentiel est de statuer sur des modifications aux statuts quelles qu'elles soient : dissolution anticipée, réorganisation, etc [1].

(1) On appelle souvent assemblées extraordinaires toutes les assemblées autres que l'assemblée annuelle, par exemple une assemblée destinée à autoriser un acte de disposition ou à statuer sur un cas de révocation. Mais

Toutes les matières qui n'appartiennent à aucune des catégories précédentes sont l'objet des assemblées facultatives.

Les assemblées annuelles et les assemblées facultatives sont les assemblées ordinaires. Les assemblées constitutives et les assemblées extraordinaires s'en distinguent par la nécessité d'un *quorum* plus élevé et, dans une opinion [1], le droit pour tous les possesseurs, même d'une action unique, de n'en point être écartés.

En principe, toutes les espèces d'actions peuvent être représentées à l'assemblée générale, c'est-à-dire :

1° les actions ordinaires, représentatives d'un apport en argent ;

2° Les actions dites de jouissance ;

3° Les parts de fondateur, si on les considère comme des actions [2].

Mais les obligataires n'y figurent à aucun titre, à moins qu'une clause spéciale des statuts ne les y appelle avec voix délibérative ou consultative.

Quand plusieurs personnes ont des droits sur une action, c'est le propriétaire qui la représente, à l'exclusion des autres. Ce sera donc :

quand elles n'ont pas pour objet, comme dans ces deux cas, une modification aux statuts, ce ne sont que des assemblées ordinaires soumises simplement aux règles de l'assemblée annuelle.

(1) Lyon-Caen et Renault, *Dr. comm.*, II, n° 863, p. 742. Voir la note ci-après.

(2) V. *infrà*, ch. IV : *Le fonctionnement de la société*, § 1 : *Effets intérieurs entre les associés*, p. 101.

a) Le nu-propriétaire, de préférence à l'usufruitier [1];

b) Le propriétaire actuel plutôt que le propriétaire futur, quand des actions ont été achetées au comptant et revendues à terme [2];

c) Le débiteur plutôt que le créancier, si l'action a été donnée en gage.

Le droit de figurer aux assemblées sera accordé ou refusé au reporteur en Bourse, selon que c'est l'une ou l'autre de ces deux qualités qui lui sera attribuée. Il y a bien deux ventes, une au comptant, où il joue le rôle d'acheteur, et une autre à terme, où il joue le rôle de vendeur. Cependant, comme le report aboutit finalement à une avance sur les titres, une opinion prétend que c'est un prêt sur gage, dans lequel le reporteur serait créancier. Mais ce résultat pratique ne changeant point la nature juridique de l'opération, et le reporteur devenant effectivement propriétaire, c'est à lui, et non au reporté, que doivent être reconnus les avantages de cette qualité [3].

(1) Alger, 17 nov. 1884, *Journal des soc.*, 1885, p. 222; Lyon, 21 nov. 1894, *La Loi*, n° du 21 déc. 1894; Trib. comm. Seine, 13 févr. 1899, *La Loi*, n° des 12-13 mai 1899. C'est aussi en faveur du propriétaire, de préférence au créancier gagiste, que sont rendues les décisions favorables au reporteur : Paris, 19 avr. 1875, D. 75. 2. 161; S. 76. 2. 113; cf. P. Pont, t. II, *Comment. des soc. civ. et comm.*, p. 550, n° 1152; Marcadé et P. Pont, *Traité des petits contrats*, t. I, n° 625, et t. II, n° 1151; V. Nyssens, *Revue prat. des soc.*, 1891, p. 705 et s.; Lyon-Caen et Renault, *Dr. comm.*, t. II, n° 845, p. 726; Houpin, *Traité des soc.*, t. II, n°ˢ 861 et 862, p. 61. En sens contraire : X. Olin, dans *Monit. des intér. matér.*, n°ˢ des 11 oct. et 22 nov. 1891.

(2) Voir ci-dessous l'appréciation de cette pratique. Elle est accompagnée de fréquents abus. Des actions sont véritablement prises en location d'un agent de change détenteur. Des employés, nantis de ces titres, figurent indûment dans les assemblées comme actionnaires : cf. Houpin, *Traité des soc.*, t. II, n° 744, p. 599.

(3) Lyon-Caen et Renault, *Dr. comm.*, t. II, n° 845, p. 726, n°ˢ 1, 2 et

Rien n'empêche la convention des parties de changer l'application de chacune de ces règles.

Par exemple, les statuts ont le moyen d'enlever toute influence aux actionnaires de passage en refusant le droit de vote aux possesseurs d'actions dont l'acquisition ne remonte pas au delà d'un certain délai.

Aucune cause d'incapacité légale n'interdit la participation à l'assemblée. Par suite, l'intérêt personnel d'un actionnaire dans la délibération n'est pas une cause d'exclusion. Ainsi les administrateurs prennent part avec les autres associés au vote sur leurs comptes annuels [1-2]. C'est seulement lorsqu'il est statué sur l'évaluation des apports en nature ou la concession d'avantages particuliers que voix délibérative est refusée aux intéressés (L. 1867, art. 4, al. 5).

Un mandataire remplace valablement l'actionnaire dans l'assemblée générale [3]. La loi ne contenant aucune dispo-

---

arrêts cités : Houpin, *Traité des soc.*, t. II, n° 864, p. 62. Voir la note précédente.

(1) Cass., 27 juill. 1881, S. 83. 1. 337; *J. Pal.*, 83. 833; 26 oct. 1896, S. et *J. Pal.*, 97. 1. 37; note de Labbé sur l'arrêt de 1881; Lyon-Caen et Renault, *Dr. comm.*, t. II, n° 845, p. 727; Houpin, *Traité des soc.*, t. II, n° 886, p. 82. En sens contraire : Vavasseur, dans *Le Droit*, n° du 14 mai 1897.

(2) Cette faculté laissée aux administrateurs de prendre part aux votes qui les intéressent est supprimée ou restreinte presque partout ailleurs que dans la loi française : *C. allemand* de 1861, art. 190 et 221, de 1897, art. 252, 3° al.; *C. italien*, art. 161; *C. roumain*, art. 162; *C. fédéral suisse des obligations*, art. 655, 2° et 3° al.

(3) Lyon-Caen et Renault, *Dr. comm.*, t. II, n° 847, p. 728; Houpin, *Traité des soc.*, t. II, n° 871, p. 69; P. Pont, *Comment. des soc. civ. et comm.*, t. II, n° 1608. Mais les statuts peuvent mettre à l'exercice de ce droit des conditions, par exemple, que le mandataire sera choisi parmi les actionnaires ou que ses pouvoirs lui seront conférés par acte authentique,

sition sur la représentation, toute liberté est laissée aux conventions. Les statuts peuvent l'interdire, n'admettre pour mandataire que d'autres associés, exiger une procuration authentique. En l'absence de toute restriction statutaire, les actionnaires ont la faculté de se faire représenter par n'importe quelle personne, et de ne lui donner qu'une procuration sous seing privé.

En principe, chaque actionnaire possède le droit de vote et n'a qu'une voix, quel que soit le nombre de ses actions. Mais, le plus souvent, les statuts contiennent des dispositions contraires pour éviter l'encombrement des assemblées et ne pas soumettre à une égalité choquante des actionnaires d'une importance très inégale : d'une part, il faut posséder un certain nombre d'actions pour figurer aux assemblées; d'autre part, chaque actionnaire admis a un nombre de voix proportionnel au nombre d'actions qu'il possède (L. 1867, art. 27, 1er al.). Il n'est apporté de restrictions à la liberté de ces dispositions que pour les assemblées constitutives, et, dans une opinion, pour les assemblées extraordinaires [1] :

(1) La loi française est presque la seule qui laisse aux statuts la liberté d'exclure du vote les petits actionnaires et d'accorder un nombre de voix quelconque aux autres. Généralement, chaque actionnaire a le droit de vote, sans que les statuts puissent le lui enlever; les voix accordées aux possesseurs d'un grand nombre d'actions ne doivent pas dépasser une certaine limite et ne sont pas rigoureusement proportionnelles : Loi *belge* du 18 mai 1873, art. 61; C. de comm. *allemand* de 1861, art. 190, 221, al. 2; *C. fédéral suisse des obligations*, art. 620; *C. italien*, art. 157; *C. roumain*, art. 159; C. de comm. *portugais*, art. 183, §§ 3 et 4, art. 185. Cependant les deux garanties ne sont pas toujours réunies : en *Allemagne*, aucune disposition légale n'empêche l'écrasement des petits actionnaires par le vote plural des

Aucune clause contraire ne peut interdire à un souscripteur l'accès des assemblées constitutives, ou lui accorder
plus de dix voix (L. 1867, art. 27, 2° al.) [1].

La loi ne contenant aucune règle sur l'assemblée extraordinaire, des auteurs proposent de l'ouvrir à tous les
actionnaires, mais de laisser les statuts régler souverainement le vote plural. Mais la jurisprudence ne s'est point
ralliée à cette doctrine et, pour l'admission comme pour le
nombre de voix, accorde toute liberté aux statuts, en ne
faisant aucune différence entre les assemblées extraordinaires et les assemblées ordinaires [2].

Les actionnaires qui ne possèdent pas individuellement
le nombre d'actions exigé par les statuts pour assister à
l'assemblée, peuvent se grouper de manière à le réunir.
La loi de 1867 leur retirait cette faculté, celle de 1893 la
leur accorde expressément (art. 4). Toute clause contraire
des statuts serait nulle. Il suffira aux syndiqués de se faire
représenter par l'un d'eux pour exercer, par ce mandataire

autres. En *Portugal*, les possesseurs d'un petit nombre d'actions n'ont pas
le droit de vote quand les statuts le leur refusent. C'est une question discutée en *Italie*, que de savoir si cette même exclusion peut être prononcée.

(1) Tripier, *Loi de 1856*, p. 92 et 93; Houpin, *Traité des soc.*, t. I, n° 502,
p. 419; Lyon-Caen et Renault, *Droit comm.*, t. II, n° 710; Mornard, *Des soc.
en comm. par actions*, p. 71; Pont, *Comment. des soc. civ. et comm.*, n°ˢ 982 et
983; Ruben de Couder, *Dictionn. du dr. comm.*, v° *Soc. en comm.*, n° 132;
Suppl. dict. du not., v° *Soc. par actions*, n° 52.

(2) En ce sens : Aix, 28 janv. 1886, *Revue des soc.*, 1886, p. 453; *Journal
des soc.*, 1887, p. 61; Cass., 30 avr. 1894, S. et *J. Pal.*, 94. 1. 305 (note en
sens contraire de Ch. Lyon-Caen); D. 94. 1. 553 (note de Boistel); Vavasseur, *Traité des soc.*, t. II, n° 899; Houpin, dans *Journal des soc.*, 1880, p. 549
et s.; *Traité des soc.*, t. II, n° 904, p. 101. *Contrà* : Lyon-Caen et Renault,
Dr. comm., t. II, n° 863, p. 742 et s.

commun, les droits reconnus au propriétaire unique du nombre d'actions qu'ils possèdent à plusieurs.

La faculté de se grouper doit être reconnue rétroactivement aux actionnaires des sociétés antérieures à la loi de 1893 [1]. En interdisant la clause contraire, la loi a fait de la nouvelle règle une disposition d'ordre public. On ne peut donc dire qu'il y a droit acquis pour les anciennes sociétés à tenir leur assemblée selon une procédure jugée désormais défectueuse [2].

Il est interdit de créer frauduleusement dans les assemblées d'actionnaires une majorité factice ne répondant pas aux conditions de la loi ou des statuts. Tel est, par exemple, le cas si le nombre de voix proportionnel au nombre d'actions étant limité par un maximum, le propriétaire d'actions demeurées ainsi sans emploi les distribue à des personnes qui prendront part au vote comme actionnaires. Il y a délit chaque fois que la majorité a été déplacée par ce moyen. Ceux qui se sont présentés comme propriétaires d'actions ou de coupons d'actions qui ne leur appartenaient pas, les vrais propriétaires qui ont remis les actions pour en faire un usage frauduleux encourent une amende de 500 à 10.000 francs et un emprisonnement de 15 jours à 6 mois (L. 1867, art. 13). Ils peuvent, en

----

(1) Note de Léon Lacour dans le *Recueil de Dalloz*, 1899. 1. 185; cf. note d'Albert Wahl dans le *Recueil de Sirey*, 1899. 1. 185.

(2) C'est ce qui infirme l'opinion contraire, malgré l'autorité d'un arrêt et d'un certain nombre d'auteurs : Paris, 1re ch., 19 févr. 1897, S. et *J. Pal.*, 99. 2. 185; D. 98. 2. 153; Thaller, *Droit comm.*, n° 690; Lyon-Caen, dans la *Revue des soc.*, 1894, p. 333 et s.; Lyon-Caen et Renault, *Dr. comm.*, t. II, n° 854, p. 734; Houpin, *Traité des soc.*, t. II, n° 869, p. 67.

outre, être condamnés à des dommages-intérêts envers la société ou envers les tiers.

L'assemblée des actionnaires ne se réunit valablement que sur une convocation régulière [1]. A moins de dispositions contraires des statuts, le droit de les convoquer appartient seulememt : 1° aux administrateurs ; 2° en cas d'urgence, aux commissaires des comptes (L. 1867, art. 33). Un groupe d'actionnaires, représentât-il plus de la moitié du capital social, ne peut exiger cette convocation [2]. De même, aucun délai légal minimum ne sépare nécessairement la date de la convocation et le jour fixé pour la réunion.

A défaut de la loi, les statuts règlent souverainement les formes et les délais de convocation [3].

Cette convocation doit contenir l'ordre du jour. Si la délibération portait sur des objets différents, elle serait annulable [4].

Ce sont aussi les statuts qui déterminent la composition

(1) Paris, 30 juin 1883, D. 85. 2. 18 ; 15 avr. 1885, S. 88. 1. 401 ; D. 86. 2. 89 ; Cass., 20 avr. 1888, D. 89. 1. 361.

(2) Moins portés à favoriser l'autorité des administrateurs que la loi française de 1867, les codes étrangers permettent aux actionnaires de provoquer eux-mêmes la réunion de l'assemblée générale. Il suffit que les auteurs de la demande réunissent une certaine fraction du capital social. Les différences de législation ne portent que sur la quotité exigée : *C. allemand* de 1861, art. 237 ; *C. hongrois*, art. 178 ; *C. italien*, art. 159 ; *C. roumain*, art. 161 ; *C. portugais*, art. 180.

(3) Seine, 17 mai 1885, *Journal des soc.*, 1887, p. 753 ; cf. Paris, 6 juill. 1892, *Revue des soc.*, 1892, p. 454, D. 94. 2. 598 ; Houpin, *Traité des soc.*, t. II, n° 873, p. 71.

(4) Houpin, *Traité des soc.*, t. II, n° 878 ; Lyon-Caen et Renault, *Dr. comm.*, t. II, n° 848, p. 729.

du bureau chargé de présider aux délibérations de l'assemblée générale [1]. Dans la pratique, la présidence est donnée au président du conseil d'administration ; deux des plus forts actionnaires l'assistent comme scrutateurs ; le bureau ainsi formé choisit un secrétaire [2].

Chaque assemblée, pour être tenue régulièrement, doit représenter une certaine partie du capital social. Il constitue le *quorum* obligatoire. Le capital exigé diffère selon la nature de l'assemblée. Au besoin, la loi peut être complétée par les statuts, mais les statuts ne peuvent pas contenir de dérogations à la loi, dont les dispositions établissent un minimum de garanties indispensables.

Dans les assemblées ordinaires, c'est-à-dire annuelles ou facultatives, il est nécessaire que les actionnaires présents possèdent au moins le quart du capital social. Si l'assemblée ne remplit pas cette condition, on procède à une nouvelle convocation dans les formes et avec les délais prescrits par les statuts, et la nouvelle assemblée délibère valablement, quelle que soit la portion du capital appartenant à ses membres.

Les assemblées constitutives et les assemblées extraordinaires doivent représenter, chacune, au moins la moitié

----

(1) Houpin, *Traité des soc.*, t. II, n° 880, p. 78.

(2) Houpin, *Traité des soc.*, t. II, n° 880, p. 78; Lyon-Caen et Renault, *Dr. comm.*, t. II, n° 850; Mathieu et Bourguignat, *Comment. de la loi du 24 juill. 1867*, n° 209; P. Pont, *Comment. des soc. civ. et comm.*, n° 1655. On présume que les plus forts actionnaires présents ont refusé la fonction de scrutateurs quand elle est exercée par d'autres personnes : cf. Seine, 29 mai 1896, *Journal des soc.*, 1896, p. 430; Houpin, *Traité des soc.*, t. II, n° 880, p. 79.

du capital social. Ces deux assemblées se distinguent par la règle à suivre quand cette condition n'est pas réalisée à la première convocation.

Quand c'est dans une assemblée constitutive que la moitié exigée n'a pas été atteinte, il est procédé à une seconde réunion, où il suffit que le cinquième du capital social soit représenté (L. 1867, art. 30, al. 3).

La loi ne statuant point sur le cas où la moitié du capital exigée n'est pas réunie dans une assemblée extraordinaire, il faut en conclure que la réalisation de ce chiffre est une condition impérative [1]. Il pourra être fait une nouvelle tentative, mais la seconde assemblée elle-même n'échappe point à la règle. Cette sévérité se justifie par la gravité particulière des délibérations à arrêter. Si la société ne peut continuer à fonctionner dans les conditions primitives, il lui reste la ressource de se faire mettre en liquidation par le Tribunal.

Les délibérations sont prises à la majorité des voix (L. 1867, art. 28). Les statuts peuvent élever ce chiffre, mais non l'abaisser. Il n'est tenu compte que des votes émis par les actionnaires présents ou par les représentants réguliers des autres. Un actionnaire ne pouvant exercer son droit que dans l'assemblée générale elle-même, les opinions exprimées par lettre, missive ou autres moyens semblables, ne sont pas prises en considération.

<hr>

(1) Trib. civ. Seine, 9 déc. 1893, *Journ. des soc.*, 1895, p. 193; Mathieu et Bourguignat, *Comment. de la loi du 24 juill. 1867*, n° 203; P. Pont, *Comment. des soc. civ. et comm.*, t. II, n° 1685; Lyon-Caen et Renault, *Dr. comm.*, t. II, n° 863 *bis*, p. 744; Houpin, *Traité des soc.*, t. II, n° 904, p. 102.

Pour permettre aux intéressés de vérifier si les délibérations ont été prises régulièrement, il doit être tenu une feuille de présence contenant les noms et domicile des actionnaires et le nombre d'actions dont chacun d'eux est porteur (1). Cette feuille, certifiée par le bureau de l'assemblée, est déposée au siège social. Tout requérant peut en exiger la communication (L. 1867, art. 28, al. 2 et 3).

Les règles relatives à la composition de l'assemblée générale ont pour sanction la nullité des délibérations. Cette nullité est encourue dans deux cas : d'abord quand des actionnaires qui avaient le droit de participer à l'assemblée générale en ont été exclus ; puis, en sens inverse, quand ceux qui n'avaient pas le droit d'y figurer y ont été admis (2). Dans ce second cas, en effet, il y a atteinte, comme dans le premier, aux droits reconnus, puisque le concours des votes illégitimes diminue l'importance effective des votes autorisés (3).

Les attributions de l'assemblée générale sont réglées par la loi de 1867, les principes généraux du droit et enfin

(1) Trib. civ. de Bourgoin, 21 mai 1898, *Le Droit*, n° du 1er oct. 1898 ; Lyon-Caen et Renault, *Dr. comm.*, t. II, n° 850, p. 730 ; Houpin, *Traité des soc.*, t. II, n° 879, p. 77. Toutefois, il est admis que la délibération demeure valable même si la feuille émargée n'a pas été certifiée par le bureau : Cass., 20 févr. 1888, S. 88. 1. 401 ; *J. Pal.*, 88. 1. 1009 ; D. 89. 1. 361 ; Lyon-Caen et Renault, *l. c.*

(2) Cass., 20 juin 1893, *Le Droit*, n° du 20 juill. 1898 ; *Journal des soc.*, 1898, p. 491 ; Lyon-Caen et Renault, *Dr. comm.*, t. II, n° 854, p. 736 ; Houpin, *Traité des soc.*, t. II, n° 891, p. 860.

(3) A raison du motif, la nullité n'est encourue que si le *quorum* n'a été atteint que par l'adjonction des intrus, non dans le cas contraire.

les statuts. Elles varient selon la nature de l'assemblée
constitutive, ordinaire, extraordinaire.

C'est de l'assemblée générale que dépend l'existence
même de la société. Les assemblées constitutives en prononcent finalement la formation. Les assemblées extraordinaires en décident la modification. Les assemblées ordinaires accomplissent les actes essentiels de l'administration, dont elles sont l'organe supérieur. Quelques-uns lui
sont imposés par la loi. Il en est dont elles n'ont à s'occuper qu'à raison des circonstances.

L'assemblée annuelle obligatoire est appelée à se prononcer sur la gestion des administrateurs.

A cet effet l'assemblée de chaque année désigne un ou
plusieurs commissaires chargés de faire un rapport sur la
situation de la société, sur le bilan et sur les comptes présentés par les administrateurs. Aucune délibération contenant approbation du bilan et des comptes n'est valable si
elle n'a été précédée de ce rapport (L. 1867, art. **32**, al.
2) (1). Il est statué seulement dans l'assemblée générale de
l'année suivante.

C'est aussi à l'assemblée générale qu'il appartient, sur la
proposition des administrateurs et le rapport des commissaires, de décider la distribution des dividendes (2).

Elle nomme les administrateurs et les commissaires du
contrôle.

---

(1) La jurisprudence exige sous la même sanction de la nullité que les
pièces à la communication desquelles les actionnaires ont droit individuellement leur aient été communiqué s dans les délais légaux : Trib. comm.
Seine, 26 mai 1897, *Le Droit*, n° des 14-15 juin 1897; Lyon-Caen et Renault,
Dr. comm., t. II, n° 856, p. 739; Houpin, *Traité des soc.*, t. II, n° 896,
p. 89 et s.

Seule elle peut les révoquer.

Quand un acte dépasse les pouvoirs des administrateurs, il n'est accompli qu'en vertu de son autorisation. C'est elle qui décide, par exemple, les actes de disposition, tels qu'aliénation d'immeubles, ou les émissions d'obligations.

B. *Rôle individuel des actionnaires.* — Le droit reconnu aux actionnaires réunis en assemblée générale n'exclut pas le droit individuel accordé aux actionnaires agissant isolément. Mais ce droit a seulement pour objet, non plus le gouvernement, mais le contrôle ou la poursuite de droits propres. Il consiste pour eux à exiger des communications, à intenter des actions individuelles contre l'administration de la société, et à se syndiquer à cet effet.

1° Tout actionnaire, admis ou non à l'assemblée générale, peut se faire communiquer au siège social, outre une copie du rapport des commissaires, l'inventaire prescrit annuellement par la loi de 1867 et la liste générale des actionnaires (L. 1867, art. 35). Le personnel des actionnaires étant soumis à de fréquents changements demeurés inconnus, la liste à produire ne peut être, pratiquement, que celle de la dernière assemblée. Ce droit d'obtenir communication comporte celui de faire des extraits et de prendre copie.

Tout actionnaire peut aussi se faire délivrer copie du bilan résumant l'inventaire, c'est-à-dire contenant l'exposé et la balance du doit et de l'avoir [1-2]. Toutefois, l'exercice de ce droit n'a pas toujours lieu de la même manière.

a) Dans les quinze jours qui précèdent l'assemblée générale, cette communication et cette délivrance ne sont soumises à aucune condition. En limitant à ce délai la délivrance et la communication de droit, la loi a voulu mettre l'administration de la société à l'abri des demandes intempestives.

b) En dehors du délai de quinze jours, les associés sont encore admis à prendre communication et copie, directement ou par mandataire, non seulement de ces mêmes documents, quand ils sont déjà établis, mais encore de tous autres, tels que les livres et autres pièces de nature à les éclairer sur l'état des affaires sociales. Dans le silence des textes, ce droit dérive de leur action en responsabilité qui, sans lui, deviendrait le plus souvent lettre morte. Mais, à la différence de

---

(1) Malgré la distinction que semble faire l'art. 35 entre le bilan et le rapport des commissaires, d'une part, et, d'autre part, l'iuventaire et la liste des actionnaires, on reconnaît généralement aux actionnaires le droit de prendre, non seulement des notes, mais encore une copie de l'inventaire et de la liste des actionnaires. Sans cette faculté, en effet, on ne voit pas beaucoup l'utilité de la communication : Trib. civ. Seine, 20 mars 1883, *Revue des soc.*, 1884, p. 385; 24 mars 1883, *Journal des soc.*, 1884, p. 528. Toutefois cette doctrine, contre laquelle on peut invoquer les travaux préparatoires, est repoussée par quelques auteurs : Lyon-Caen et Renault, *Dr. comm.*, t. II, nº 856, p. 738, nº 4.

(2) Le droit de communication accordé aux actionnaires devrait s'étendre à leurs mandataires; mais il leur a été refusé par une décision judiciaire : Trib. comm. Seine, 19 oct. 1898, *Le Droit*, nº des 21-22 nov. 1898. Cette décision est critiquée avec raison : Lyon-Caen et Renault, *Dr. comm.*, t. II, nº 858, p. 739, nº 4.

ce qui a lieu dans le délai légal, l'exercice en est alors subordonné à l'autorisation de justice [1].

2° Une action propre est ouverte aux actionnaires dans deux cas :

a) Ils peuvent, à défaut de l'assemblée générale, exercer l'action sociale en responsabilité contre les administrateurs et les commissaires des comptes. Rigoureusement, ce droit devrait leur être refusé, parce que c'est la société, et non les associés considérés individuellement, qui a donné leur mandat aux commissaires et aux administrateurs. Cependant, la jurisprudence le leur reconnaît à raison du préjudice personnel qu'avec la société elle-même, ils ont éprouvé. Par un retour partiel à la doctrine rigoureuse, elle déclare opposable aux actionnaires la ratification ou la transaction consenties par l'assemblée générale, du moins quand c'est une faute de gestion, et non une violation de la loi ou des statuts, qui a été commise [2].

b) Les actionnaires peuvent aussi agir contre les administrateurs à raison d'un préjudice personnel, tel que l'effet d'un dol ou de manœuvres dont ils auraient été particulièrement victimes.

La clause des statuts qui subordonne l'action individuelle en responsabilité à l'avis préalable, ou même à l'autorisation de l'assemblée générale, est considérée

_____

(1) Cass., 3 déc. 1872, S. 73. 1. 33; *J. Pal.*, 73. 51 ; D. 73. 1. 291; Trib. comm. Seine, 4 nov. 1886, *Revue des soc.*, 1887, p. 87 ; Lyon-Caen et Renault, *Dr. comm.*, t. II, n° 860, p. 740, et t. I, n° 291.

(2) Voir ci-dessus, § 1, *Les administrateurs*, p. 66.

comme valable. Ce n'est, est-il dit, qu'un règlement de la procédure à suivre dans des circonstances particulièrement graves. En souscrivant les statuts, chacun s'est régulièrement engagé à ne pas employer d'autre mode.

Au contraire, aucune stipulation ne pourrait contenir renonciation à l'exercice de l'action personnelle fondée sur des faits ou des manœuvres visant les actionnaires sans toucher directement la société, par exemple pour leur soutirer des souscriptions. Toute disposition contraire des statuts serait sans valeur. A plus forte raison, aucun acte de l'assemblée ne saurait-il apporter d'obstacle à l'exercice de ce droit étranger à la société et propre aux associés.

A l'action en responsabilité il faut assimiler, à cet égard, l'action en nullité, soit d'une délibération irrégulière de l'assemblée, soit de l'acte accompli en vertu de cette délibération. C'est même la forme que prend d'ordinaire le recours de l'actionnaire contre une opération criticable. Les statuts ou la volonté de la majorité ne peuvent ni plus ni moins en entraver l'exercice que celui de l'action en dommages-intérêts proprement dit.

Le droit d'agir en responsabilité demeure, malgré l'aliénation qu'il a pu faire de ses actions, à l'associé victime d'une fraude. Cette même action individuelle se transmet, au contraire, avec le titre, quand elle repose sur une violation de la loi ou des statuts et même, en jurisprudence, sur un fait de gestion [1]. Quant au droit d'intenter l'action sociale à défaut

(1) Labbé, dans S. 85. 1. 97; *J. Pal.*, 85. 1. 231; Thaller, dans D. 86. 2. 136.

de l'assemblée générale, il est, en principe, transmissible. Mais l'actionnaire peut le retenir en cédant ses actions. En cas de doute, la détermination de sa volonté est une question d'interprétation [1].

3° Les procès [2] entre les actionnaires, d'une part, les administrateurs ou les commissaires des comptes, d'autre part, sont facilités aux premiers par une dérogation à la règle : Nul ne plaide en France par procureur (L. 1867, art. 17 et 39) [3]. Au lieu d'agir chacun séparément, ils peuvent, dans un intérêt commun, charger à leurs frais un ou plusieurs mandataires de soutenir une action contre les administrateurs ou les commissaires des comptes, et de les représenter en justice. Cette faculté leur appartient comme défendeurs aussi bien que comme demandeurs [4]. Elle n'est sub-

____

(1) Tout dépend de la volonté des parties, qu'il s'agit seulement de vérifier : Cass., 3 déc. 1883, S. 85. 1. 97; *J. Pal.*, 85. 1. 225; Lyon-Caen et Renault, *Dr. comm.*, t. II, n° 828, p. 708.

(2) Peu importe qu'il s'agisse de l'action individuelle si, dans l'espèce, elle se trouvait appartenir à plusieurs actionnaires, au lieu de l'action sociale : Cass., 17 mars 1894, D. 94. 1. 405, Lyon-Caen et Renault, *Dr. comm.*, t. II, n° 829 *bis*, p. 711.

(3) Il a été soutenu que la faculté de se syndiquer pour agir était accordée aux actionnaires, même dans leur action contre la société elle-même. En ce sens : Lyon-Caen et Renault, *Dr. comm.*, t. II, n° 831, p. 712. Mais cette faculté ne leur est pas reconnue par la jurisprudence : Trib. comm. Seine, 22 avr. 1893, *Le Droit*, n° du 19 mai 1893; *Revue des soc.*, 1893, p. 594; Paris, 8 avr. 1895, *Revue des soc.*, 1895, p. 419; Houpin, *Traité des soc.*, t. I, n° 747, p. 600.

(4) La faculté de se syndiquer appartient aux groupes d'actionnaires en contestation les uns avec les autres : Duvergier, *Lois*, 1856, p. 350; Bravard-Veyrières et Demangeat, *Traité de dr. comm.*, v° *Sociétés*, p. 174; Mathieu et Bourguignat, *Comment. de la loi du 24 juill. 1867*, n° 160; Bédarride, *Comment. de la loi de 1867*, n° 312 et s.; P. Pont, *Comment. des soc. civ. et comm.*,

ordonnée qu'à la seule condition qu'ils réunissent au moins le vingtième du capital social. De cette manière, le représentant commun figurera seul en nom dans l'instance. C'est à lui seulement que les actes de procédure seront signifiés [1]. La minorité cesse ainsi de se trouver en état d'infériorité vis-à-vis de la majorité, représentée par l'assemblée générale [2].

L'absence d'un texte formel et le caractère exceptionnel de cette faculté empêche de l'étendre, malgré l'identité de motifs, aux obligataires [3].

n° 1567; Lyon-Caen et Renault, *Dr. comm.*, t. II, n° 831; Garsonnet, *Traité de proc.*, t. I, p. 490; Houpin, *Traité des soc.*, t. I, n° 748, p. 601. En sens contraire : Rivière, *Répétit. écrites sur le Code de comm.*, n° 131; Lescœur, *Essai sur la législ. des soc.*, p. 240; Vavasseur, *Traité des soc.*, n° 734.

(1) Le jugement ainsi que tous actes de l'instance peuvent être signifiés au mandataire collectif : Cass., 28 déc. 1886, D. 87. 2. 497; Lyon, 10 nov. 1877, D. 77. 1. 181. Les significations faites aux mandants ne seraient pas nulles, mais les frais en seraient considérés comme frustratoires, et, par suite, resteraient à la charge de celui qui les aurait faits : Chambéry, 12 avr. 1897, *Revue des soc.*, 1897, p. 341; Lyon-Caen et Renault, *Dr. comm.*, t. II, n° 830, p. 712; Houpin, *Traité des soc.*, t. 1, n° 753, p. 602.

(2) Les actionnaires qui ont usé de la faculté de se syndiquer sont responsables des fautes commises par leur mandataire : Cass., 15 févr. 1889, D. 90. 1. 471; Lyon-Caen et Renault, *Dr. comm.*, t. II, n° 832, p. 713; Houpin, *Traité des soc.*, t. I, n° 755, p. 603.

(3) Cass., 19 févr. 1884, S. 86. 1. 69; *J. Pal.*, 86. 1. 147; Lyon-Caen et Renault, *Dr. comm.*, t. II, n° 593, p. 439. Des législations étrangères, moins oublieuses des obligataires que la loi française, ont organisé à leur profit une représentation collective, par exemple, la loi *autrichienne* du 24 avril 1874.

CHAPITRE IV

LE FONCTIONNEMENT

Les pouvoirs reconnus aux administrateurs, aux commissaires des comptes et aux actionnaires ne sont qu'un moyen. Le but de la société est un 'profit. Elle ne peut l'atteindre qu'en assumant des charges. Son action la met en rapport avec les tiers. La cessibilité des parts amène des changements journaliers dans son personnel. Ce qui constitue ainsi le fonctionnement se ramène à trois objets :

1° les effets intérieurs entre les associés;

2° les effets extérieurs vis-à-vis des tiers;

3° les cessions d'actions.

§ 1. — *Effets intérieurs entre les associés.*

Chaque associé a des rapports avec l'ensemble des autres associés. Mais comme la société est une personne morale, c'est avec elle que chacun d'eux entre en relations individuellement. Ces rapports sont de deux espèces. Considéré à l'égard de la société, chaque associé **1°** a des droits ; **2°** est tenu à des obligations. Les mêmes questions s'élèvent enfin pour les titres des obligataires.

A. *Droits des actionnaires et des obligataires.* — Tant que dure la société, chaque associé n'a droit, en principe, qu'à des dividendes. A la dissolution, il recevra en outre, sa part de l'actif net demeuré dans le fonds social. Mais en attendant il ne saurait prétendre qu'au remboursement de son versement, si les statuts le lui permettent et dans les conditions qu'ils établissent. Et, comme ce remboursement ne peut être fait que sur les bénéfices, c'est encore à une part de ceux-ci que se ramène, quand il existe, ce dernier droit.

Les bénéfices qui peuvent être distribués en dividendes sont régis par des règles spéciales aux sociétés anonymes. Conformément à la règle générale, le bénéfice consiste dans la différence entre les gains d'une part, et, d'autre part, les obligations correspondantes, ainsi que les pertes [1]. Mais la pratique, reconnue par la loi, a introduit deux dérogations au droit commun des sociétés ordinaires :

1° C'est chaque année, et non pas seulement à la fin de la société, que sont calculés les gains et les pertes.

2° Les dividendes distribués régulièrement sont définitivement acquis aux associés, les années suivantes se terminassent-elles par des pertes au lieu de gains [2]. Cette règle reçoit application même au cas où les per-

---

(1) Houpin, *Traité des soc.*, t. I, n° 731, p. 587.
(2) Houpin, *Traité des soc.*, t. II, n° 937, p. 135.

tes postérieures aux gains entameraient le capital social. Toutefois, dans ce dernier cas, il ne saurait être distribué de nouveaux dividendes qu'après la reconstitution du capital détruit, à moins que les actionnaires, pour consacrer la nouvelle situation, n'aient procédé à la réduction du capital social aux conditions indiquées par la loi et les statuts.

Aucune distribution ne peut être faite régulièrement qu'après les prélèvements établis par la loi ou les statuts pour alimenter le fonds de réserve légal et le fonds de réserve statutaire.

La distribution des dividendes est soumise à des conditions déterminées par la même préoccupation d'empêcher toute diminution irrégulière du capital social :

1° Elle est proposée par les administrateurs ;

2° Les commissaires des comptes émettent leur avis ;

3° La décision appartient à l'assemblée générale des actionnaires. C'est pour la prendre en connaissance de cause qu'ils peuvent joindre aux indications fournies par les administrateurs et les commissaires tous les moyens d'information que leur donne l'exercice de leurs droits individuels.

Le vote une fois acquis, le droit aux dividendes consentis régulièrement devient pour les actionnaires une créance ordinaire [1]. Non seulement une perte postérieure de la société ne saurait désormais la leur enlever, mais s'ils négligent de les percevoir et que la société tombe en faillite ou demande la liquidation

____

(1) Lyon-Caen et Renault, *Dr. comm.*, t. II, n° 896; Houpin, *Traité des soc.*, t. I, n° 732, p. 588.

judiciaire, ils concourront, sur l'actif réalisé, avec les autres créanciers[1].

En principe, les actionnaires ne peuvent prétendre à aucun intérêt de leurs versements, puisqu'ils sont des associés, et non des prêteurs [2]. Mais l'application rigoureuse de cette règle rendrait impossibles en pratique les sociétés qui n'attendent de bénéfices qu'après un long temps de préparation. Aussi la jurisprudence admet-elle comme valable la clause des statuts stipulant des intérêts pour la période préparatoire [3]. Sans doute le paiement en est pour les actionnaires une reprise partielle de leur apport, mais les tiers ne peuvent se dire lésés puisqu'ils sont avertis par les for-

---

(1) P. Pont, *Comment. des soc. civ. et comm.*, n° 1482 ; Ruben de Couder, *Dict. de dr. comm.*, v° *Sociétés*, n° 1374 ; Houpin, *loc. cit.* Il n'en serait autrement que si les bénéfices laissés ainsi successivement dans la caisse sociale étaient confondus avec les apports : Douai, 27 janv. 1873, et Cass., 5 août 1873, D. 74. 1. 126.

(2) Houpin, *Traité des soc.*, t. I, n° 726, p. 583.

(3) Caen, 16 août 1864, D. 65. 2. 192 ; S. 65. 2. 23 ; *J. Pal.*, 65. 217 ; Angers, 18 janv. 1865, D. 65. 2. 67 ; Cass., 8 mai 1867, D. 67. 1. 193 ; S. 67. 3. 253 ; *J. Pal.*, 67. 642 ; 6 mai 1868, D. 69. 1. 232 ; S. 68. 3. 243 ; *J. Pal.*, 68. 612 ; 8 mars 1881, S. 81. 3. 257 ; *J. Pal.*, 81. 619 ; Paris, 5 déc. 1882, S. 83. 2. 92 ; *J. Pal.*, 83. 562 ; Troplong, *Sociétés*, n°s 191 et 192 ; Mathieu et Bourguignat, *Comment. de la loi du 24 juill. 1867*, n° 92 ; Vavasseur, *Traité des soc.*, n° 658 ; P. Pont, *Comment. des soc. civ. et comm.*, t. II, n° 1456 ; Labbé, *Recueil de Sirey*, 78. 2. 225, et *J. Pal.*, 78. 966 ; Pannier, dans *Revue prat. de dr. fr.*, 1881, p. 474 et s. ; Bédarride, *Comment. de la loi de 1867*, t. I, n° 224 ; Bravard-Veyrières et Demangeat, *Traité de dr. comm.*, t. I, p. 372 et s., en note ; Demangeat, Dissertation dans le *Recueil de Sirey*, 81. 1. 257, et dans le *Journal du Palais*, 81. 619 ; Rivière, *Comment. de la loi du 24 juill. 1867*, n° 104, p. 144 ; Boistel, *Droit comm.*, n° 295 ; Beudant, note daas le *Recueil de Dalloz*, 67. 3. 193 : Voir aussi : de Courcy, *Les soc. anon.*, p. 156 et s. ; Lyon-Caen et Renault, *Droit comm.*, n° 553, p. 391 : Houpin, *Traité des soc.*, t. I, n° 726, p. 584, et t. II, n° 927, p. 127.

malités de publicité [1]. Ils savent ainsi qu'ils doivent compter, non sur tout le capital annoncé, mais seulement sur ce même capital diminué des intérêts payés. Faute d'une restriction légale à cette faculté, le paiement des intérêts peut se prolonger pendant un nombre d'années indéfini. La liquidation elle-même ne l'interrompt point [2]. Seule, la faillite ou la liquidation judiciaire en amènera la cessation [3]. Permettre alors aux actionnaires de concourir avec les créanciers pour l'intérêt de leur mise serait les autoriser à en reprendre une partie, alors qu'ils l'ont affectée tout entière à l'acquittement des dettes sociales.

Les dividendes sont payés au porteur, même quand les actions sont nominatives [4]. A part le cas d'opposition, la possession du titre fait présumer le droit. Seule, la constatation du paiement est différente dans les deux cas. L'action est-elle au porteur, la partie qu'on appelle le coupon en est détachée et échangée contre

(1) La jurisprudence admet comme suffisante la publicité initiale : Cass., 8 mai 1867, D. 67. 1. 193; S. 67. 1. 253; *J. Pal.*, 67. 642; Paris, 9 août 1877, D. 79. 2. 193; S. 78. 2. 225; *J. Pal.*, 78. 966. Une opinion, qui a pour elle quelques décisions judiciaires et la majorité des auteurs, exige avec raison que la stipulation soit publiée dans les journaux : Trib. civ. d'Avesnes, 14 mai 1891, *La Loi*, n° du 6 juill. 1891; P. Pont, *Comment. des soc. civ. et comm.*, t. II, n° 1100; Vavasseur, *Traité des soc.*, t. I, n° 1017; Labbé, dans S. 78. 2. 225, et *J. Pal.*, 78. 966; Lyon-Caen et Renault, *Dr. comm.*, t. II, n° 557, p. 395.

(2) Cass., 28 juill. 1896, *Revue des soc.*, 1896, p. 486; Lyon-Caen et Renault, *Dr. comm.*, t. II, n° 556, p. 396.

(3) Paris, 14 août 1868, D. 68. 5. 377; Lyon-Caen et Renault, *Dr. comm.*, t. II, n° 556, p. 394.

(4) Cf. Charleroi, 16 juin 1898, *Journal des soc.*, 1899, p. 93; Houpin, *Traité des soc.*, t. II, n° 937, p. 136; cf., t. I, n°ˢ 294 et s., p. 241 et s.

le dividende. Si elle est nominative, un timbre est apposé dans une des cases établies exprès sur le certificat. Il existe aussi des actions combinant les deux caractères : quoique nominatives, ces actions sont accompagnées d'un coupon qui s'en détache comme celui d'une action au porteur [1].

Dans un petit nombre de sociétés, le dividende annuel est payé en deux fois [2]. C'est ce qui donne lieu à ce qu'on appelle, improprement, le coupon d'intérêts et le coupon de dividende proprement dit. Il ne faut pas confondre ces prétendus intérêts avec ceux dont il a été question plus haut. Ce n'est en réalité qu'un acompte sur le dividende, égal à un tant pour cent de la mise. On l'acquitte dans les premiers mois de l'année pour ne pas faire attendre aux actionnaires la fixation, plus tardive, du dividende définitif. Cet arrangement suppose une société prospère, procurant à ses membres un bénéfice annuel supérieur à l'intérêt de leur argent. Si le contraire se produisait une année, les actionnaires devraient restituer la partie du coupon d'intérêts dépassant le bénéfice réel.

Tous dividendes distribués en contravention à ces règles sont des dividendes fictifs. Le dividende est fictif non seulement quand aucun bénéfice n'a été fait, mais encore lorsque les bénéfices obtenus auraient dû être

____

(1) Lyon-Caen et Renault, *Dr. comm.*, t. II, n° 602, p. 449. Des titres de cette nature ont été établis aussi pour les rentes sur l'État et les obligations de la ville de Paris.

(2) Houpin, *Traité des soc.*, t. II, n° 937, p. 135.

attribués d'abord aux divers fonds établis, tels que celui de garantie, ou encore à la compensation des pertes éprouvées antérieurement [1]. La distribution des dividendes fictifs nuit : 1° aux tiers, en diminuant la garantie qu'ils trouvent dans le fonds social ; 2° aux associés de bonne foi, auxquels ils inspirent une sécurité trompeuse sur la situation de la société. La loi la prévient ou la réprime par l'établissement de deux espèces de sanctions :

1° Les administrateurs sont punis des peines de l'escroquerie lorsqu'ils distribuent des dividendes fictifs en l'absence d'inventaire ou au moyen d'inventaires frauduleux (L. 1867, art. 15). De plus, une action civile en dommages-intérêts est ouverte contre eux et contre les commissaires des comptes négligents, à toutes les personnes lésées, par exemple, aux créanciers sociaux ;

2° La restitution des dividendes indûment perçus peut être demandée aux actionnaires. Mais, l'application de cette règle est soumise à une distinction. Si les actionnaires ignorent la fraude ou l'irrégularité, les dividendes perçus leur sont définitivement acquis en vertu de l'article 549 du Code civil sur les fruits perçus par le possesseur de bonne foi (L. 1867, art. 10 et 45, dern al.). Ils sont au contraire tenus à restituer :

a) Quand leur complicité est établie ;

b) Fussent-ils innocents de toute fraude, lorsque la distribution a été faite en l'absence de l'inventaire ou en dehors des résultats constatés par l'inventaire.

L'action en répétition est, non l'action en répétition de

____

(1) Houpin, *Traité des soc.*, t. II, n° 931, p. 128; Lyon-Caen et Renault, *Droit comm.*, t. II, n° 899; P. Pont, *Comment. des soc. civ. et comm.*, n° 1597.

l'indû, mais une action en complément de mise, puisque le paiement des dividendes fictifs est une restitution illégale d'une partie de l'apport promis et effectué. Cette nature de l'action en détermine les principales règles :

1° Le tribunal compétent pour en connaître est le tribunal de commerce, si l'on admet, avec la plupart des auteurs, que l'obligation d'effectuer l'apport est commerciale [1];

2° Elle est intentée par les administrateurs, si la société subsiste, ou par les syndics, quand elle a été mise en faillite ;

3° Les seuls défendeurs sont les actionnaires qui ont touché les dividendes fictifs, ne fussent-ils plus détenteurs de leurs actions au moment du procès ;

4° L'action se prescrit par cinq ans, à partir du jour fixé pour la distribution des dividendes [2]. L'uniformité de ce point de départ a l'avantage d'empêcher toute différence entre les actionnaires, mais la brièveté du délai offre l'inconvénient de leur laisser un gain illicite, car c'est souvent après l'expiration des cinq années que se révèle au public l'illégitimité de la distribution.

Le droit des actionnaires est toujours un droit mobilier,

(1) Cass. req., 3 mai 1863, S. 63. 1. 137; Caen, 16 août 1864, S. 65. 2. 33; Paris, 18 déc. 1865, S. 66. 2. 178; Vavasseur, *Traité des soc.*, n° 752; Lyon-Caen et Renault, *Dr. comm.*, t. II, n° 892. La jurisprudence la plus récente est plutôt pour la compétence du tribunal civil : Rouen, 25 nov. 1861, D. 62. 1. 106; Cass., 3 mars 1863, D. 63. 1. 125; Caen, 16 août 1864, D. 65. 2. 192; Cass., 8 mai 1867, S. 67. 1. 253; Rennes, 7 août 1867, D. 70. 1. 179; Cass., 15 nov. et 14 déc. 1869, D. 70. 1. 179, et 71. 1. 311. En sens contraire : Aix, 22 juill. 1862, D. 62. 2. 148; 3 août 1869, D. 71. 2. 76; Alger, 24 mars 1867, D. 67. 2. 231.

(2) Loi du 24 juill. 1867, art. 10.

même si le fonds social comprend des immeubles. A raison de sa personnalité morale, c'est, en effet, la société seule qui en est propriétaire. Tant qu'elle existe, les associés ne peuvent prétendre qu'à leur part de dividendes et d'intérêts. Les actions, quelle qu'en soit l'importance, ne sont donc soumises qu'aux règles des meubles (C. civ., art. 529). Ainsi, elles peuvent être données en gage, non hypothéquées; acquises antérieurement au mariage, elles tombent dans la communauté, au lieu de demeurer propres. Il n'y a d'exception que si une disposition expresse de la loi permet au propriétaire, par une procédure spéciale, de les faire assimiler à des immeubles. Mais il n'existe plus que les actions de la Banque de France et du Canal du Midi qui jouissent actuellement de cette faveur, toujours parcimonieusement accordée.

L'égalité entre tous les actionnaires n'est pas un principe impératif. Si chaque action donne droit aux mêmes dividendes et intérêts, et, en cas de liquidation, à la même part du fonds social, la pratique a introduit plusieurs exceptions. C'est à ce point de vue qu'on distingue les actions d'apport, ce qu'on appelle les parts de fondateurs, les actions de jouissance, enfin les actions de priorité.

Les actions représentatives d'un *apport en nature*, ont les mêmes effets pour le porteur que les actions représentatives d'un apport en argent [1].

Les *parts de fondateur* sont la rémunération des services rendus par ceux qui se sont employés à fonder la

______

[1] La seule différence est le retard de deux ans apporté à la négociabilité.

société [1]. Dans le silence de la loi, le caractère licite n'en est pas discuté. Mais elles sont réglées exclusivement par la convention. Elles répondent à un apport en travail ou en industrie. Ce sont donc de véritables actions [2] et non, comme on l'a prétendu [3], une simple créance contre la société. Il en résulte une double conséquence :

a) Elles sont soumises à toutes les dispositions de la loi de 1867 sur les actions, et, en particulier, aux art. 3 et 4 ;

b) Les propriétaires de ces parts ont les mêmes droits que les autres actionnaires, à moins de conventions contraires [4]. Dans la pratique, ils ne figurent point dans le

---

(1) On attribue quelquefois des avantages semblables à d'autres qu'aux fondateurs, par exemple, aux souscripteurs d'un certain nombre d'actions. Quoique l'expression ne soit plus alors exacte, elle continue cependant à être employée : Trib. comm. Seine, 20 juill. 1884, *Journal des soc.*, 1885, p. 363 ; Paris, 19 avr. 1886 et 4 juin 1885, *Journal des soc.*, 1887, p. 17 et 193 ; Neymarck, *Revue des soc.*, 1887, p. 160 et s. ; Lyon-Caen et Renault, *Dr. comm.*, t. II, n° 560 *bis*, p. 400 ; Houpin, *Traité des soc.*, t. I, n° 365, p. 296 et s.

(2) Thaller, *Revue crit.*, 1881, p. 534 ; 1887, p. 220 et *Traité élém. de droit comm.*, nos 520 et 521 ; Bousquet, *Journal des soc.*, 1885, p. 748 et s. ; note de Chavegrin, dans S. 89. 1, p. 417 et s. ; Lyon-Caen et Renault, *Droit comm.*, t. II, n° 560 *bis*, p. 401 et note 1 ; Vavasseur, *Traité des soc.*, nos 532 et 534 ; le même, dans *Revue des soc.*, 1895, p. 127 ; note de Valéry, dans Dalloz, 95. 1. 297, et 2. 302 ; Durandy, *Les assoc. d'act. dans les soc. anon.*, p. 33 ; cf. Paris, 19 juin 1885, S. 89. 1. 421 ; *J. Pal.*, 89. 1. 1036. D'autres auteurs de plusieurs décisions judiciaires leur refusent au contraire ce caractère : Houpin, *Journal des soc.*, 1894, p. 184 et s. ; cf. Wahl, *Journal des soc.*, 1897, p. 152 et 155, et note S. 98. 2, 89 ; Lecouturier, *Revue crit.*, 1897, p. 148 et s. ; Genevois, *Revue trim. du nouv. rég. des soc.*, 1897, p. 14 ; Seine, 24 sept. 1894, *Journal des soc.*, 1895, p. 38 ; Paris, 14 janv. 1895, *Journal des soc.*, 1895, p. 77.

(3) Wahl, *Tr. des tit. au porteur*, n° 292 ; *Journal des soc.*, 1897, p. 149 et 155 ; note sous Paris, 16 juill. 1896, S. 98. 2. 89 ; Deloison, *Traité des soc. comm. fr. et étr.*, n° 335 : *Journal des soc.*, 1880, p. 600 ; Bouvier-Bangillon, *Loi du 1er août 1893*, p. 150 ; V. Arthuys, *Revue crit.*, 1897, p. 273.

(4) Houpin, *Traité des soc.*, t. I, nos 379 et s., p. 312 et s.

partage du fonds social, mais ils participent chaque année aux distributions de dividendes, objet principal et essentiel de leurs droits. Laissés généralement en dehors de l'assemblée des actionnaires, ils sont cependant garantis contre les effets d'une dissolution anticipée qui les priverait de ce qui leur revient. Si elle a été décidée sans motifs suffisants, ils peuvent réclamer des dommages-intérêts [1].

Les *actions de jouissance*, ainsi nommées par opposition aux actions de capital, sont les actions demeurant aux actionnaires dont la mise a été remboursée [2]. Elles existent dans les sociétés qui amortissent régulièrement leur capital en restituant chaque année aux possesseurs le montant d'un certain nombre d'actions désignées par le sort. L'intérêt du capital amorti est naturellement déduit du dividende. Si, comme il se pratique quelquefois, il existe un coupon d'intérêt distinct du coupon de dividendes proprement dit, l'action de jouissance ne donne plus droit qu'au second. Une déduction correspondante a lieu à la liquidation : l'actionnaire remboursé ne touche une part quelconque du fonds qu'après que tous les autres ont été désintéressés à leur tour.

L'égalité entre les actionnaires est rompue au profit des *actions* dites *de priorité*, ou *actions de préférence*, ou *actions privilégiées*. Ainsi que l'indiquent leurs dénominations, ces actions se distinguent des autres par les avan-

---

(1) Cass., 29 févr. 1888, S. 89; *J. Pal.*, 89. 2. 1036; 4 juill. 1896, S. et *J. Pal.*, 93. 1. 373; Lyon-Caen et Renault, *Dr. comm.*, t, II, n° 560 *ter*, p. 403; Houpin, *Traité des soc.*, t. I, n° 385, p. 307, et n° 402, p. 331.

(2) Houpin, *Traité des soc.*, t. I, n° 286, p. 238, t. II, n° 859, p. 59 et s.

tages particuliers offerts à leur possesseur. Elles servent principalement à augmenter plus facilement le capital social en attirant de nouveaux souscripteurs par le bénéfice d'une situation spéciale. Leur légitimité a toujours été admise [1], mais les conditions d'émission en étaient discutées avant la loi du 9 juillet 1902, modifiant l'article 34 du Code de commerce, et remplacée à son tour par la loi du 16 novembre 1903. En vertu de cette loi, l'assemblée générale des actionnaires peut toujours, à moins d'une prohibition directe et expresse contenue dans les statuts, en décider la création [2]. Cette faculté, par une dérogation formelle au principe de la non-rétroactivité des lois insérée dans la loi de 1903, appartient aussi bien aux sociétés anciennes qu'aux sociétés nouvelles. Ces actions de priorité donnent à leur possesseur le droit de participer avant les autres actionnaires à la répartition des bénéfices ou au partage de l'actif social, ou même, tout à la fois, à cette répartition et à ce partage. A condition de respecter les dispositions essentielles de la loi sur le contrat de société, toute liberté est laissée à la société pour déterminer l'étendue du privilège. Sauf stipulation diffé-

---

(1) Paris, 10 janv. 1867, D. 69. 2. 239; 19 avr. 1875, D. 75. 2. 161; S. 76. 2. 113; *J. Pal.*, 76. 467; 28 mai 1884, D. 86. 2. 177; P. Pont, *Comment. des soc. civ. et comm.*, t. II, n° 1585; Vavasseur, *Traité des soc.*, n°ˢ 137, 473, 530; Lyon-Caen et Renault, *Dr. comm.*, t. II, n° 558, p. 395 et s.; Houpin, *Traité des soc.*, t. I, n° 283, p. 283.

(2) La loi de 1902 écartait les actions de priorité en cas de dispositions contraires dans les statuts. Celle de 1903 exige une défense formelle. C'est ce changement législatif qui permet d'appliquer la nouvelle disposition aux sociétés anciennes, contrairement à ce qui avait été décidé, sous l'empire de la première de ces deux lois, par un jugement du tribunal de commerce de la Seine, du 10 nov. 1902.

rente, les actions de priorité et les actions ordinaires confèrent le même droit de vote (L. du 9 juillet 1902, art. 1, al. 4). Une fois concédé, l'avantage accordé aux actionnaires privilégiés ne peut leur être enlevé sans leur consentement. Toute modification apportée à leur situation doit être votée, non seulement par l'assemblée générale, mais encore par une assemblée spéciale composée exclusivement de ces actionnaires; et cette assemblée spéciale doit à son tour remplir les conditions d'une assemblée extraordinaire, c'est-à-dire réunir au moins la moitié du capital formé par les actions de priorité. Les statuts peuvent prescrire un minimum plus élevé [1].

A cette liste des actions particulières, il ne faut pas ajouter les *actions de primes*. D'une légitimité soumise aux conditions précédemment indiquées, elles se distinguent par les circonstances particulières de leur création; mais, une fois émises, elles sont réglées de la même manière et donnent les mêmes droits que les actions ordinaires [2].

Les obligataires, à la différence des associés, n'ont droit qu'à des intérêts fixes, et quelquefois aussi à des primes ou à des lots [3]. Comme la société se procure le montant

---

. [1] Cette disposition est une de celles que la loi de 1903 a reprises et précisées.

[2] Lyon-Caen et Renault, *Dr. comm.*, t. II, n° 560 *quater*, p. 403; cf. n° 690, p. 749; cf. Houpin, *Traité des soc.*, t. I, n° 285.

[3] Comme celui de tout créancier, le droit des obligataires, tant au remboursement du capital qu'au paiement des intérêts, peut être accompagné de garanties conventionnelles : gage et hypothèque. Mais ces garanties ne valent qu'aux conditions légales de l'inscription, pour l'hypothèque, et de la remise du gage à un représentant commun : Paris, 2 févr. 1888, *Rev. des soc.*, 1888, p. 191; Lyon-Caen et Renault, *Dr. comm.*, t. II, n° 584, p. 435; Houpin, *Traité des soc.*, t. I, n° 407, p. 336.

de ces lots et primes en servant un intérêt moindre, ce n'est en réalité qu'un prélèvement sur le loyer du capital restitué aux obligataires désignés par le sort.

L'intérêt promis aux obligataires n'est limité par aucun maximum. Cette règle s'applique sans difficulté, depuis la loi du 12 janvier 1886 qui proclame la liberté de l'intérêt commercial, aux sociétés anonymes ayant le commerce pour objet. Une jurisprudence discutable, mais constante, l'étend même aux sociétés qui ne poursuivent qu'un but purement civil.

La prime consiste dans la différence entre le prix d'émission et le prix de remboursement. Une obligation émise à 450 francs et remboursable à la valeur nominale de 500 francs donne lieu à une prime de 50 francs. Il n'y a là ni loterie, parce que toutes les obligations sont appelées au même bénéfice, ni même, dans aucun cas, majoration contestable du taux de l'intérêt, lorsque le service des primes et des intérêts ne dépasse pas 5 0/0.

A la différence de la prime, le lot ne profite qu'à un certain nombre d'obligations désignées par le tirage au sort. Pas plus que la prime, il ne constitue nécessairement pour la société débitrice une infraction à la limitation de l'intérêt, mais la pratique en peut être considérée comme une loterie prohibée par la loi du 26 mai 1836 [1]. En fait, les rares émissions de valeurs à lots qui ont eu lieu ont toujours été autorisées par une loi.

---

(1) Cette prohibition ne frappe pas les obligations à primes, Ch. crim., 14 janv. 1876, S. 76. 1. 433; D. 76. 1. 185; *J. Pal.*, 1876, 1091; Lyon-Caen et Renault, *Dr. comm.*, t. II, n° 574, p. 417; Houpin, *Traité des soc.*, t. I, n°s 410 et s., p. 339 et s.

Le délai d'amortissement devant être considéré, en principe, comme établi dans l'intérêt des deux parties, une société anonyme n'a pas le droit de rembourser avant l'échéance fixée ses obligations [1], mais il lui est permis de se le réserver dans l'acte d'émission. L'interprétation de la clause est une question de fait qui échappe à l'appréciation de la Cour de cassation. En cas d'anticipation, le remboursement se fait au pair, et il est dû aux obligataires une compensation pour les chances de lots dont ils se trouvent ainsi privés. Le montant en est d'autant plus élevé que le temps restant à courir est moins considérable.

Les actions et obligations [2] sont soumises à trois impôts spéciaux, indépendamment des droits de mutation qui les frappent, comme toutes autres valeurs, quand elles sont l'objet d'une donation ou d'une transmission par décès.

1° Le droit de timbre établi dans sa forme actuelle par la loi du 5 juin 1850, à partir du 1er janvier 1851. Au chiffre primitif il s'est ajouté, sous le nom de décimes, un

______

(1) Nancy, 10 juill. 1882, D. 83. 2. 165; S. 83. 2. 237; *J. Pal.*, 1883, 1208; Toulouse, 7 déc. 1897, S. et *J. Pal.*, 98. 2. 78; Trib. comm. Bruxelles, 20 févr. 1888, *Pand. belg. période.*, n° 576; Trib. fédéral suisse, 1er mars 1890, *Le Droit financier*, 1891, p. 155 et s.; S. 91. 4. 1; *J. Pal.*, 1891. 2. 1 (Il s'agissait, dans l'espèce sur laquelle a statué le tribunal suisse, d'un emprunt fait par le canton du Valais. Le Tribunal a refusé d'admettre le remboursement). Voir aussi : Cour d'appel de Bruxelles, 26 avr. 1893, S. et *J. Pal.*, 96. 4. 14; Trib. cantonal de Vaud, 16 mai 1894; S. et *J. Pal.*, 95. 4. 6; Lyon-Caen et Renault, *Dr. comm.*, t. II, n° 579, p. 424; Houpin, *Traité des soc.*, t. I, n° 416, p. 347.

(2) Les parts de fondateurs ne se distinguent pas des actions ordinaires; Trib. civ. Seine, 16 mars 1884, *Le Droit*, n° du 2 mai 1894; Cf. Cass., 10 juin 1874, S. 74. 1. 455; Lyon-Caen et Renault, *Dr. comm.*, t. II, n° 609, p. 454.

complément à payer, qui n'est qu'un accroissement d'impôt établi sous une forme spéciale. Pour les actions, ce chiffre est de 0,50 (0,60 avec les décimes) sur chaque 100 francs de capital nominal si la société est d'une durée de 10 ans au maximum; de 1 franc (1 fr. 20 avec les décimes) quand cette durée est plus longue (art. 14). Pour les obligations, ce chiffre s'élève toujoups à 1 franc (1 fr. 20 avec les décimes).

Le droit initial peut être remplacé, si la société le préfère, par un abonnement. La somme à payer annuellement, toujours sur le capital nominal, est de 0 fr. 06 pour 100 francs, s'il s'agit d'actions; tant que dure le titre, s'il s'agit d'obligations (L. 5 juin 1850, art. 22 à 31, L. 3 mars 1872, art. 3) [1].

Le droit n'est plus exigible sur les actions à la liquidation ou quand la société est demeurée deux ans sans distribuer de dividendes (L. 1850, art. 24). La même dispense n'existe pas pour les obligations [2].

2° Un droit de transmission à titre onéreux. Il a été établi par la loi des finances du 23 juin 1857 (art. 6). La base en est le prix même de cession présumé, égal à la valeur du titre pendant l'année précédente. Jusqu'à la loi du 30 mai 1872, il n'était fait aucune distinction entre les titres complètement libérés et les autres. Ainsi, une action émise à 500 francs et en hausse de 100 francs était comptée pour

---

(1) Lyon-Caen et Renault, *Dr. comm.*, t. II, n° 610, p. 455. Si des dividendes sont de nouveau distribués après une interruption pendant laquelle la taxe a été payée par la société, elle en retient le montant sur ces distributions.

(2) Cass., Ch. réun., 27 déc. 1877, S. 78. 3. 215; *J. Pal.*, 1878, 354; D. 78. 3. 354; Lyon-Caen et Renault, *Dr. comm.*, t. II, n° 610, p. 455.

600 francs, que la moitié seulement ou la totalité de cette valeur nominale eussent été versées. A partir de cette loi, au contraire, on déduit les sommes restant encore à acquitter.

Le droit fixé d'abord à 0,20 0/0 a été élevé à 0,50 par la loi du 25 juin 1872, mais sans addition de décimes. Il frappe les transferts de titres nominatifs et les conversions en titres nominatifs des titres au porteur (L. 23 juin 1857, art. 9).

La transmission des titres négociables au porteur ou par endossement échappant à toute vérification, le droit a été remplacé par une taxe annuelle. Elle est actuellement de 0,20 0/0 de la valeur moyenne constatée pendant l'année précédente (L. 25 juin 1872, art. 20).

3° L'impôt sur le revenu. L'impôt spécial sur le revenu des valeurs mobilières, établi par la loi du 29 juin 1872, atteint tout ce que la société fournit à ses actionnaires et à ses obligataires (1). Ce sont :

a) Les dividendes des actions ;

b) Les intérêts des obligations ;

c) Les primes représentées par la différence entre le prix d'émission et la valeur nominale des obligations (L. 21 juin 1875, art. 5) ;

d) Les lots des valeurs à lots (L. 21 juin 1875, art. 5).

Les lots et primes étant fournis par un prélèvement sur

---

(1) V. Seine, 26 févr. 1898, *Journ. des soc.*, 1898, p. 336 ; Cass., 24 juill. 1899, *Journ. des soc.*, 1900, p. 67 ; Seine, 26 mars 1898, *Journ. des soc.*, 1899, p. 45 ; Seine, 26 mars 1898, *Journ. des soc.*, 1900, p. 235 ; Seine, 7 avr. 1900, *Journ. des soc.*, 1900, p. 507 ; Lyon, 27 juill. 1900, *Journ. des soc.*, 1900, p. 504 ; V. les décisions judiciaires rapportées par Houpin, *Traité des soc.*, t. II, n° 1340, p. 430, n°ˢ 3 et s.

l'intérêt des obligations, il était, en effet, légitime de les assimiler à un revenu.

Les sommes mises en réserve ne supportent point l'impôt, parce qu'elles ne rentrent pas dans le revenu, mais elles en sont frappées dès que leur distribution est effectuée.

A cette liste, la jurisprudence ajoute, indûment, tout ce que la société paie à raison de ses emprunts ordinaires ou des autres opérations par lesquelles elle fait appel au crédit [1]. Elle en exempte seulement les intérêts fournis par les établissements de crédit en retour des dépôts en banque effectués dans leur caisse.

D'abord limité à **3 0/0**, l'impôt sur le revenu des valeurs a été élevé à **4 0/0** par la loi des finances du **26** décembre **1896**.

L'assiette en est calculée différemment, selon la nature du produit frappé.

Le dividende des actions est connu par la délibération de l'assemblée générale ou du conseil d'administration, ou, à leur défaut, par tous autres documents analogues. A cet effet, le compte rendu doit être déposé dans les vingt jours au bureau de l'enregistrement. En l'absence de cette formalité, une amende est encourue et une présomption légale remplace la constatation directe. Le revenu imposable est supposé de **5 0/0** de la valeur nominale des actions, c'est-à-dire du prix d'émission modifié par les

____

(1) Cass., 8 nov. 1880, D. 81. 3. 87; Cass., 28 août 1882, D. 83. 3. 423; Cass., 15 nov. 1893, S. et *J. Pal.*, 95. 3. 193; Besson, *Traité pratique de la taxe de 3 0/0 sur le revenu des valeurs mobilières*, nᵒˢ 172 et s.; Primot, *Tr. des taxes fisc.*, nᵒˢ 715 et s. Cette solution a l'inconvénient d'établir une différence sans raison entre les sociétés de commerce et les individus commerçants : Lyon-Caen et Renault, *Dr. comm.*, t. II, nᵒ 623, p. 463.

augmentations ou les réductions de capital, quelle que soit la valeur cotée en Bourse. Pour éviter le paiement du droit, la société devrait prouver qu'elle n'a réalisé aucun bénéfice (L, 29 juin 1872, art. 2).

C'est le montant intégral des lots qui est taxé [1].

La valeur nominale est diminuée du taux d'émission pour le calcul de la prime (L. 21 juin 1875, art. 5).

Aux termes de l'art. 5, un règlement d'administration publique fixe le mode d'évaluation du taux d'émission, ainsi que toutes les autres mesures d'exécution.

Le droit de timbre, sous l'une et l'autre de ses formes, le droit de transmission et la taxe annuelle, enfin, aux termes de la loi elle-même, l'impôt sur le revenu des valeurs mobilières sont acquittés au Trésor par la société elle-même. Elle rentre dans son avance en déduisant le montant de la somme du dividende ou des intérêts payés aux actionnaires ou aux obligataires.

B. *Obligations des actionnaires et des obligataires.* — En même temps que les droits des associés ordinaires les actionnaires en ont, en principe, les obligations. Étant donnée la nature et l'organisation de la société anonyme, ces obligations se ramènent à une seule : effectuer l'apport en argent ou en nature auquel ils se sont engagés. Mais cette obligation est soumise, indépendamment du droit commun, à un certain nombre de règles spéciales.

D'abord, la nature en est commerciale et non pas civile [2].

---

[1] Loi du 21 juin 1875, art. 5; Cass., 24 janv. 1898, *Journ. des soc.*, 1898, p. 248; Houpin, *Tr. des soc.*, t. II, n° 1343, p. 435.

[2] Bruxelles (4ᵉ ch.), 6 déc. 1890, *Rev. prat. des soc.*, 1891, p. 100; Lyon-

Cette solution, admise par une partie de la jurisprudence et de la doctrine, et repoussée par l'autre, se justifie par l'objet de la société anonyme, quand cette société a le commerce pour but, et, dans le cas contraire, par la loi du 1er août 1893, qui l'assimile alors aux sociétés commerciales. L'actionnaire contracte son engagement en vue d'opérations de commerce ; s'il ne devient pas commerçant, c'est que le soin d'agir est laissé à la société, personne morale, contractant par ses représentants propres, et non pas aux associés pris individuellement. Mais cette circonstance ne change pas la nature de l'acte initial. Les effets et la sanction en seront donc régis par les règles du Code de commerce et non par celles du Code civil, notamment en ce qui concerne la capacité requise, la compétence appliquée. L'exécution de l'apport en industrie ou en nature se fait conformément aux principes généraux des sociétés[1]. L'associé qui a promis son industrie s'acquitte en fournissant le travail ou la collaboration auxquels il s'est engagé. L'apport en nature a lieu selon les principes généraux du droit. Il s'exécutera par la tradition si c'est un genre, denrées ou matières consomptibles ; si c'est un corps certain, comme une maison, une usine, la propriété en sera transférée de plein droit de l'associé à la société par l'effet translatif des obligations de l'article 1138 du Code civil. Mais cette translation ne sera opposable aux tiers, conformément aux principes généraux, qu'après l'accomplisse-

Caen et Renault, *Dr. comm.*, t. II, n° 559, p. 997; Houpin, *Traité des soc.*, t. I, n° 404, p. 325; En sens contraire : Thaller, *Traité élém. de dr. comm.*, n° 333.

[1] Code civil, art. 1847 et s.

sement des formalités prescrites : transcription s'il s'agit d'immeubles (L. 23 mars 1855); enregistrement à la préfecture du département s'il s'agit d'un brevet d'invention (L. 5 juillet 1844, art. 20); signification s'il s'agit de créance (C. civ., art. 1690). L'auteur de l'apport, quel qu'en soit l'objet, est tenu à garantie [1].

La faveur accordée aux sociétés anonymes comme aux sociétés en général, a fait temperer à leur profit les exigences de la loi fiscale.

1° Au lieu du droit ordinaire de mutation immobilière, l'apport en immeubles, pendant longtemps soumis à un droit fixe, d'abord simple, puis gradué, maintenant encore ne donne lieu qu'à un droit proportionnel restreint de 0,20 0/0 (L. 28 avril 1893, portant fixation du budget de 1893, art. 19).

2° Le droit de transcription, quand l'objet de l'apport est un droit immobilier, est toujours acquitté, selon la jurisprudence établie [2], au moment de la transcription effectuée, et non pas en même temps que le droit d'enregistrement, c'est-à-dire dans les trois mois, ainsi que l'exigerait pour la propriété et l'usufruit, l'article 54 de la loi du 28 avril 1816.

Le versement de l'apport en argent a lieu aux époques indiquées par les statuts, ou selon les besoins de la société [3]. C'est aux administrateurs à décider les appels de

---

(1) Code civil, art. 1845; Houpin, *Tr. des soc.*, t. I, n° 59, p. 30 et s.

(2) Houpin, *Tr. des soc.*, t. I, n° 44, p. 33.

(3) La Société étant distincte juridiquement des actionnaires, les faits qui l'atteignent ne les privent pas du bénéfice du terme. Malgré la faillite,

fonds postérieurs au versement initial [1]. Une triple sanction assure l'exécution de l'obligation :

1° En cas de retard, l'intérêt légal de 5 0/0 court de plein droit à partir du jour où devait être effectué le versement sans qu'il soit besoin de mise en demeure (C. civ., art. 1846, al. 1).

2° A raison du caractère commercial reconnu à l'obligation, un taux supérieur d'intérêts peut être fixé conventionnellement par les statuts.

3° Si le retard cause à la société un préjudice prouvé et que ce préjudice soit supérieur aux intérêts moratoires, légaux ou conventionnels, des dommages-intérêts complémentaires [2] peuvent être réclamés à l'associé en faute (C. civ., art. 1846).

4° L'actionnaire est tenu de payer, jusqu'à concurrence du montant de son action, personnellement sur tous ses

---

ils ne doivent effectuer le versement qu'aux échéances convenues : Bruxelles, 27 juin 1888, S. et *J. Pal.*, 98. 1. 177; Lyon-Caen et Renault, *Dr. comm.*, t. II, n° 735, p. 607, et VIII, n° 1174; Thaller, *Rev. crit. de législ. et de jurispr.*, 1885, p. 245; En sens contraire: Cass., 25 oct. 1897, S. et *J. Pal.*, 98. 1. 177; Vavasseur, *Traité des soc.*, t. I, n° 523; Houpin, *Traité des soc.*, n° 313, p. 254.

(1) Si la société est en faillite, le syndic peut-il réclamer les versements sans fournir aucune preuve, ou doit-il établir qu'ils sont nécessaires à l'acquittement du passif? La première opinion a pour elle la majorité de la jurisprudence et des auteurs : Paris, 7 août 1884, Cass., 20 oct. 1886, S. 87. 3. 49; *J. Pal.*, 87. 1. 113; Paris, 19 déc. 1894, *La Loi*, 1er févr. 1895; Lyon-Caen et Renault, *Dr. comm.*, t. II, n° 738, p. 609, et VIII, n° 1186; Choppard, dans *Revue des soc.*, 1887, p. 41; Houpin, *Traité des soc.*, t. I, n° 313, p. 254 : En sens contraire, pour la nécessité d'une preuve à fournir : Paris, 8 févr. 1882, *Revue des soc.*, 1884, p. 614 et S. 84. 2. 117; *J. Pal.*, 84. 1. 619; Labbé, dans *Sirey*, 87. 1. 49 et s.; Thaller, *Rev. crit. de lég. et de jurisp.*, 1887, p. 227 et s.; Lyon-Caen et Renault, *op. cit.*, t. II, n° 738.

(2) Voir ci-dessous, p. 115.

biens et réellement sur son titre. L'obligation personnelle se poursuit comme toutes les autres obligations. Quant à l'obligation réelle, elle se traduit par la vente du titre représentatif de l'action. A cet effet, il en est établi un double, et l'original, demeuré entre les mains de l'associé en retard, est frappé de nullité. Ce double est vendu à la Bourse; si le prix est supérieur au versement réclamé, l'actionnaire a droit à l'excédent; s'il est au contraire inférieur, cet actionnaire demeure tenu personnellement de la différence en moins.

La nature commerciale étant reconnue à l'obligation de l'actionnaire, les poursuites judiciaires ont lieu devant le tribunal de commerce, selon les formes de la procédure commerciale.

L'obligataire s'est engagé, en souscrivant, à verser à la société anonyme le montant de son obligation, aux termes convenus [1], à charge par elle de lui en payer l'intérêt et de lui en rembourser le capital. Il y a ainsi, dans l'acte, non un simple prêt, mais un contrat synallagmatique. Mais si l'obligation de la société est commerciale, celle de l'obligataire est civile, parce que la promesse de fournir une somme d'argent n'est pas un acte de commerce. Dans le silence de la loi, qui n'a pas entendu déroger au droit commun, l'obligataire n'est tenu qu'aux obligations d'un débiteur civil. L'application de ce principe crée plusieurs différences entre l'obligataire et l'actionnaire, ou même un débiteur commercial :

____

[1] Houpin, *Traité des soc.*, t. I, n° 408, p. 337.

1° A défaut de volonté contraire exprimée [1] ou sous-entendue. le souscripteur demeure lié, même si l'emprunt émis par la société n'est pas souscrit intégralement;

2° Les intérêts moratoires ne courent pas de plein droit à la charge de l'obligataire en retard s'ils n'ont pas été stipulés, et la société doit le mettre en demeure par une sommation [2];

3° Cet obligataire doit seulement les intérêts légaux de 4 0/0 à partir de l'échéance ou de la sommation [3]. Le taux peut en être élevé à 5 0/0 par l'acte de souscription. Si l'inexécution de l'engagement a causé à la société un préjudice plus considérable, l'obligataire n'en est pas responsable [4], s'il n'y a fraude de sa part [5];

(1) Mais cette volonté contraire résulte le plus souvent des circonstances. C'est ce qui a lieu, par exemple, si, comme il se fait presque toujours, l'acte de souscription indique le montant de l'emprunt et le nombre des obligations. Chaque obligataire, prenant une part d'emprunt, est dégagé si cet emprunt n'est pas couvert. Il reste néanmoins cette différence entre les deux espèces de titres que jamais aucune action n'est définitivement souscrite qu'à la condition que les autres le soient également. Trib. civ. Seine, 26 juill. 1886, *La Loi*, n° du 30 oct. 1885; Lyon-Caen et Renault, *Dr. comm.*, t. II, n° 566, p. 409; Houpin, *Traité des soc.*, t. I, n° 414, p. 342 et s.

(2) Cf. Seine, 21 juill. 1885, cité par : Houpin, *Traité des soc.*, t. I, n° 409, p. 338; Lyon-Caen et Renault, *Dr. comm.*, t. II, n° 568.

(3) Trib. civ. Seine, 21 juill. 1885, *La Loi*, n° du 30 oct. 1885; Lyon-Caen et Renault, *Dr. comm.*, t. II, n° 568, p. 410; Houpin, *Traité des soc.*, t. I, n° 414, p. 342 s.

(4) Ledru, Note dans *Journ. des soc.*, 1895, p. 48; Lyon-Caen et Renault, *Dr. comm.*, t. II, n° 568; *Pand. franç.*, note de Bouvier-Bangillon, 96. 1. 369, Toutefois un arrêt de la Cour de cassation admet la possibilité d'une condamnation à d'autres dommages-intérêts : Cass., 11 juill. 1895, *Journ. des soc.*, 1895, p. 487; Cf. Houpin, *Traité des soc.*, t. I, n° 408, p. 338.

(5) Cette réserve doit être faite depuis la loi du 7 avr. 1900 contenant une addition à l'art. 1153 du Code civil applicable aux obligataires comme aux autres débiteurs. « Le créancier auquel son débiteur en retard a causé, par

4° En cas de faillite, de liquidation judiciaire, ou, s'il s'agit d'une société civile, de déconfiture, les obligataires ne sont pas tenus d'effectuer leurs versements à venir. Ils demeurent obligés aux versements en retard parce que leur faute n'a pu être pour eux la cause d'une exemption; la jurisprudence les dispense des autres sous prétexte que la déchéance du terme étant encourue alors par la société, ils seraient en droit d'exiger le remboursement immédiat de ce qu'ils auraient payé [1]. Mais cette solution a l'inconvénient de confondre deux cas distincts : l'insolvabilité de la société et la résolution du contrat pour inexécution des conditions.

§ 2. — *Effets extérieurs de la société par rapport aux tiers.*

Un grand principe domine les rapports de la société anonyme avec les tiers, créanciers sociaux ordinaires ou obligataires. Par le fait même que c'est exclusivement une société de capitaux et non de personnes, les tiers n'ont affaire qu'à la personne morale, propriétaire d'un actif social déterminé [2]. Tout ce qui rentre, à un titre quelconque, dans ce fonds représente leur gage. Ils n'ont aucun droit personnel contre les actionnaires; non seulement ces derniers ne doivent rien après la libération intégrale de

sa mauvaise foi, un préjudice indépendant de ce retard, peut obtenir des dommages et intérêts distincts des intérêts moratoires de la créance ».

(1) Trib. civ. Seine, 26 juill. 1889, et 6 déc. 1889; *Rev. des soc.*, 1889, p. 509, 1890, p. 427; Lyon-Caen et Renault, *Dr. comm.*, t. II, n° 568, p. 411; Houpin, *Traité des soc.*, t. I, n° 414, p. 342.

(2) P. Pont, *Comment. des soc. civ. et comm.*, n° 1584; *Suppl. dict. not.*, v° *Soc. par act.*, n° 116; Houpin, *Traité des soc.*, t. II, n° 769, p. 4.

leurs actions, mais les créanciers de la société ne pourraient, même dans cette mesure, se faire payer directement par eux. Il est vrai, en cas de faillite, le syndic, agissant en leur nom, demandera aux actionnaires le complément de leur mise, et, même en dehors de ce cas, chaque créancier pourrait exiger de l'actionnaire en retard qu'il parfît ses versements. Mais c'est par application de l'article 1166 du Code civil, et il n'y a pas de différence entre l'actionnaire qui ne s'est pas exécuté complètement et un débiteur ordinaire de la société [1]. Les actionnaires ne sont que les éléments constitutifs de la société anonyme. C'est avec cette société seule que les tiers contractent et ils n'ont de droit que sur le fonds social. Les dispositions de la loi tendent à en assurer la conservation contre les mesures ou les actes contraires de la société.

Le capital social primitif comprend :

1° Les apports en nature des associés, évalués selon les formes prescrites par l'article 4 de la loi de 1867 ;

2° Le montant du capital en argent.

Ce capital est augmenté de tous les gains qui n'ont pas été distribués en dividendes, et diminué de toutes les

---

[1] C'est ce qui résulte de la nature de la Société anonyme. La question de l'action directe s'est surtout posée pour la commandite. Des auteurs refusent l'action directe aux créanciers. Mais un certain nombre la leur accordent : P. Pont, *Comment. des soc. civ. et comm.*, t. II, n° 1450 ; Vavasseur, *Traité des soc.*, n° 326 ; Lyon-Caen et Renault, *Dr. comm.*, t. II, n° 473, p. 337. C'est dans ce sens que la jurisprudence s'est prononcée. V. les arrêts cités par Lyon-Caen et Renault, p. 337, note 1. Les partisans de cette doctrine l'étendent aux Sociétés anonymes, Lyon-Caen et Renault, *Dr. comm.*, t. II. n° 559, p. 398. Mais cette application nous semble inexacte pour les raisons indiquées au texte.

pertes, quelle qu'en soit la cause, éprouvées par la société. C'est pour la prémunir, ainsi que les tiers, contre ces pertes, que la loi a imposé la formation d'un fonds de réserve.

Ce fonds est une partie des bénéfices mise de côté pour s'ajouter au fonds social, et servir ainsi à augmenter, avec le capital de la société, le gage général de ses créanciers [1]. L'importance et le mode de constitution en sont fixés par les statuts, mais tant qu'il n'a pas atteint le dixième du capital social, un vingtième au moins des bénéfices nets doit y être ajouté chaque année.

Nulle part la loi n'en a fixé l'emploi. Il est donc soumis aux mêmes règles que le capital primitif de la société, qui peut l'employer à ses opérations, s'en servir pour acquitter son passif, l'immobiliser dans un placement pour n'y puiser que dans les cas extraordinaires. Ce qui demeure uniquement défendu, c'est d'en faire distribution directe ou indirecte, totale ou partielle, aux associés [2]. Toute infraction aux prescriptions statutaires ou légales ferait encourir les sanctions relatives aux distributions de dividendes fictifs : responsabilité des administrateurs, répétition des sommes distribuées indûment.

Indépendamment du fonds de réserve légal, les statuts peuvent créer encore d'autres fonds à l'alimentation desquels il doit être pourvu, quand il y a lieu, avant toute distribution :

---

(1) Thaller, *Annales de dr. comm.*, 1895, p. 241 ; *Journal des soc.*, 1896, 42 ; Houpin, *Traité des soc.*, t. II, n° 926, p. 126.

(2) Thaller, *Annales de dr. comm.*, 1895, p. 250 et 252, 254 ; Houpin, *Traité des soc.*, t. I, n° 929, p. 128.

1° Un fonds de réserve facultatif destiné à égaliser les dividendes par une contribution des bonnes années au profit des années médiocres [1];

2° Un fonds d'amortissement permettant de rembourser les actionnaires de leur mise. La stipulation statutaire n'en pourrait pas être suppléée par un vote de l'assemblée, parce que ce vote priverait les actionnaires d'une partie des bénéfices à laquelle ils ont droit en totalité.

Chacun de ces fonds est aussi une garantie pour les tiers en augmentant le patrimoine social qui leur sert de gage. Mais la société peut en disposer plus librement que du fonds de réserve légal, puisqu'elle a le droit, dans la limite autorisée par les statuts, d'en faire attribution aux associés.

C'est par ces principes que doit être résolue une question fréquente dans la pratique : une société anonyme a-t-elle le droit de racheter ses propres actions? Cette opération a pour but de réduire le capital social, d'en opérer l'amortissement, ou même d'effectuer une spéculation sur les actions de la société, dont ces achats font hausser les cours. La légitimité et les conditions en varient selon les circonstances. Dans aucun cas elle ne doit avoir pour effet de diminuer le gage des créanciers sociaux. Tout dépend, en conséquence, du fonds avec lequel le rachat est effectué.

La société anonyme n'a pas le droit d'employer une

---

[1] Thaller, *Dr. comm.*, nos 590 et s.; Wahl, dans *Journal des soc.*, 1900, p. 299 et s.; Houpin, *Traité des soc.*, t. II, no 924, p. 132.

partie quelconque du capital social à racheter ses propres actions pour les anéantir [1]. Elle y aurait intérêt évident si les actions sont en baisse, puisqu'elle diminuerait ainsi à peu de frais le nombre des parts entre lesquelles les dividendes doivent être distribués. Mais l'opération reviendrait à restituer leur mise à un certain nombre d'actionnaires, et ne peut s'accomplir, en conséquence, que dans les conditions de fond et de forme exigées pour la réduction du capital social.

La même raison défend d'employer au rachat des actions le fonds de réserve prescrit par la loi ou par les statuts, puisque ce fonds n'est pas autre chose qu'une augmentation obligatoire du capital de la société anonyme, destiné à compenser par avance les dépréciations et les pertes éventuelles. Les tiers ont les mêmes droits à sa conservation qu'à celle du fonds social primitif. Dans la mesure du minimum légal ou statutaire, cette prohibition a la même sanction que la précédente.

Le rachat des actions avec le capital social ou le fonds de réserve n'étant illicite que parce qu'il diminue ce capital ou supprime ce fonds, il devient inattaquable et les sanctions cessent de s'appliquer chaque fois que ce capital ou ce fonds sont reconstitués [2]. En conséquence :

---

(1) Houpin, *Tr. des soc.*, t. I, n° 683, p. 562; cf. t. II, n° 860, p. 60.

(2) Presque toutes les législations étrangères défendent également aux sociétés, sous des sanctions variées, d'acheter leurs propres actions ou de les recevoir en gage. Loi *belge* du 18 mai 1873, modifiée par la loi du 22 mai 1886, art. 134; *C. suisse des obligations*, art. 628; *C. allemand* de 1861, art. 215; *C. hongrois*, art. 161; *C. italien*, art. 144; *C. roumain*, art. 146; *C. espagnol*, art. 166; *C. portugais*, art. 169, § 2. Ces lois admettent le rachat lorsqu'il est effectué avec les bénéfices et dans la forme établie pour la réduction du capital social.

a) La société se trouve, après coup, avoir valablement racheté ses actions lorsqu'elle les a revendues un prix égal ou supérieur. Dans ce cas, en effet, la seconde opération a compensé le résultat de la première [1];

b) Le vice du rachat est également couvert si les actions rachetées ont été données en paiement à des créanciers sociaux. Si l'actif brut a été diminué, l'actif net est resté le même, puisque le passif social est diminué de la même quantité que l'actif, et la société a fait un emploi très régulier de son capital [2];

c) Une société peut prêter sur ses propres actions, comme sur tout autre gage licite en général. On objecte que si le prêt ne lui est pas remboursé, elle se fera attribuer le gage par justice, et que l'opération revient alors à un rachat. Mais le résultat reproché a pour cause l'insolvabilité du débiteur, et non la volonté de la société. Quand l'opération est sérieuse, la société ne conservant pas les actions ainsi acquises, ce cas rentre exactement dans les précédents;

d) La même raison autorise une société à faire sur ses actions des opérations de report, de quelque manière qu'on les envisage. Si l'on y voit un prêt sur gage, il n'y a pas lieu de le prohiber particulièrement; si c'est un achat, comme, par définition même du report, il est immédiatement suivi d'une revente à terme, l'opération se trouve aussitôt régularisée.

(1) Cass., 11 déc. 1866, D. 67. 3. 499; S. 68. 1. 119; *J. Pal.*, 68, 279; Cass., 18 févr. 1868, S. 68. 1. 241 , *J. Pal.*, 68. 609; Lyon-Caen et Renault, *Dr. comm.*, t. II, n° 881 *bis*, p. 767.

(2) Paris, 15 mai 1898, *Le Droit*, n° du 16 juill. 1898; Lyon-Caen et Renault, *Dr. comm.*, t. II, n° 881 *bis*, p. 767.

La défense faite à une société de racheter ses propres actions avec son capital ou son fonds de réserve légal n'a qu'une sanction civile [1], car cet acte ne tombe sous aucune disposition de la loi pénale, ni du Code de 1810, ni de la loi de 1867. Cette sanction est double :

1° La responsabilité pécuniaire des administrateurs, conformément aux principes de la loi de 1867 ;

2° La nullité de l'opération, puisqu'un acte prohibé ne saurait être valable [2]. Étant donné le but de la disposition, destinée seulement à protéger les tiers, cette nullité ne doit pas être déclarée absolue [3]. Mais l'application de la nullité relative comporte ici des restrictions. La nullité ne peut être invoquée que par les personnes protégées ; le vendeur ne peut l'opposer dans aucun cas à l'acheteur, c'est-à-dire à la société, mais la société peut l'opposer au vendeur, tout au moins de mauvaise foi, c'est-à-dire informé qu'il vendait à la société. La juriprudence est divisée lorsque le vendeur était de bonne foi [4], circonstance presque toujours

---

(1) Voir l'examen de la question dans : Lyon-Caen et Renault, *Dr. comm.*, t. II, n° 880, p. 764, n° 2.

(2) Cass., 11 févr. 1868, S. 68. 3. 241 ; *J. Pal.*, 68. 609 ; 14 déc. 1869, S. 70. 1. 165 ; *J. Pal.*, 70. 887 ; Paris, 2 juin 1876, S. 79. 2. 33 ; *J. Pal.*, 79. 198, et note Labbé ; 4 févr. 1881 (note de Ch. Lyon-Caen), S. 82. 2 ; *J. Pal.*, 82. 678 ; 13 nov. 1880, S. 82. 2 ; *J. Pal.*, 82. 906 ; Orléans, 5 août 1882, D. 84. 2. 31 ; Paris, 19 févr. 1885, D. 85. 2. 181 ; Toulouse, 14 juin 1887, *Revue des soc.*, 1888, p. 41 ; Deloison, *Traité des soc.*, p. 720 ; Boistel, *Droit comm.*, p. 177 ; P. Pont, *Comment. des soc. civ. et comm.*, t. II, n° 1444 ; Beudant, *Revue crit. de législ.*, t. XXXVI, p. 122 ; Lyon-Caen et Renault, *Dr. comm.*, t. II, n° 880 ; Houpin, *Traité des soc.*, t. I, n° 683, p. 562 ; cf. n° 913.

(3) Cass., 3 janv. 1887, *Revue des soc.*, 1887, p. 525 ; Lyon-Caen et Renault, *Dr. comm.*, t. II, n° 880, p. 764 ; Houpin, *Traité des soc.*, t. I, n° 683, p. 562.

(4) Première opinion : la nullité n'est pas opposable au vendeur de bonne

réalisée, puisque l'entremise obligatoire de l'agent de change empêche les deux parties de se connaître. Il faut décider que cette bonne foi le couvre vis-à-vis de tout le monde : et de la société, qui ne peut lui opposer la faute des administrateurs, et des créanciers sociaux eux-mêmes, qui, sans doute, n'ont rien à se reprocher, mais dont la situation n'est pas alors plus intéressante que celle du vendeur. Quand la nullité est admise, la société restitue les actions achetées par elle irrégulièrement, et le vendeur le prix qu'il a reçu. Il y a préjudice pour lui, outre la difficulté possible de cette restitution, lorsqu'il ne peut revendre les mêmes actions au même prix à d'autres acheteurs. L'action en responsabilité ouverte contre les administrateurs lui permet, du moins en droit, d'obtenir une indemnité.

Au contraire du rachat accompli sur les fonds réservés, celui qu'une société anonyme fait de ses actions avec ses bénéfices ne tombe pas sous le coup des restrictions précédentes [1]. Cet acte peut être défendu par les statuts. Il n'est point prohibé par la loi. Il ne diminue pas, en effet, la sûreté des créanciers dont la garantie légale demeure intacte. S'il donne lieu parfois à des spéculations fâcheuses, elles

---

foi : Paris (3ᵉ ch.), 4 févr. 1881, D. 82. 2. 324; *J. Pal.*, 82. 679; (7ᵉ ch.); 4 janv. 1887, *Revue des soc.*, 1887, p. 125. Deuxième opinion : la bonne foi du vendeur ne le couvre pas contre la nullité : Caen, 11 mai 1880, S. 82. 2. 124: *J. Pal.*, 82. 678; Paris (4ᵉ ch.), 5 mars 1887, *Revue des soc.*, 1887, p. 300; Lyon-Caen et Renault, *Dr. comm.*, t. II, nº 881 *bis*, p. 766.

(1) Cass., 14 déc. 1869, D. 70. 1. 179; Bourges, 26 déc. 1860, D. 72. 2. 222; Lyon-Caen et Renault, *Dr. comm.*, t. II, nº 689. p. 548; Houpin, *Traité des soc.*, t. II, nº 935, p. 133.

demeurent cependant licites dans le silence de la loi. La société anonyme est libre, en conséquence, de donner aux actions rachetées la destination qui lui convient :

1° Elle peut les anéantir [1]. Dans ce cas, le rachat n'est qu'une forme particulière de l'amortissement, plus avantageuse pour la société que le remboursement, quand les actions sont au-dessous du pair;

2° Elle a le droit de les remettre en circulation. Si c'est avec cette intention que la société les a rachetées, elle spécule sur la plus-value ou cherche à la provoquer. Ces opérations peuvent constituer une contravention aux statuts. Elles ne sont pas en désaccord avec la loi.

L'amortissement, pratiqué au moyen du remboursement anticipé des actions, n'est point une diminution illicite du capital social, et, par suite, une atteinte aux droits des tiers. C'est, en effet, exclusivement avec les bénéfices qu'il doit être effectué. Normalement, à la dissolution de la société, une fois tout le passif remboursé, les associés se partagent ce qui reste du fonds social. Mais comme la réalisation d'un capital fixe, tel que machines, maisons, voitures, matériel, etc., plus ou moins détériorés par l'usage, ne se ferait le plus souvent qu'à perte, les actionnaires courraient alors le ris-

---

(1) Cet anéantissement opère amortissement du capital social pour la valeur nominale des actions rachetées. L'inconvénient du procédé est que ces actions cessent de pouvoir être représentées dans les assemblées d'actionnaires, ce qui rend la majorité de capital plus difficile à atteindre : Houpin, *Traité des soc.*, t. II, n° 935, p. 133.

que de ne pas rentrer complètement dans leur mise de fonds. Il est paré à ce danger par le remboursement anticipé et graduel des actions. Cette opération n'est point imposée par la loi. Elle a même besoin d'être stipulée dans les statuts, puisque c'est l'affectation à un objet spécial d'une partie des dividendes, qui, normalement, doivent être distribués en entier. Mais ses avantages la font prévoir et autoriser par la plupart des actes de société. Outre qu'il vaut mieux pour l'actionnaire toucher un moindre dividende, mais retrouver à la fin de l'entreprise son capital primitif, le remboursement le garantit contre les mauvaises chances qui menacent la société.

L'amortissement se fait de deux manières :

1° Le plus souvent, il consiste dans la restitution au propriétaire de l'action amortie de la valeur nominale de l'action ou du montant des versements accomplis. Les actions objet de cette mesure sont désignées chaque année par le tirage au sort. D'actions ordinaires elles deviennent actions de jouissance. Le chiffre du dividende est diminué de l'intérêt, et ce qui peut revenir à l'action au moment de la liquidation, du capital même de la somme remboursée.

2° Quand les actions sont au-dessous du pair, la société a plus d'avantage à les racheter au cours de la Bourse pour les annuler. Elle bénéficie de la différence en moins entre le prix d'émission et le prix de rachat. Ce procédé ne doit pas être confondu avec le rachat, irrégulier, auquel la société appliquerait, non plus ses bénéfices, mais le capital lui-même. L'emploi en est d'ailleurs nécessairement rare, puisqu'il suppose des bénéfices, c'est-à-dire une société prospère, et que, dans ce cas, le pair est presque toujours dépassé.

Aucune des restrictions apportées au commerce des actions ne s'applique à celui des obligations. En les rachetant ou en les remboursant, la société ne restitue pas à ses membres une portion de leur apport, c'est-à-dire du capital social annoncé aux tiers et sur lequel ceux-ci comptaient légitimement; elle éteint son passif. Elle peut donc affecter à cette opération, non seulement des sommes prises sur les bénéfices, mais encore ses capitaux disponibles et aussi le fonds de réserve [1]. D'ailleurs, les obligations d'une société n'étant pas exposées aux mêmes fluctuations que les actions, l'intérêt de l'opération est souvent moindre, et, par conséquent, l'intérêt pratique de la question restreint [2].

Il arrive parfois que, par erreur, la société continue à payer les dividendes ou intérêts du titre amorti, action ou obligation. Peut-elle alors déduire les sommes indûment payées du capital, et même, dans le cas où elles seraient

---

[1] Cf. Trib. civ. Seine, 21 nov. 1890, *Le Droit*, n° du 23 nov. 1890; Lyon-Caen et Renault, *Dr. comm.*, t. II, n° 888, p. 771; Houpin, *Traité des soc.*, t. I, n° 416, p. 347. Cette faculté est interdite dans quelques codes étrangers, par exemple le Code de commerce *portugais* (art. 198). Mais le projet de loi sur les sociétés ne la repousse pas.

[2] L'avantage d'un amortissement anticipé se présente particulièrement dans deux cas : 1° la société a des disponibles, dont l'extinction de son passif est l'emploi tout naturel; 2° l'amélioration de son crédit lui permet d'emprunter à un taux moindre, et elle en profite pour se libérer vis-à-vis de ses anciens créanciers.

supérieures, exercer une action en répétition de l'indû contre l'actionnaire ou l'obligataire? L'affirmative avait contre elle l'équité et la disposition, invocable par analogie, de l'art. 549 du Code civil sur l'acquisition des fruits par le possesseur de bonne foi. Elle avait cependant reçu la consécration de la jurisprudence [1]. Mais le nouvel article 70 ajouté à la loi de 1867 par celle de 1893 a décidé la négative. « Dans le cas, y est-il dit, où les sociétés ont continué à payer les intérêts ou dividendes des actions, obligations ou tous autres titres remboursables par suite d'un tirage au sort, elles ne peuvent répéter ces sommes lorsque le titre est présenté au remboursement ». Cette disposition n'a pas de caratère impératif; il peut donc être stipulé, soit dans le cahier des charges des emprunts, soit dans les statuts ou tout autre document, que les dividendes ou intérêts payés après l'époque du remboursement seront soumis à répétition [2]. Mais cette clause étant dérogatoire au droit commun devra être interprétée restrictivement.

§ 3. — *Cession d'actions.*

L'impersonnalité des parts d'associés dans la société anonyme a pour effet nécessaire de permettre à de nouveaux associés de se substituer aux anciens. La cessibilité des actions devient ainsi un principe essentiel. Mais ni les conditions ni les effets de la cession ne sauraient être les

(1) Lyon-Caen et Renault, *Dr. comm.*, t. II, n° 661, p. 500.
(2) Lyon-Caen et Renault, *Dr. comm.*, t. II, n° 661, p. 501.

mêmes dans tous les cas. A ce point de vue, la loi de 1867 a distingué plusieurs situations.

A. Tant que la société n'est pas constituée définitivement, il n'est admis que les modes de cession ordinaires, à l'exclusion de la négociation. C'est ce qui résulte tout à la fois du droit commun, d'après lequel cette cession est possible, et des termes mêmes de la loi, qui proscrit l'emploi des modes commerciaux, mais de ceux-là seulement. Cette disposition a pour but de laisser possibles, mais de rendre plus difficiles, pendant cette période, les opérations dont les titres des sociétés naissantes sont trop souvent l'objet. Elle s'applique indifféremment, quels que soient ces titres : actions de numéraire, actions d'apport, parts de fondateurs. La distinction à observer porte ainsi, non sur les titres, mais sur les actes auxquels ils donnent lieu.

1° Ces titres peuvent être, par anticipation, vendus au sens juridique de l'expression, c'est-à-dire promis contre de l'argent. C'est ce qu'on appelle une *vente à l'émission.* Elle est faite en général sous la condition suspensive que la société sera régulièrement constituée, et, par conséquent, n'a aucun effet quand cette condition fait défaut [1]. Il n'en résulte de part et d'autre qu'un droit de créance éventuel ayant pour objet, d'une part, le prix, d'autre part, les actions de la société en formation. Quant à la transmission de ces dernières, elle est naturellement différée

---

[1] Cass., 22 déc. 1885, S. 87. 1. 139; *J. Pal.,* 87. 1. 384; 24 nov. 1886, S. 87. 1. 72; *J. Pal.,* 87. 1. 152; 6 juill. 1887, S. 87. 1. 318; *J. Pal.,* 87, 729; Lyon-Caen et Renault, *Dr. comm.,* t. II, p. 599, n° 730; Houpin, *Traité des soc.,* t. I, n° 323, p. 269.

ou ne peut s'accomplir que selon le mode autorisé.

2° Ces actions peuvent être cédées dans les conditions du Code civil, c'est-à-dire selon les formes établies par l'article 1690 pour la cession des créances : signification de la cession au débiteur, représenté ici par la société, ou acceptation par ce même débiteur dans un acte authentique [1].

3° La propriété peut même en être transférée par les modes commerciaux, transferts, endossements, remise du titre même, quand cette translation a lieu gratuitement [2]. Ce que la loi veut prévenir spécialement avant la formation de la société, ce sont, en effet, les spéculations, et une donation ne saurait tomber sous le coup des mêmes mesures.

4° Est au contraire interdite, du moment qu'elle est faite à titre onéreux, la transmission de toute action opérée par les modes commerciaux du transfert, de l'endossement ou de la tradition si le titre est au porteur. Cette prohibition a une triple sanction :

a) La nullité même de la société, si les statuts eux-mêmes déclarent possible la transmission irrégulière. On peut y voir une incitation dangereuse, dont le plus simple moyen de prévenir l'effet est d'anéantir l'acte qui la contient (L. 1867, art. 7). Le fait réprimé est ici la clause elle-même. Existe-t-elle : la sanction est encourue, même en l'absence de toute négociation. N'existe-t-elle pas : ce n'est point

____

(1-2) Paris (4ᵉ ch.), 14 nov. 1888, *Rev. des soc.*, 1889, p. 74; P. Pont, *Comment. des soc. civ. et comm.*, t. II, n° 902; Vavasseur, *Traité des soc.*, n° 474; Lyon-Caen et Renault, *Dr. comm.*, t. II, n° 728, p. 598; Houpin, *Traité des soc.*, t. I, n° 322, p. 269.

une négociation à laquelle la société est demeurée étrangère qui peut faire appliquer cette sanction ;

b) Une amende de 500 à 10.000 francs est prononcée contre tous ceux qui ont participé à des négociations irrégulières (L. 1867, art. 14);

c) Toutes négociations prohibées faites avant la constitution de la société sont nulles [1]. Dans le silence de la loi cette nullité est l'application de ce principe général d'interprétation qu'à moins d'exception formelle un acte défendu n'est suceptible de produire aucun effet [2].

B. Après la constitution définitive de la société, les actions demeurent négociables. Mais la règle ne s'applique pas immédiatement et également à toutes. Il faut distinguer les actions d'apport des actions de numéraire.

1° Les actions d'apport ne sont négociables que deux ans après la constitution définitive de la société (L. 1867-1893, art. 3, 2° al.). Par cette disposition nouvelle, la loi

(1) La nullité est généralement admise : Beslay et Lauras, *Comment. du Code de comm.*, n°s 1235 et s.; Thaller, *Revuc crit. de législ. et de jurispr.*, 1883, p. 321; Vavasseur, *Traité des soc.*, t. I, n° 477; Houpin, *Traité des soc.*, t. I, n° 321, p. 268. Faute d'un texte formel, des auteurs repoussent cependant cette nullité : Lyon-Caen, dans le Recueil de *Sirey*, 82. 2. 25, et 84. 2. 49. Le même, dans le *Journal du Palais*, 81. 193, et 84. 316; Lyon-Caen et Renault, *Droit comm.*, t. II, n° 731, p. 600.

(2) Des précautions analogues à celles de la loi française sont également prises par les principales lois étrangères contre la négociation prématurée des actions. La loi *belge* n'admet aucune cession avant la constitution définitive de la société (art. 40). Le Code *italien* déclare nulle toute vente ou cession précédant la constitution légale (art. 137). Cette disposition est reproduite par le Code *roumain* (art. 139). Le Code *portugais* exige avant toutes négociations, outre la constitution définitive de la société, le versement effectif de 30 0/0, calculé sur la valeur nominale des actions.

de 1893 a voulu retarder le moment des spéculations à outrance pour des titres dont la valeur est encore incertaine. On ne distingue pas les actions mixtes des actions d'apport proprement dites. Pour assurer l'exécution de la prohibition, la loi édicte que ces actions ne seront pas détachées de la souche et qu'elles seront frappées d'un timbre spécial, constatant l'indisponibilité temporaire. Mais rien n'empêche de les mettre au porteur par anticipation, car le texte ne le défend pas et les précautions établies peuvent être considérées comme suffisantes. Par l'effet de cette disposition les actions d'apport restent soumises pendant deux ans encore au régime imposé à toutes les actions jusqu'à la constitution définitive. Il en résulte que la règle a la même portée et la même sanction que la précédente [1]. Ce qui est défendu, ce n'est pas toute aliénation, mais seulement celle qui se ferait par voie de négociation. L'infraction entraîne l'application des mêmes peines et la même nullité. Enfin, dans le cas où le transfert s'est opéré régulièrement, c'est-à-dire par accomplissement des formalités de l'article 1690, le cessionnaire est mis, à tous les points de vue, à la place du cédant [2].

---

(1) La défense d'aliéner n'entraîne pas celle de mettre en gage, car la société entre les mains de qui le titre doit demeurer sera réputée le retenir pour le compte du créancier gagiste : Trib. comm. Nantes, 23 avr. 1898; *La Loi*, n° du 25 nov. 1898; Lyon-Caen et Renault, *Dr. comm.*, t. II, n° 732 *bis*, p. 604; Houpin, *Traité des soc.*, t. I, n° 332, p. 574.

(2) Le droit aux dividendes est admis sans difficulté : Lyon-Caen et Renault, *Dr. comm.*, t. II, n° 732, p. 603 ; Bouvier-Bangillon, *La législ. nouv. sur les soc.*, p. 141 ; cf. Pont, *Traité des soc.*, t. II, n° 1007. Le cessionnaire a-t-il aussi le droit de vote aux assemblées générales? La question est discutée. Pour la reconnaissance de ce droit : Lyon-Caen et Renault, *Dr. comm.*, t. II, n° 732, p. 603. En sens contraire : *Journal des soc.*, 1895, p. 241 et s.; Hou-

Les motifs de la prohibition perdent leur valeur quand une société se fond dans une autre, ou quand deux sociétés s'unissent de manière à en former une troisième remplaçant les deux premières ; l'épreuve légale peut, en effet, être considérée comme accomplie. Cependant la loi de 1893 ne distinguait pas ce cas du cas ordinaire. Il a été excepté par les lois de 1902 et 1903. Si la société absorbée date de deux années au moins, la prohibition ne s'applique plus. Les actions qu'elle reçoit en retour de son capital, quoiqu'actions d'apport à l'égard de la société nouvelle, sont cependant immédiatement négociables. La loi de 1902 exigeait de chaque société ces deux années minimum d'existence. La loi de 1903, avec plus de raison, impose cette condition seulement à la société qui apporte son capital.

2° Une fois remplies toutes les formalités constitutives, les actions en numéraire sont immédiatement négociables. La négociation en est effectuée de trois manières :

a) L'endossement, quand les actions sont à ordre [1];

b) Le transfert, quand elles sont nominatives [2];

c) La remise de la main à la main, ou tradition [3], lorsqu'elles sont au porteur [4].

---

pin. *Traité des soc.*, t. I, n° 331 ; Faure, *La nouv. loi sur les soc. par actions*, p. 64.

(1) Boistel, *Droit comm.*, p. 746 ; Ruben de Couder, *Dict. de dr. comm.*, v° *Soc. anon.*, n° 114 ; Minard, n°s 142 et s. ; P. Pont, *Comm. des soc. civ. et comm.*, n° 911 ; Lyon-Caen et Renault, *Dr. comm.*, II, n° 597 ; Alauzet, *Comm. sur les soc. civ. et comm.*, n° 590 ; Bédarride, *Comm. de la loi de 1867*, n° 51 ; Houpin, *Traité des soc.*, I, n° 299, p. 245, et n° 340, p. 278.

(2) Loi du 24 juill. 1867, art. 21 ; Houpin, *Traité des soc.*, t. I, n° 341, p. 278.

(3) Houpin, *op. cit.*, t. I, n° 339, p. 277.

(4) Le dépôt contre récépissé de ces titres dans un établissement financier

Mais cette dernière forme [1] ne peut être donnée aux actions qu'à certaines conditions, parce qu'elle rend le plus souvent impossibles, en fait, les poursuites ou les recours contre les propriétaires successifs, quand il est fait un appel de fonds. Aussi ces conditions sont-elles en rapport étroit avec les responsabilités édictées. Depuis la liberté, d'abord restreinte, puis complète, de l'anonymat, trois systèmes ont été successivement suivis : celui de 1863, celui de 1867 et celui de 1893. L'étude n'en présente pas un simple intérêt historique, parce que le système de 1867 est toujours applicable aux sociétés anonymes, de beaucoup encore les plus nombreuses, fondées avant la loi de 1893.

La loi de 1863 sur les sociétés à responsabilité limitée, dont l'article 3 reproduisait l'article 3 de la loi de 1856 sur la commandite par actions, déclarait responsables les souscripteurs primitifs, bien que dessaisis de leurs actions. Les actions ne pouvaient être mises au porteur qu'après leur entière libération [2]. Ce système avait l'avantage de faire une réalité du capital social indiqué dans les statuts. Il présentait l'inconvénient de détourner les souscripteurs sérieux, par la longue responsabilité qui pesait sur eux.

La loi de 1867 a essayé de laisser subsister l'avantage

n'en change pas le caractère. Houpin, *Traité des soc.*, t. I, n° 300, p. 245. Note de Naquet dans Sirey, 90. 2. 17; Cass., 24 juin 1891, S. 91. 1. 333; Paris, 11 juill. 1892, D. 93. 2. 108; 21 juin 1893, D. 93. 2. 470; Voir toutefois, Aix, 13 nov. 1889, S. 90. 2. 17.

(1) Étant donné, à défaut du motif, du moins le texte de la loi de 1867, on pourrait admettre qu'il en est de même de la forme à ordre; mais la rareté des actions endossables enlève à la question tout intérêt pratique.

(2) L. 23 mai 1863, art. 3, al. 4.

tout en supprimant l'inconvénient. Son système, tel qu'il se déduit d'un texte très obscur [1] des antécédents et des travaux préparatoires, peut se résumer en deux propositions tempérées par une large exception :

1° Les souscripteurs primitifs, les possesseurs intermédiaires et les porteurs actuels sont tenus solidairement [2], sauf recours des deux premières catégories, du versement intégral de l'action. C'est le système de 1863 avec l'obligation, en plus, des possesseurs intermédiaires.

2° Les actions ne peuvent être mises au porteur qu'après leur entière libération.

Exceptionnellement, les obligations des personnes tenues prennent fin par une courte prescription de deux ans à partir de la délibération prise par l'assemblée générale, et les actions peuvent être mises au porteur avant leur entière libération, quand les trois conditions suivantes sont réunies :

a) Une clause formelle des statuts permet la conversion ;

b) Toutes les actions ont été libérées de moitié ;

c) La conversion est autorisée par une délibération de l'assemblée générale.

---

(1) L. 21 juill. 1867, art. 3. « Il peut être stipulé, mais seulement par les statuts constitutifs de la société, que les actions ou coupons d'actions pourront, après avoir été libérés de moitié, être convertis en actions au porteur par délibération de l'assemblée générale. Soit que les actions restent nominatives après cette délibération, soit qu'elles aient été converties en actions au porteur, les souscripteurs primitifs qui ont aliéné les actions et ceux auxquels ils les ont cédées avant le versement de moitié restent tenus au paiement du montant de leurs actions pendant un délai de deux ans à partir de la délibération de l'assemblée générale ». Houpin, *Traité des soc.*, t. I, n°s 317 et s., p. 258 et s.

(2) Houpin, *Traité des soc.*, t. I, n°s 317 et s., p. 258 et s.

La clause des statuts est destinée à avertir les tiers qu'une partie du capital social risque de devenir d'un recouvrement incertain.

Le versement de moitié assure qu'une fraction de ce capital, tout au moins, existe réellement.

La délibération de l'assemblée générale est nécessaire pour que la mise au porteur avant le versement intégral ne puisse s'accomplir qu'autant que l'état de la société le comporte.

A partir de ce moment, l'obligation trentenaire cesse, en principe, pour chacune des personnes antérieurement débitrices.

1° Les souscripteurs primitifs, les possesseurs intermédiaires, les porteurs à qui appartenaient les actions au moment de la délibération ne sont plus tenus personnellement que pendant deux années, à compter de cette délibération ;

2° Les acquéreurs postérieurs à la délibération ne le sont plus du tout s'ils ont aliéné leur titre quand est demandé le versement complémentaire.

3° Mais d'après une jurisprudence que justifient les termes de la loi, les actionnaires à qui l'action appartient au moment d'un appel de fonds, ne l'eussent-ils acquise que depuis la délibération de l'assemblée générale, demeurent personnellement obligés pendant trente ans.

Il ne reste plus tenu pour une durée indéfinie, en dehors de ce dernier cas, que le titre lui-même. Si le prix du duplicata vendu en Bourse est inférieur au montant du versement à faire, la différence en moins est perdue pour la société.

Ces règles reçoivent leur application, qu'il ait été fait ou non usage de la faculté de faire mettre le titre au porteur.

Ce système était compliqué et insuffisant. En fait, toutes les sociétés usaient du bénéfice exceptionnel de l'article 3, et, à raison de la mise au porteur prématurée, la seconde moitié des versements était très difficilement recouvrée. La loi de 1893 a cherché à faire disparaître la complication en érigeant l'exception en règle, et l'insuffisance en amendant cette règle :

1° Les souscripteurs primitifs, les cessionnaires intermédiaires et les titulaires actuels sont tenus solidairement ;

2° Toutefois, l'obligation des souscripteurs et des cessionnaires intermédiaires prend fin au bout de deux ans à partir de la cession ;

3° Les actions restent nominatives jusqu'à leur entière libération.

En résumé, dans l'un comme dans l'autre système, l'obligation se transmet avec le titre, sans que les possesseurs antérieurs soient complètement dégagés :

a) Le possesseur actuel demeure tenu aux termes du droit commun (d'après la jurisprudence, dans le système de 1867), d'après la loi elle-même, dans celui de 1893 ;

b) Les souscripteurs primitifs et les possesseurs intermédiaires sont libérés à l'expiration des deux années.

Il y a donc intérêt à distinguer si une société est antérieure ou non à 1893, à deux points de vue principaux :

1° Le point de départ de la prescription de deux ans. C'est la délibération de l'assemblée dans le système de 1867, l'aliénation du titre, dans le système de 1893.

2° La situation particulière du possesseur qui avait

acquis le titre après la délibération prévue par la loi de 1867, et qui s'en était dessaisi avant l'appel de fonds. Il n'était point tenu dans le système de 1867. Nul possesseur intermédiaire n'est libéré avant deux ans depuis l'aliénation, dans le système de 1893 [1].

La pluralité de débiteurs et l'obligation pour le possesseur actuel de supporter finalement la charge des versements donne lieu à la question du recours. En principe, celui qui paye a une action contre chacun des acquéreurs postérieurs ou contre le possesseur actuel [2-3]. Mais, à l'exception de ce dernier, le co-débiteur soumis au recours en exerce à son tour un semblable. Toutefois, les co-débiteurs auxquels la loi de 1867 ou celle de 1893

[1] Le même mouvement de législation qui s'est accompli en France, de 1867 à 1893, se retrouve dans l'ensemble des législations étrangères. Presque partout les actions doivent rester nominatives jusqu'à leur complète libération : C. de comm. *allemand*, art. 184 et 219; *C. italien* de 1882, art. 166; *C. roumain*, art. 198; *C. des Pays-Bas* de 1838, art. 41 et 42; *C. portugais*, art. 166, § 1; Loi *belge* de 1873, art. 40, 2ᵉ al.; Loi *anglaise* de 1867 (30-31 Victoria, chap. 131, art. 27). Les autres législations, tout en admettant le même principe, permettent aux statuts ou à l'assemblée générale de l'écarter en stipulant la mise au porteur avant la libération intégrale. Elles diffèrent par le chiffre du versement exigé avant l'opération. Il est de 25 0/0 dans le Code *autrichien* (art. 223); 50 0/0 dans le Code *espagnol* (art. 164). Le Code fédéral *suisse* des obligations admet les actions au porteur après libération de 50 0/0. En *Hongrie*, les souscripteurs primitifs ne sont obligés que [jusqu'à concurrence de 50 0/0. Les personnes tenues d'acquitter les versements et l'ordre dans lequel cette obligation leur incombe s ont très variés.

[2] Houpin, *Traité des soc.*, t. I, nᵒ 320, p. 265, avec les auteurs et les arrêts cités.

[3] Il est toutefois un cas où le recours aurait lieu, non des anciens possesseurs au possesseur actuel, mais, au contraire, de ce possesseur actuel aux possesseurs anciens. C'est lorsqu'un titre, incomplètement libéré, aurait été, par erreur, acheté et payé comme libéré intégralement.

accordent la prescription spéciale de deux ans peuvent l'invoquer aussi bien contre l'action en recours que contre l'action directe de la société. Dans ce cas, l'auteur du versement n'a de recours que contre le possesseur actuel. D'autre part, chaque fois que l'application de la loi de 1867 a permis la mise au porteur avant l'entière libération, un obstacle au recours peut venir de l'ignorance où il se trouve des cessionnaires successifs. Pour éviter une interprétation contradictoire des dispositions légales, et contrairement à certaines décisions judiciaires, il faut admettre que le possesseur de l'action en recours peut demander à son cessionnaire immédiat le nom de ses ayants cause, et à l'agent de change, celui de sa contrepartie, car il serait illogique, ici encore, d'exiger l'observation du secret professionnel.

Les questions résolues pour les actions ne reçoivent pas la même solution pour les obligations, parce que, dans le silence des textes, elles doivent être tranchées par application du droit commun et non par des règles spéciales [1]. De la faculté pour chacun, obligataire comme actionnaire de la société anonyme, de se substituer qui bon leur semble, résultent les conséquences suivantes :

1° Le possesseur actuel de l'obligation est seul tenu aux versements, de même qu'il a seul droit aux intérêts, parce que la cession a pour effet de transporter au cessionnaire les charges aussi bien que les droits ;

2° Cette règle est indépendante de la forme de l'obliga-

(1) Houpin, *Traité des soc.*, t. I, n° 414, p. 342 et s.

tion, que cette obligation soit nominative ou au porteur ;

3° Les obligations peuvent être mises au porteur dès l'origine ;

4° Toutes dispositions contraires sont susceptibles d'être insérées dans les statuts.

De quelque manière qu'elle soit effectuée, la transmission doit avoir pour objet l'action ou l'obligation tout entière [1]. C'est l'application du principe de l'indivisibilité. Cette modalité des actions et des obligations n'est inscrite nulle part dans la loi, mais elle est amenée par la nature même des choses et a été consacrée par la coutume. A la différence des autres droits personnels, actifs ou passifs, ces droits ne se répartissent point entre les co-acheteurs ou les différents héritiers d'un même défunt [2].

L'indivisibilité n'empêche pas la division des actions en un certain nombre de coupures. Cette opération est utile quand les titres, comme ceux de certaines sociétés minières ou de plusieurs compagnies d'assurances, ont atteint un prix très élevé qui en rend l'aliénation difficile par l'étendue restreinte du marché. Mais c'est la société elle-même qui seule y procède. Pour une action ancienne, elle remet trois, quatre, cinq coupures nouvelles aux actionnaires. Chacune de ces coupures est, à son tour, considérée comme une action entière et, en conséquence, devient elle-même indivisible.

(1) Houpin, *Traité des soc.*, t. I, n° 349, p. 286.
(2) Amiens, 1er avr. 1896, *Journal des soc.*, 1899, p. 61 ; Seine, 7 oct. 1899, *Journal des soc.*, 1900, p. 130.

L'indivisibilité ne fait pas non plus obstacle à la co-propriété des différents héritiers, ou des acheteurs en commun, d'un même actionnaire ou d'un même obligataire. Aucun d'eux ne peut exiger un titre distinct représentatif de sa part, ni se faire payer individuellement sa portion de dividende. Si le titre n'est pas encore complètement libéré, les paiements séparés que chacun prétendrait faire pour son compte seraient des paiements partiels, et la société aurait le droit de les refuser. A eux tous, ils ne forment qu'un seul actionnaire ou un seul obligataire, et doivent s'entendre pour l'exercice des droits ou l'exécution des charges qui leur appartiennent en cette qualité.

Aucune de ces règles ne cesse d'avoir son application même si la société vient plus tard à être déclarée nulle [1]. La loi défend sans doute la négociation anticipée des actions d'une société qui n'est pas encore complètement constituée, mais elle n'annule pas après coup l'aliénation et l'acquisition des titres d'une société dont la nullité est postérieurement reconnue. Dans le premier cas, les titres portent eux-mêmes le signe de leur irrégularité. Dans le second, rien n'avertit les tiers du vice qui affecte la société. Assimiler l'un à l'autre serait aussi contraire aux intérêts pratiques qu'aux principes généraux.

Si des actions ou des obligations antérieurement créées sont mises en vente par une offre adressée au public, leur introduction sur le marché est assujettie aux condi-

____

[1] Houpin, *Traité des soc.*, t. 1, n° 324, p. 269.

tions de publicité auxquelles la loi du **31** janvier 1907 soumet l'émission de titres nouveaux.

Les titres des actions et des obligations peuvent sortir des mains de leurs possesseurs, non plus régulièrement par une aliénation, mais par suite d'une perte ou d'un vol. Pendant longtemps, l'actionnaire ou l'obligataire dépouillés n'avaient d'autre ressource que l'application du droit commun. Ce droit garantissait suffisamment le propriétaire d'un titre nominatif, parce que le possesseur irrégulier du certificat ne pouvait en tirer parti que par le moyen difficile et périlleux d'un faux. Mais, par l'application des articles **2279** et **2280** du Code civil, le propriétaire d'un titre au porteur demeurait sans recours pratique si l'inventeur ou le voleur l'avait fait vendre en Bourse à un acheteur nécessairement de bonne foi[1]. C'est pour remédier à cette situation qu'ont été faites les deux lois des 15 juillet 1872 et 8 février 1902.

La loi de 1872, modifiée par celle de 1902, vise le cas de perte ou de vol. Il ne serait pas besoin d'y recourir dans celui de destruction, mais l'impossibilité pratique d'établir la preuve de ce dernier fait, dans la plupart des cas, oblige à l'assimiler aux précédents. La loi règle la situation du propriétaire dépossédé, du possesseur de bonne foi et enfin de la société. Deux hypothèses doivent être distinguées, selon que le titre perdu ou volé est au nominatif ou au porteur.

______

(1) Sur la loi de 1872, V. Houpin, *Traité des soc.*, t. I, nᵒˢ 350 et s., p. 287 et s.

1ʳᵉ Hypothèse : le titre était au nominatif. Il n'est besoin d'apporter aucune dérogation au droit commun. Vis-à-vis de la société, tant qu'il n'a pas été opéré un transfert régulier, le seul propriétaire du titre est celui dont le nom est inscrit sur les registres. S'il a perdu ou s'est laissé voler son certificat, il lui suffit, pour conserver ses droits, de faire opposition au siège social. Cet acte empêchera le tiers entre les mains duquel le titre aurait pu tomber de se faire payer les intérêts ou les dividendes, à plus forte raison le capital, si celui-ci était appelé à remboursement. En cas de conflit entre le propriétaire dépossédé et le possesseur de fait, les tribunaux décident. Aucun obstacle n'est apporté à la délivrance d'un duplicata si le propriétaire légitime le réclame.

2ᵉ Hypothèse : le titre était au porteur. C'est à cette hypothèse que s'appliquent particulièrement les lois de 1872 et de 1902. Les difficultés tiennent à l'incertitude que cette forme laisse subsister sur le propriétaire légitime, quand le titre a passé indûment des mains de l'un à celles de l'autre. C'est pour les résoudre qu'il a été nécessaire d'introduire d'importantes dérogations au droit commun.

Le premier acte à accomplir par le propriétaire dépossédé est une double opposition adressée par huissier au syndicat des agents de change de Paris, et à l'établissement débiteur des intérêts ou des dividendes, c'est-à-dire à la société. Il y a un lien obligatoire entre ces deux opérations. La première est celle qui s'adresse au syndicat. L'acte d'opposition doit indiquer au moins le nom, la nature, la valeur nominale, le numéro et, s'il y a lieu, la série des titres, enfin, autant que possible, les circonstances de l'acquisition et de la dépossession. Il contient réquisition, sous la condition d'en acquitter les frais, de publier en la forme légale les numéros de ces titres (art. 2). Puis, semblable notification est faite à la société débitrice, avec preuve à l'appui, sous peine de nullité, que les frais de la première ont été acquittés. Cette notification comporte opposition provisoire au paiement tant du capital que des dividendes ou intérêts échus ou à échoir.

Chacune de ces deux oppositions produit un effet particulier.

Le syndicat des agents de change est tenu de publier les numéros des titres dont la perte ou le vol lui est notifié. Cette publication a pour but d'en prévenir la négociation ou la transmission. Elle doit être faite, le surlendemain au plus tard, par les soins et sous la responsabilité du syndicat des agents de change de Paris. Il est établi à cet effet un bulletin quotidien dont les formes et les conditions sont fixées par le règlement d'administration publique, du 10 avril 1873, rendu en exécution de la loi du 5 juillet 1872 (art. 11).

La société doit surseoir jusqu'à nouvel ordre à tout paiement de dividendes ou d'intérêts, ainsi qu'à tout remboursement du capital qui pourraient lui être demandés (art. 2).

Des règles spéciales, selon qu'il n'y a pas ou qu'il y a contradiction à l'opposition, assurent au propriétaire, malgré sa dépossession, l'exercice de ses droits, ou règlent le conflit entre lui et son adversaire.

A. Quand il ne se présente aucun contradicteur, la loi en infère que le titre perdu a été détruit, et règle seulement la manière dont le propriétaire devra se faire remettre dans sa situation primitive par la société. Comme une contradiction demeure toujours possible, des précautions sont prises pour qu'elle puisse encore se faire utilement. Ces précautions varient selon la nature des droits que l'opposant fait valoir :

1° Le paiement des dividendes ou intérêts peut être poursuivi au moyen d'une intervention judiciaire. Un délai d'un an, si, dans l'intervalle, il a été fait au moins deux distributions, et de trois ans, à défaut de cette condition, est imposé au propriétaire dépossédé, à partir de l'opposition. L'autorisation est demandée au président du tribunal civil ou, sur appel en cas de refus, au tribunal lui-même (art. 3 et 7). Avant tout encaissement, l'opposant autorisé doit fournir caution de restituer s'il se présente un contradicteur légitime. A défaut de cette condition, les sommes distribuées, au lieu de lui être remises, sont consignées à la Caisse des dépôts et consignations. Deux ans après l'autorisation, s'il a continué à ne se présenter aucun contradicteur, cette précaution cesse d'être maintenue ; la caution est déchargée de plein droit ; les sommes consignées peuvent être retirées.

2° Le remboursement du capital amorti est poursuivi selon la même procédure, mais le délai de précaution est prolongé. La caution n'est déchargée ou les sommes consignées ne demeurent exigibles que cinq ans à partir de l'autorisation, et dix ans après l'exigibilité du capital (art. 5).

3° La délivrance d'un duplicata, qui permet seul au propriétaire dépossédé de négocier son titre, est possible à des conditions analogues, mais plus sévères :

a) Dix ans se sont écoulés depuis l'autorisation accordée par le Président du Tribunal. Il n'est tenu compte que des années où il a été distribué des dividendes ou des intérêts. Les autres prolongent d'autant le délai [1].

b) Le numéro du titre n'a pas cessé d'être publié dans le *Bulletin des oppositions*. L'opposant garantit par une caution qu'il continuera à l'être pendant dix autres années encore ou pendant le nombre d'années que représente la feuille de coupons attachée au titre, s'il est supérieur à dix ans.

Le duplicata porte le même numéro que le titre originaire. Une mention indique que c'est un double; il produit les effets du titre primitif.

Tout paiement ou toute délivrance de duplicata faits régulièrement à l'opposant libère la société. Le contradicteur qui se présenterait aurait seulement action contre l'opposant, ou, si le délai de précaution n'est pas expiré, contre la caution fournie ou sur les sommes consignées.

B. Un contradicteur à l'opposition se présentera légitimement dans différentes circonstances. Ce peut être un acquéreur antérieur dont le droit est ignoré de l'opposant. Tel est le cas lorsque les héritiers de l'aliénateur, ne retrouvant pas les titres dans la succession et croyant à un détournement, font à tout hasard opposition. Ce peut être aussi, dans le cas de perte ou de vol, un acquéreur de

---

[1] V. Houpin, *Traité des soc.*, t. I, n° 356, p. 290.

bonne foi, c'est-à-dire ignorant la provenance du titre perdu ou volé. La loi a fixé avec précision le moment avant lequel l'acquisition doit être faite pour justifier la contradiction. C'est celui où aura été opérée sur les livres des agents de change l'inscription des titres, désignés par leur numéro et vendus pour compte du donneur d'ordre et livrés par lui. Antérieure à l'opposition, cette inscription la rend nulle ; postérieure, elle lui laisse tous ses effets. Mais dans le permier cas, si la publication survient avant la livraison à l'acquéreur ou à son agent de change, l'opposant peut réclamer les titres contre remboursement, par application de l'art. 2280 de Code civil (art. 13).

L'opposition peut tomber, soit de plein droit, soit à la suite d'une action en mainlevée.

Elle tombe de plein droit après un an de publication quand elle n'est pas renouvelée par le paiement anticipé d'une seconde année de publication. Dans ce cas, la publication cesse d'avoir lieu un mois après, le syndicat des agents de change en avise la société, et cette notification la décharge immédiatement des effets de l'opposition (art. 11).

L'acquéreur d'un titre frappé d'opposition peut en poursuivre judiciairement la mainlevée. Cette mainlevée est prononcée en principe par le tribunal civil, mais elle peut l'être plus tôt par le juge des référés. A cet effet le porteur somme l'opposant d'avoir à introduire dans le mois une demande en revendication, et, par le même acte, l'assigne, au plus tôt dans le mois, à l'audience des référés, devant le président du tribunal (art. 57).

Le juge des référés, devant lequel l'opposant se trouve

ainsi obligé de comparaître tout d'abord, prononce la mainlevée de l'opposition dans trois cas :

a) L'opposant ne justifie pas avoir introduit à ce jour sa demande en revendication ;

b) Le porteur actuel établit par actes probants, tels qu'un bordereau d'agent de change, que son acquisition est antérieure à la publication de l'opposition ;

c) L'opposant, à l'appui de sa revendication, n'allègue aucun fait et ne produit aucune pièce de nature à en rendre vraisemblable le bien-fondé (art. 18).

En dehors de ces trois cas, c'est le tribunal civil qui prononce.

L'ordonnance de référé ou le jugement du tribunal, quand ils accordent la mainlevée, sont signifiés à la société et au syndicat des agents de change. A partir de ce moment l'opposition doit être considérée comme non avenue (art. 18).

L'application de ces règles est simplifiée lorsque la perte ou le vol ont pour objet, non le titre lui-même, mais les coupons d'intérêts ou de dividendes. Il n'est alors fait d'opposition qu'à la société. Aucune insertion n'a lieu dans le *Bulletin quotidien* (1).

Si le titre volé ou perdu a été vendu ailleurs qu'en France la loi de 1872, logiquement, ne devrait pas recevoir d'application. Cette solution est, en effet, la seule conforme à la règle *locus regit actum*. Elle se justifie encore par l'im-

____

(1.) Lyon-Caen et Renault, *Droit comm.*, t. II, n° 641 ; Houpin, *Traité des soc.*, t. I, n° 358, p. 290.

possibilité pour l'acquéreur de connaître à temps l'opposition. Mais elle aurait l'inconvénient de rendre vaine, le plus souvent, la loi de 1872, parce que celui qui voudra négocier un titre perdu ou volé le portera alors naturellement sur une place étrangère. Aussi la jurisprudence étend-elle à ce cas l'application de la loi de 1872. Mais cette solution présente elle-même l'inconvénient d'amener une dépréciation des titres français sur les autres marchés.

CHAPITRE V

MODIFICATIONS DE LA SOCIÉTÉ ANONYME

La société anonyme, comme les autres sociétés, avant
d'atteindre son terme est susceptible de transformations :
augmentation ou diminution du capital, changement dans
l'organisation ou le fonctionnement, dissolution prématurée. Mais quel que soit cet objet, la modification se ramène
à une révision des statuts. Chaque catégorie de cas se
trouve ainsi soumise à des règles générales, indépendamment des règles particulières à chacun d'eux.

Toute modification aux statuts est subordonnée à quatre
conditions générales :

1° La société a le pouvoir de l'opérer ;

2° Ce pouvoir est exercé par une assemblée extraordinaire d'actionnaires ;

3° Publicité est faite de la modification ;

4° Aucune lésion n'est causée aux droits des tiers.

Pour la vérification de la *première condition*, trois cas
doivent être distingués :

Premier cas. Tous les actionnaires, sans exception, acceptent le changement. Cette unanimité ne peut se réaliser pratiquement que dans le plus petit nombre des sociétés anonymes. Mais quand elle existe, c'est par l'application même du droit commun que cette première condition est remplie : il ne dépend que de la volonté des contractants de changer le contrat.

Deuxième cas. Les statuts donnent à l'assemblée générale des actionnaires le pouvoir de les modifier. Nul doute, ici encore, que le changement ne soit possible aux conditions stipulées, n'y eût-il pas unanimité, puisqu'en souscrivant les statuts, les actionnaires ont tacitement adhéré, par avance, aux décisions de la majorité. Toutefois si la nature de la modification n'est pas indiquée, la clause, à raison de son caractère dérogatoire, n'autorise que des modifications secondaires, qui ne changent rien d'essentiel dans la société[1].

Troisième cas. Il n'y a pas unanimité et les statuts sont muets. L'application exacte des principes généraux rendrait la modification impossible. Mais la jurisprudence, sous-entendant comme l'expression de la volonté probable des parties la clause de révision, assimile ce cas au précédent[2] : l'assemblée pourra voter les changements

---

[1] Paris, 19 avr. 1875, S. 76. 2. 113; *J. Pal.*, 76. 467; Lyon-Caen et Renault, *Dr. comm.*, t. II, n° 865, p. 747; Houpin, *Traité des soc.*, t. II, n° 907, p. 906.

[2] Paris (1re ch.), 13 mars 1884, *Revue des soc.*, 1884, p. 359 (1re ch.); 13 janv. 1880, *Revue des soc.*, 85. 330; Cass., 30 mai 1892, S. et *J. Pal.*, 92. 1. 561; D. 93. 1. 105; 31 oct. 1893; 29 janv. 1894, S. 94. 1. 12 et 169; 26 nov. 1894, S. 95. 1. 133; 29 mars 1898, *Journal des soc.*, 1898, p. 308. Les auteurs qui admettent cette doctrine établissent tous la distinction indiquée

secondaires; les modifications aux bases essentielles de la société lui sont interdites.

En dehors du cas improbable de l'unanimité, c'est-à-dire dans le deuxième et le troisième cas, les pouvoirs de l'assemblée sont donc subordonnés à la nature plus ou moins importante de la modification. La détermination en revient à distinguer entre les changements essentiels et les changements secondaires.

La *deuxième condition* est relative à la manière dont la modification doit être décidée. Qu'il soit besoin de l'unanimité, ou qu'il suffise de la majorité, c'est en assemblée générale extraordinaire que les actionnaires se prononcent. Ces assemblées diffèrent des assemblées ordinaires à un triple point de vue :

1° On a soutenu qu'il fallait y laisser participer tous les actionnaires, sans que les statuts puissent valablement en exclure les petits. L'argument, très fort, de cette opinion est l'importance même des résolutions, qui ne permet pas d'écarter un associé de la délibération sans porter atteinte à ses droits essentiels. Mais, en l'absence d'un texte, la jurisprudence n'a pas cru pouvoir, même en vue de cet intérêt,

au texte entre les deux espèces de modifications : Mathieu et Bourguignat, *Comment. de la loi du 21 juill. 1867*, art. 31, n° 292; Thaller, *Dr. comm.*, n° 696; dans le *Recueil de Dalloz*, 93. 1. 103; Lyon-Caen et Renault, *Précis*, t. I, n° 491, p. 262 et s. Même avec cette réserve, une certaine partie de la doctrine, par une application rigoureuse des principes du droit, exige dans tous les cas l'unanimité : P. Pont, *Comment. des soc. civ. et comm.*, t. II, n° 1688; Vavasseur, *Traité des soc.*, n° 167 et 908; Ballot, article dans la *Revue prat. de dr. fr.*, t. VI, p. 109 et suiv.; Lyon-Caen, article dans le *Journal des soc.*, 1880, p. 277 et s.; Lyon-Caen et Renault, *Dr. comm.*, t. II, n° 864, p. 745; Houpin, *Traité des soc.*, t. II, n° 907 et s.; Cpr. Paris, 1er août 1868, D. 68. 2. 65; Paris, 19 avr. 1875, S. 76. 2. 113.

limiter la liberté des conventions, En pratique les statuts peuvent donc subir les modifications les plus graves sans que tout le monde ait été appelé à se prononcer;

2° La moitié au moins, et non pas simplement le quart du capital social, doit y être représentée;

3° Si, ce chiffre n'ayant pas été obtenu, il est procédé à une seconde convocation, dans le silence de la loi il faut décider que la nouvelle assemblée doit satisfaire à la même condition que la première, et si cette condition n'est pas réalisée, la modification ne peut avoir lieu (1).

Les restrictions statutaires au droit de vote des petits actionnaires s'appliquent aussi bien aux assemblées extra-ordinaires qu'aux assemblées ordinaires.

La publicité des modifications, constituant la *troisième condition*, est la conséquence de la publicité obligatoire des statuts. Du moment que les statuts sont soumis à publicité, tous changements dont ils sont l'objet doivent être assujettis à la même publicité. Mais la publicité des modifications ne doit pas être plus grande que celle des statuts eux-mêmes. En conséquence, il y a lieu à la même distinction :

1° Tout changement, quel qu'il soit, doit être l'objet d'un dépôt au greffe (2);

2° Ne sont indiquées dans les journaux que les modifications affectant les clauses soumises à cette publicité par-

_____

(1) Il ne demeure que la ressource d'une action en dissolution devant le tribunal.

(2) Lyon-Caen et Renault, *Droit comm.*, t. II, n° 201; 93. 2. 505, et la note; Houpin, *Traité des soc.*, t. II, n° 1028, *Recueil de Dalloz*, p. 198.

ticulière, c'est-à-dire, en principe, les clauses intéressant les tiers [1]. Ce sont les changements dans la durée primitivement assignée à la société, ceux qui affectent le mode de liquidation, les changements de nom (L. 1867, art. 61), enfin, la réduction du capital social. La publicité consistera dans la reproduction de l'acte ou de la délibération décidant la modification.

A la différence des trois premières conditions, la *quatrième* n'a qu'un effet extérieur : il ne faut pas que les changements apportés aux statuts soient de nature à nuire aux tiers. Ayant traité avec la société sur la base du pacte initial, ils ne peuvent être contraints après coup d'en subir une autre plus ou moins différente. Mais la raison même de la règle en limite la sanction. Le changement dont les tiers auraient à souffrir n'est pas nul pour clandestinité. Entre les associés, il produit son entier effet. Seulement, il n'est pas opposable aux personnes qui ont traité avec la société avant que la publicité n'ait révélé à chacun la modification accomplie [2].

---

[1] Cass., 21 févr. 1832, et 15 juill. 1878, S. 80. 1. 105; *Journal des soc.*, 1880, p. 324; Houpin, *Traité des soc.*, t. II, n° 1028, p. 198.

[2] Les modifications aux statuts sont réglées avec plus de soin par beaucoup de législations étrangères que par la loi française. En principe, elles sont admises même en dehors d'une clause les autorisant, mais il faut la décision d'une assemblée extraordinaire, soumise à des règles plus ou moins sévères, selon la nature du changement; la loi anglaise exige même dans certains cas l'autorisation de justice. Loi *belge* du 18 mai 1873, art. 59; *C. allemand* de 1897, art. 274 à 277; *C. italien*, art. 158; *C. roumain*, art. 160. Pour les différentes lois *anglaises* sur la matière : V. Lyon-Caen et Renault, *Dr. comm.*, t. II, n° 878, p. 761. La loi *italienne* permet aux actionnaires formant la minorité de se retirer.

Les changements apportés à la constitution primitive de la société se ramènent à quatre. A les énumérer selon l'ordre croissant d'importance juridique, ce sont :

1° L'augmentation du capital social ;

2° La réduction de ce même capital ;

3° Les modifications dans l'organisation, le fonctionnement ou la durée de la société ;

4° La fusion de deux sociétés.

Ces changements se distinguent par la manière différente dont il leur est fait application des règles générales.

1° *Augmentation du capital social.* — Le capital dont l'augmentation constitue une modification des statuts est le capital-actions [1].

a) En principe, cette augmentation n'est pas un changement essentiel à la société. Par conséquent, elle peut être décidée par une assemblée extraordinaire ne réunissant pas l'unanimité des associés, même quand les statuts n'autorisent pas expressément la révision, ou, s'ils l'autorisent, ne font pas une mention spéciale de ce cas [2].

b) Les formalités de publicité devront s'appliquer tout à la fois à la délibération de l'assemblée et à l'exécution de cette délibération, car l'augmentation à faire connaître n'est effectuée que par l'accomplissement de ces deux actes [3].

(1) Sur l'augmentation du capital social : V. Houpin, *Traité des soc.*, t. II, n° 912, p. 111 et s.

(2) Cass., 30 mai 1892, S. et *J. Pal.*, 92. 1. 561 (note en sens contraire de Ch. Lyon-Caen); D. 93. 1. 105 (note de Thaller); 31 oct. 1893; 29 janv. 1894, S. et *J. Pal.*, 94. 1. 169. Des auteurs voient dans le capital social une base essentielle : Lyon-Caen et Renault, t. II, n° 867, p. 751; Houpin, *Traité des soc.*, t. I, n° 657, p. 530, t. II, n° 912, p. 112.

(3) Décident que les changements du capital doivent être publiés : Tou-

Mais cette augmentation n'étant pas susceptible de nuire aux tiers, le résultat produit s'accomplit immédiatement.

c) Indépendamment des conditions générales, il faut encore que l'augmentation du capital primitif se fasse selon les mêmes formes que la constitution de ce capital [1]. Toutes les règles sur le chiffre des actions, le versement minimum, la vérification des avantages particuliers ou des apports en nature et la déclaration à faire devant notaire par les administrateurs recevront ici leur application [2]. La sanction civile et pénale en est également la même. Mais il va de soi que la nullité encourue ne porte que sur l'augmentation et non sur la société tout entière, qui continuerait à subsister avec le capital primitif.

Mais ces conditions étant limitatives, sont suffisantes. Ainsi, à la différence de ce que décident plusieurs codes étrangers [3], un nouveau capital peut être créé avant la

louse, 20 juin 1883, *Journal des soc.*, 1886, p. 285; Cass., 2 août 1893, *Revue des soc.*, 1893, p. 490; Houpin, *Traité des soc.*, t. II, nº 1029, p. 199.

(1) Cass., 8 mars 1876, *J. Pal.*, 76. 1051; 14 nov. 1876, S. 78. 1. 210; *J. Pal.*, 78. 510; 5 nov. 1879, S. 90. 1. 172; 17 juill. 1883, S. 87. 1. 286; *J. Pal.*, 87. 1; Paris, 20 juin 1891, *Journal des soc.*, 1892, p. 70; Beudant, *Revue crit., de législ. et de jurispr.*, t. XXXVI, p. 121; Buchère, dans le *Journal des soc.*, 1883, p. 471 et s.; Griolet, dans *Recueil de jurispr. de Dalloz*, 69. 1. 146; Thaller, *Dr. comm.*, nº 699; Lyon-Caen et Renault, *Dr. comm.*, t. II, nº 870, p. 752. Ce principe n'a été contesté que par un petit nombre d'auteurs, dont l'opinion n'a point prévalu; Vavasseur, *Traité des soc.*, t. I, nᵒˢ 273 et s.; P. Pont, *Comment. des soc. civ. et comm.*, t. II, nº 876.

(2) De même que pour une société qui commence, les nouvelles actions ne sont négociables qu'après l'expiration dés délais légaux, c'est-à-dire, les actions en numéraire, quand toutes les conditions de validité sont remplies, les actions d'apport, deux ans après cette condition : Trib. civ. Seine, 6 nov. 1895, nº du 22 nov. 1895; Lyon-Caen et Renault, *Dr. comm.*, t. II, nº 870, p. 753.

(3) Loi *belge* du 18 mai 1873, art. 12; *C. allemand* de 1897, art. 278; *C. italien*, art. 131; *C. roumain*, art. 132; *C. espagnol*, art. 135.

libération intégrale des actions qui représentent l'ancien.

L'augmentation du capital se fait à l'aide de deux procédés différents :

1° Le nombre des actions augmente par l'émission d'actions nouvelles semblables aux anciennes actions ;

2° Le nombre des actions demeure le même, mais le montant en est, par exemple, doublé ou triplé, de telle sorte que les actionnaires aient à fournir une somme double ou triple de celle à laquelle ils s'étaient tout d'abord engagés [1]. L'augmentation ainsi réalisée est considérée, à cause de ces conséquences, comme l'une des modifications qui portent sur une partie essentielle de la société [2]. Aussi n'est-elle possible, en dehors de l'unanimité, que moyennant une disposition spéciale des statuts qui l'autorise expressément. L'actionnaire qui n'effectuerait pas les nouveaux versements serait traité comme celui qui n'aurait pas exécuté les anciens : son action est vendue à la Bourse à ses risques et périls.

A la création d'actions nouvelles ou à l'augmentation d'actions anciennes, il ne faut pas assimiler l'émission d'obligations. C'est, non une modification au pacte social, mais un emprunt, et cet emprunt est décidé, de même que les autres actes de disposition, par les administrateurs ou par l'assemblée ordinaire, selon l'étendue plus ou moins

---

(1) Paris, 26 juill. 1887, D. 88. 2. 445; Lyon-Caen et Renault, *Dr. comm.*, t. II, n° 873, p. 755; Houpin, *Traité des soc.*, t. I, n° 657, p. 529. Dans la pratique, ce moyen n'est d'ailleurs que d'un emploi extrêmement rare. C'est parce qu'il aboutit à une véritable expropriation des actionnaires qui ne veulent ou ne peuvent pas étendre leurs engagements, qu'il faut, à défaut de l'unanimité, une disposition formelle des statuts.

(2) Houpin, *Traité des soc.*, t. I, n° 657, p. 529.

grande des pouvoirs délégués ou retenus par les actionnaires.

Les dispositions de la loi du 31 janvier 1907, qui impose
à l'émission des titres nouveaux les conditions spéciales de
publicité exigées pour la souscription primitive, s'appliquent également et avec les mêmes sanctions aux actions
et aux obligations.

2° *Réduction du capital social.* — Cette opération est la
restitution aux actionnaires d'une partie du capital qu'ils
ont souscrit ou même qu'ils ont déjà versé. Il ne faut
donc pas la confondre avec une perte, qui appauvrit
bien la société, mais qui ne profite pas aux actionnaires (1). Elle diffère également de l'amortissement des
obligations, qui ne porte pas sur le capital-actions. La
réduction du capital est utile quand la société veut restreindre ses opérations ou n'a pas besoin pour les poursuivre de
tout le capital jugé d'abord nécessaire. Pas plus que l'augmentation, cette opération n'est considérée comme affectant

(1) Toutefois ce cas de perte peut rendre utile une réduction du capital
sous lequel s'annonce la société qui aura ainsi l'avantage d'établir une relation
exacte entre sa forme extérieure et sa situation vraie. Par exemple, une
société fondée au capital de 10 millions n'en possède plus que 5, à la suite
de cas fortuits ou d'opérations malheureuses. La loi française ne l'oblige
pas à indiquer cette circonstance autrement que par l'établissement de son
bilan. Mais elle sera amenée à ne compter son actif que pour 5 millions si
elle veut faire appel au public en émettant des nouvelles actions. Si les
anciennes actions, en effet, continuaient à compter pour leur valeur primitive, au lieu de leur valeur actuelle, dans la répartition des dividendes et
le droit au fonds social, il en résulterait, au profit des premiers actionnaires
et aux dépens des nouveaux souscripteurs, un avantage injustifié qui éloi-
gnerait nécessairement ces derniers. La réduction du capital social, en remet-
tant les choses au point, devient alors une nécessité pratique.

les bases essentielles de la société [1]. Elle peut donc aussi être décidée par une assemblée extraordinaire ne réunissant pas l'unanimité. La publicité porte, comme celle de l'augmentation, sur la délibération et sur l'opération accomplie; en conséquence les pièces et documents émanant de la société qui doivent faire mention du capital indiqueront, non plus le capital ancien, mais le nouveau capital.

La réduction du capital social a lieu de trois manières différentes :

a) Le capital de chacune des actions, dont le nombre reste le même, est diminué, par exemple abaissé de 500 à 250 francs. Selon que les actions sont libérées ou non, les actionnaires sont remboursés d'une partie de leur mise ou dégagés d'une partie de leur obligation.

b) La diminution porte sur le nombre des actions, dont le capital ne change point. Ainsi, deux actions de 500 francs n'en font plus qu'une de même valeur nominale. Dans ce cas, le possesseur d'une seule action est obligé de s'en défaire ou de s'en procurer une autre. Mais cette nécessité ne doit pas faire décider, avec quelques auteurs, que, si les

(1) Seine, 11 avr. et 1er oct. 1883, *Journal des soc.*, 84. 156. 162; Paris, 13 mars 1884, *Journal des soc.*, 1885, p. 441, et 13 janv. 1885, *Journal des soc.*, 1886, p. 611; Seine, 14 nov. 1887, *Journal des soc.*, 1888, p. 201; Trib. Lyon, 18 juill. 1894, *Journal des soc.*, 1895, p. 121; cf. Wahl, *Étude sur l'augm. du cap. dans les soc. anon.*, nos 18 et s., et *Journal des soc.*, 1900, p. 348. Toutefois cette opinion est combattue par quelques auteurs : Houpin, *Traité des soc.*, t. II, no 913, p. 112 et s.; Hémar, Conclusion, S. 76. 2. 116; Lyon-Caen et Renault, *Dr. comm.*, t. II, no 866; P. Pont, *Comment. des soc. civ. et comm.*, no 1689; Rousseau, *Des soc. comm.*, no 1548; note de Labbé dans le *Recueil de 81. Sirey*, 1. 441; Vavasseur, *Traité des soc.*, no 167, et *Revue des soc.*, 1900, p. 83; note de Levillain, dans D. 90. 2. 268; note de Boistel, dans D. 92. 2. 385; Toulouse, 14 juin 1887, *Journal des soc.*, 1888, p. 107; Paris, 15 mars 1890, *Journal des soc.*, 1890, p. 533.

statuts ne l'autorisent pas expréssement, ce mode de réduction exige l'unanimité des associés [1].

c) La société rachète avec une portion de son capital une quantité déterminée de ses actions. Cette opération est illicite lorsque les formalités de la réduction n'ont pas été accomplies; mais quand les formes légales ont été observées, le moyen du rachat est ouvert à la société [2].

La réduction de capital social faite irrégulièrement est nulle. Tel est le cas, par exemple, si l'assemblée qui l'a décidée n'avait pas pouvoir à cet effet, ou si les formalités de publicité n'ont pas été accomplies. Cette nullité peut être invoquée, comme la nullité résultant de l'inobservation des formalits initiales, par tout intéressé, par les créanciers postérieurs aussi bien que par les créanciers antérieurs [3].

Même accomplie régulièrement, la réduction du capital social n'est pas opposable aux créanciers antérieurs. En traitant avec la société, ils ont légitimement compté sur le capital primitif, et ce serait léser à leurs dépens un droit acquis que de ne plus leur laisser pour gage que le capital nouveau [4]. En conséquence, ils conservent le droit de

______

(1) Cass., 30 mai 1892, S. et *J. Pal.*, 92. 1. 561; Houpin, *Traité des soc.*, t. II, n° 913, p. 113. C'est la solution du *C. allemand* de 1897, art. 290. Elle est repoussée par plusieurs auteurs : Lyon-Caen et Renault, *Dr. comm.*, n° 877, p. 758.

(2) Paris, 6 juill. 1892, *Le Droit*, n° du 31 août 1892; Lyon-Caen et Renault, *Dr. comm.*, t. II, n° 881, p. 765; Houpin, *Traité des soc.*, t. II, n° 913 et 935, p. 112 et 133.

(3) Cf. Paris, 14 janv. 1897, *Journal des soc.*, 1897, p. 264; Lyon-Caen et Renault, *Dr. comm.*, t. II, n° 878.

(4) La réduction qui aurait pour effet l'insolvabilité de la société serait nulle, et la nullité pourrait être demandée par tout intéressé. Une semblable réduction aurait, en effet, pour conséquence de priver la société, en même-

s'adresser à la société ou aux actionnaires [1], sans tenir aucun compte des opérations par lesquelles la réduction a été opérée. Cette réduction ne leur causant ainsi aucun préjudice, ils ne peuvent l'attaquer par l'action paulienne, ni provoquer la déchéance du terme.

La distinction entre les deux espèces de créanciers amène un conflit lorsqu'il y en a tout à la fois d'antérieurs et de postérieurs à la réduction. Pour déterminer la part des premiers en cas de liquidation, il faut procéder comme si la réduction n'avait pas eu lieu, même à l'égard des seconds ; seulement, ces derniers ne peuvent, de leur côté, prétendre qu'à ce qui leur serait réservé si le capital réduit avait été le capital primitif.

Dans aucun cas, la réduction du capital social ne saurait être assimilée pour raison d'analogie à une dissolution partielle de la société. Si l'on admet que, dans ce dernier cas, la prescription spéciale de cinq ans est opposable, les créanciers antérieurs à la réduction, même pour la portion retranchée du capital, sur laquelle ils conservent leurs droits, continuent à ne pouvoir être repoussés que par la prescription trentenaire [2].

temps que de son capital, d'une condition essentielle à son existence : Paris, 6 févr. 1891, D. 92. 1. 385; Boistel, note sur cet arrêt; Paris, 19 janv. 1897, *Journal des soc.*, 1897, p. 264: cf. Thaller, *Dr. comm.*, 2ᵉ éd., nᵒ 700, p. 371; Lyon-Caen et Renault. *Dr. comm.*, t. II, nᵒ 876, p. 757; Houpin, *Traité des soc.*, t. II, n₀ 915, p. 117.

(1) Comme tous changements aux statuts, en principe, la réduction du capital social ne doit pas nuire aux tiers : Trib. comm. Seine, 28 oct. 1885, *Le Droit*, nᵒ du 14 nov. 1885; Lyon-Caen et Renault, *Dr. comm.*, t. II, nᵒ 875, p. 765; Houpin, *Traité des soc.*, t. II, nᵒ 914, p. 116.

(2) Chaque fois que la réduction du capital social est réglée par les lois étrangères, c'est avec des précautions destinées à sauvegarder tous les

3° *Modification dans l'organisation, le fonctionnement ou la durée de la société.* — Tout changement qui ne porte pas sur le capital et laisse subsister la société, appartient en principe à cette catégorie.

Parmi ces changements, les uns portent sur une des bases essentielles de la société, les autres sont d'un objet secondaire.

On doit considérer comme touchant aux bases de la société les modifications qui affectent :

1° Sa nature de société anonyme [1];

2° L'objet qu'elle poursuit [2];

3° Sa nationalité [3];

4° Le mode de répartition des bénéfices, et, d'une manière plus générale, l'égalité ou la relation primitivement établies entre les associés [4];

5° Le terme maximum, dont la prolongation retient

droits et particulièrement ceux des créanciers. Deux législations sont surtout remarquables : 1° La loi *anglaise* de 1867 (art. 4 à 20) : outre une clause des statuts ou une délibération extraordinaire, elle exige l'intervention judiciaire; 2° le Code *allemand* de 1861 (art. 248). Le capital retranché est soumis aux mêmes règles de distribution que le capital d'une société dissoute : Lyon-Caen et Renault, *Dr. comm.*, t. II, n° 878, p. 762.

(1) Cass., 28 févr. 1888, D. 1. 427; Lyon-Caen et Renault, *Dr. comm.*, t. II, n° 867, p. 749; Houpin, *Traité des soc.*, t. II, n° 919, p. 123.

(2) Cass., 26 nov. 1894, S. et *J. Pal.*, 95. 1. 133; Paris, 29 déc. 1897, *Le Droit*, n° du 12 janv. 1898; Cass., 29 mars 1898, *Journal des soc.*, 1898, p. 30; Lyon-Caen et Renault, *Dr. comm.*, t. II, n° 867, p. 749; Houpin, *Traité des soc.*, t. II, n° 908, p. 108.

(3) Cf. Cass., 26 nov. 1894, S. et *J. Pal.*, 95. 1. 133, D. 95. 1. 57; 29 mars 1898, *Journal des soc.*, 1898, p. 308; Lyon-Caen et Renault, *Dr. comm.*, t. II, n° 867, p. 749; Houpin, *Traité des soc.*, t. II, n° 911, p. 111.

(4) Paris, 19 avr. 1875, S. 76. 2. 113; Cass., 20 déc. 1882, S. 83. 1. 198; Lyon-Caen et Renault, *Dr. comm.*, t. II, n° 867, p. 750; Cass., 29 déc. 1896, *La Loi*, n° du 27 janv. 1897; Houpin, *Traité des soc.*, t. II, n° 918, p. 121.

dans la société les actionnaires au delà du temps convenu. Mais il n'en serait plus de même d'une dissolution anticipée que les circonstances peuvent rendre nécessaire, et dont l'éventualité, par conséquent, doit être considérée comme rentrant dans les prévisions naturelles des associés [1].

A raison de leur caractère essentiel, ces changements doivent être acceptés par tous les associés sans exception, ou prévus expressément par les statuts. Ils demeurent impossibles, en dehors du cas d'unanimité, quand les statuts sont muets sur la révision ou ne l'autorisent qu'en termes généraux.

Peuvent au contraire être considérés comme secondaires les modifications concernant le nombre des administrateurs, la durée de leurs fonctions, le nombre d'actions qu'ils ont à déposer pour garantir leur gestion, l'étendue de leurs pouvoirs, le nombre des commissaires de surveillance, la rémunération des administrateurs et des membres du conseil de surveillance; la date à laquelle l'assemblée ordinaire doit se réunir, la forme du titre de l'action [2].

(1) Sur la nature de cette clause la jurisprudence se partage. La tendance est de la considérer comme essentielle : Paris, 20 mai 1869, D. 70. 2. 12; Cass., 29 avr. 1897, *Journal des soc.*, 1897, p. 499, D. 98. 1. 106. Cependant des arrêts la rangent plutôt parmi les clauses secondaires : cf. Paris, 24 juin 1884, *Journal des soc.*, 1895, p. 719. Quelques auteurs admettent dans ces conditions la dissolution anticipée, mais non la prolongation : Lyon-Caen et Renault, *Dr. comm.*, t. II, n° 867, p. 750 et s.; cf. Houpin, *Traité des soc.*, t. II, n° 110, p. 909. Dans toute opinion, il faut mettre à part le cas où des pertes font tomber le capital social au-dessous des trois quarts, expressément prévu par l'art. 37 de la loi de 1867.

(2) Cass., 15 juill. 1878, *loc. cit.*; Grenoble, 18 mars 1890, *Revue des soc.*, 1890, p. 424; Lyon-Caen et Renault, *Dr. comm.*, t. II, n° 202; V. aussi Lyon,

En conséquence, toute modification portant sur ces objets demeure toujours possible, à moins de dispositions contraires dans les statuts.

En principe, ces modifications n'intéressent que les associés, et, par conséquent, sont soumises au dépôt, et non à la formalité de l'insertion. Il n'en est autrement que des pouvoirs des administrateurs, lorsqu'il s'agit de les diminuer. Les tiers qui traitent avec les administrateurs en vertu des anciens pouvoirs de ceux-ci agissent valablement tant qu'une publicité complète, dépôt et insertion, n'est pas venue les avertir [1].

4° *Fusion de deux sociétés.* — Il y a fusion quand deux sociétés jusqu'alors distinctes, sont réunies de manière à ne plus former qu'une seule société. Cette combinaison peut avoir pour objet de diminuer les frais généraux, de sauver une société compromise, de supprimer entre deux entreprises une concurrence ruineuse, etc. Deux procédés peuvent être employés à cette fin :

1° Une des deux sociétés disparaît pour s'absorber dans la seconde, dont le capital est simplement augmenté ;

2° Les deux sociétés disparaissent pour former une

28 janv. 1890, *Revue des soc.*, 1890, p. 509; Cass., 22 févr. 1892, *Journal des soc.*, 1893, p. 49.

(1) Il y a aussi intérêt à publier immédiatement la délibération abrégeant la durée de la société. Sans doute cette publication pourrait être retardée jusqu'au moment de la dissolution, mais une publication immédiate présente l'avantage que l'arrivée du terme mettra fin à la société *erga omnes*, tandis que, si on attend la dissolution, pendant le temps qui pourra s'écouler entre l'arrivée de ce terme et l'accomplissement des formalités de publicité, la société aura continué d'exister au profit des tiers, et ils traiteront encore valablement avec les administrateurs dont les pouvoirs avaient cependant cessé.

société nouvelle, dont le capital est constitué avec les biens des sociétés disparues.

La qualité de société anonyme peut appartenir à toutes les sociétés ou seulement à l'une d'entre elles. C'est de la première hypothèse qu'il sera d'abord exclusivement question.

Les règles de la fusion diffèrent sensiblement selon que la première société se fond simplement dans la seconde ou que toutes deux cessent d'exister au profit d'une nouvelle société [1]. Mais à côté des règles particulières à chacun de ces deux cas, il existe aussi un certain nombre de règles communes.

Sur la question du consentement, la jurisprudence, par dérogation à sa propre théorie [2], revient à l'application des principes du droit strict [3]. Qu'il se forme ou non une société nouvelle, il faut :

Ou bien l'unanimité des associés composant l'une et l'autre société [4];

Ou bien une clause spéciale insérée dans les statuts de chacune d'elles et autorisant expressément la fusion [5].

A la différence des autres modifications, cette dernière ne pourrait donc s'accomplir, à moins d'unanimité, si les statuts, même d'une seule société, étaient muets, ou bien

---

(1) Sur la fusion, V. Houpin, *Traité des soc.*, t. I, nos 626 et s., p. 499 et s.

(2-3) V. Houpin, *Traité des soc.*, t. I, no 627, p. 500, t. II, no 919, p. 123.

(4) V. l'examen de la jurisprudence dans Thaller, *Dr. comm.*, no 706; Lyon-Caen et Renault, *Dr. comm.*, t. II, no 912, p. 786; Houpin, *Traité des soc.*, t. I, no 627, p. 64, et t. II, no 919, p. 123. En sens contraire : Thaller, *Dr. comm.*, no 706.

(5) Houpin, *Traité des soc.*, t. I, no 630, p. 503.

ne faisaient qu'autoriser la révision d'une manière générale.

Les formalités de publicité diffèrent selon l'un ou
l'autre cas.

La première société s'annexe-t-elle simplement à la
seconde ? Il faut publier :

1° La cessation anticipée de la première société ;

2° L'augmentation de capital que reçoit la seconde, dont
cet accroissement est la seule modification.

Les deux sociétés disparaissent-elles au profit d'une
troisième formée avec le capital de chacune d'elles ? La
publication fait connaître :

1° La disparition anticipée de ces deux sociétés ;

2° La formation de cette troisième société [1].

De même que la plupart des conditions requises, les
effets de la fusion varient selon qu'il y a absorption d'une
société par l'autre ou anéantissement de chacune d'elles
dans une troisième, formée de leur réunion. Mais ils sont
gouvernés par l'idée que la fusion, de quelque manière
qu'elle soit opérée, ne doit pas avoir pour résultat de
nuire aux tiers, c'est-à-dire aux créanciers sociaux.

Quand une société se fond dans une autre, qui en
acquiert le capital à charge des dettes, les créanciers de
l'une et l'autre sont traités comme le sont, dans une
succession, ceux du défunt et ceux de l'héritier, lorsque
la séparation des patrimoines a été demandée [2] :

a) Les créanciers de la société disparue ont un droit

(1) Houpin, *Traité des soc.*, t. I. n° 630, p. 503.
(2) V. Houpin, *Traité des soc.*, t. I, n°⁸ 631 et s., p. 503 et s.

exclusif sur les biens de cette société et un droit partagé sur les biens de la seconde société.

b) Les créanciers de cette seconde société, hors le cas de fraude, ne peuvent pas plus réclamer contre cet accroissement de passif que contre l'obligation à toute autre dette qu'aurait contractée régulièrement cette société [1].

Un principe analogue s'applique quand les deux sociétés disparaissent pour faire place à une troisième formée de leur fusion. Les créanciers de chacune d'elles sont d'abord payés sur son ancien capital, considéré à cet effet comme toujours distinct [2]. Mais, l'un des deux groupes de créanciers une fois désintéressé complètement, les créanciers formant l'autre groupe ont action sur le reliquat, au même titre que les tiers avec lesquels a traité la société nouvelle.

Pour arriver à ce résultat, les sociétés peuvent payer tout d'abord elles-mêmes leurs dettes, de manière à n'apporter à la combinaison qu'un actif net, ou bien y faire entrer leur actif brut grevé du passif correspondant. L'intérêt du choix tient à la différence des droits fiscaux, qui ne sont pas les mêmes dans l'un et l'autre cas [3-4].

Quand la société ne transmet que son actif net, elle ne

(1) Houpin, *Traité des soc.*, t. I, n° 631, p. 507.

(2) Houpin, *Traité des soc.*, n° 631, p. 507.

(3) Douai, 26 juill. 1886, *Journal des soc.*, 1887, p. 832; Trib. comm. Seine, 23 juill. 1887, *Journal des soc.*, 1888, p. 445; Lyon-Caen et Renault, *Dr. comm.*, t. II, n° 912, p. 787.

(4) Quand l'ancienne société apporte un actif brut à charge par la nouvelle de l'acquitter, il y a vente jusqu'à concurrence de ce passif. V. Lyon-Caen et Renault, *Dr. comm.*, t. II, n° 912, p. 787.

doit acquitter que le droit d'enregistrement, peu élevé, de 0,25 0/0, qui frappe les apports, et ce droit n'est calculé que sur cet actif net.

Quand la société apporte son actif brut avec la charge du passif, l'opération, au point de vue fiscal, se décompose en deux :

Dans la mesure du passif qu'il sert, en partie, à acquitter, cet apport est assimilé à une vente et paie en conséquence le droit de mutation ou le droit d'acte proportionnel établi sur les ventes.

C'est seulement dans la mesure de l'excédent qu'il y a lieu à la perception du droit restreint frappant les apports.

Pour éviter de supporter le droit de vente, tout en effectuant un apport brut, la société absorbée peut se réserver de payer elle-même son passif et employer à cet effet les actions de la société nouvelle qui lui sont remises. Sous l'empire de la loi du 1er août 1893, ces titres, constituant des actions d'apport, n'étaient pas susceptibles de négociation avant deux années. Mais la loi du 16 novembre 1903 en a permis le transfert et la tradition immédiats lorsque la société à laquelle ils sont attribués compte au moins deux ans d'existence.

Quand toutes les sociétés, tant les anciennes que la nouvelle qui peut les remplacer, ne sont pas anonymes, plusieurs de ces règles peuvent être modifiées par l'application de règles spéciales aux deux autres espèces de sociétés commerciales :

La cessation de la société absorbée, quelle qu'en soit la nature, dans tous les cas, se publie de la même manière.

Il n'est pas besoin de faire connaître l'accroissement de capital obtenu ainsi par la société absorbante, quand c'est une société en nom collectif [1].

Quand la société nouvelle qui remplace les deux anciennes est un société en nom collectif ou en commandite, elle doit être constituée selon les règles propres à ces sortes de sociétés.

Dans tous les cas, les droits des créanciers respectifs demeurent les mêmes.

Des règles spéciales s'appliquent aux sociétés anonymes ou de même nature que la société anonyme, antérieures à la loi du 24 juillet 1867. Ce sont :

1° Les sociétés anonymes constituées avant la promulgation de cette loi, avec l'autorisation du Gouvernement, conformément aux articles 37 et 40 du Code de commerce;

2° Les sociétés dites « à responsabilité limitée », formées de 1863 à 1867, par application de la loi de 1863.

Ces sociétés peuvent modifier leurs statuts ou se transformer en sociétés anonymes libres, reconnues depuis 1867.

Les anciennes sociétés anonymes formées en vertu d'une autorisation gouvernementale ne peuvent ni modifier leurs statuts, ni se transformer en sociétés anonymes libres sans une autorisation nouvelle, donnée, comme la première, en Conseil d'État [2] (L. 1867, art. 46).

---

(1) C'est la conséquence de ce que dans ces sociétés la garantie des tiers consiste moins dans l'existence d'un capital social plus ou moins élevé que dans l'obligation personnelle, solidaire et indéfinie, dont sont tenus les divers associés.

(2) Houpin, *Traité des soc.*, t. I, n° 640, p. 513. Cette autorisation cesse

La pratique du Conseil d'État est plus favorable à la transformation de la société anonyme en un type nouveau qu'à la révision des statuts, parce que la transformation fait disparaître la responsabilité gouvernementale [1]. La nouvelle société doit, de plus, remplir les conditions imposées par la loi de 1867 [2].

Les sociétés à responsabilité limitée qui veulent devenir des sociétés anonymes n'ont qu'à se modifier conformément aux dispositions de cette même loi. Elles y trouvent, entre autre, l'avantage de pouvoir élever leur capital au-dessus de l'ancien maximum de 20.000.000 francs [3].

d'être nécessaire si la société se substitue une société nouvelle au lieu de se transformer : Cass., 17 août 1875, *Le Droit*, n° du 19 août 1875.

(1) P. Pont, *Comment. des soc. civ. et comm.*, n° 1069; Rapport de M. Chauchat au Conseil d'État, *Journal des soc.*, 1881, p. 397, 563, 625 et s.

(2) Un être nouveau ne prenant pas naissance, les formalités constitutives exigées par la loi de 1867 ne sont pas nécessaires à la transformation : Seine, 1er févr. 1892, *Journal des soc.*, 1893, p. 351; 22 janv. 1892, *Journal des soc.*, 1892, p. 260; Cass., 24 janv. 1893, *Journal des soc.*, 1893, p. 162; Paris, 16 juin 1893, *Journal des soc.*, 1893, p. 533.

(3) Il n'est pas nécessaire que l'éventualité d'une transformation ait été prévue par les statuts : Bédarride, *Comment. de la loi de 1867*, n°· 518 et 521; P. Pont, *Comment. des soc. civ. et comm.*, n° 1100; Houpin, *Traité des soc.*, t. I, n° 644, p. 515. En sens contraire : Rivière, *Comment. de la loi du 24 juill. 1867*, n° 307; Alauzet, *Comment. sur les soc. civ. et comm.*, n° 573.

CHAPITRE VI

DISSOLUTION DE LA SOCIÉTÉ

La loi française, à la différence de plusieurs lois étrangères, n'a pas assigné de terme à la société anonyme.
Il en résulte que celle-ci peut continuer indéfiniment,
sans renouvellement spécial, si elle n'a pas été contractée
à temps et s'il n'intervient aucun autre événement susceptible d'y mettre fin. Mais il existe un certain nombre
de causes de dissolution, divisées en plusieurs catégories.

§ 1. — *Causes de dissolution.*

Aux causes de dissolution proprement dites, il faut
assimiler la déclaration de nullité. Celle-ci peut être
encourue :

1° Par application des principes généraux du droit sur
la validité des contrats [1] ;

2° Pour violation des prescriptions de la loi de 1867,
qu'il s'agisse des conditions de forme ou des conditions
de fond.

(1) Houpin, *Traité des soc.*, t. I, nᵒˢ 567 et s., p. 461 et s.; Paris, 24 janv.
1888, S. 90. 2. 147.

Quand la nullité est déclarée avant que la société ait commencé ses opérations, celle-ci, n'ayant jamais existé, ni en fait ni en droit, n'a pu produire aucun effet [1]. En conséquence, tous les engagements sont nuls et les sommes versées doivent être restituées purement et simplement. Mais il en est autrement lorsque, dans le cas le plus ordinaire, la nullité n'est judiciairement constatée qu'après un délai plus ou moins long dans lequel la société a fonctionné en entretenant des rapports entre ses membres et avec les tiers. Comme il ne peut en être fait complète abstraction, il est nécessaire de les régler conformément aux volontés exprimées, et, en conséquence, le pacte social reçoit son application [2]. C'est en ce sens qu'on a pu dire avec exactitude qu'il y avait moins nullité que dissolution. Mais il n'en est pas ainsi d'une manière absolue, et, pour préciser la règle, il faut distinguer les personnes entre lesquelles la nullité est opposable et les deux périodes séparées par le jugement déclaratif de nullité.

Les personnes admises à invoquer la nullité ont le droit de considérer la société comme sans effet, non seulement dans l'avenir, mais encore dans le passé [3]. Ainsi, les créanciers sociaux ne pourraient pas empêcher les créan-

---

(1) Cass., 12 janv. 1870, D. 70. 1. 114; Grenoble, 29 janv. 1870, S. 70. 2. 217; P. Pont, *Comment. des soc. civ. et comm.*, n°s 1262 et 1267; Lyon-Caen et Renault, *Dr. comm.*, t. II, n° 785; V. Paris, 17 févr. 1837, S. 38. 2. 119; Cass., 6 nov. 1853, S. 53. 1. 618; Houpin, *Traité des soc.*, t. I, n° 568, p. 462, note 1.

(2) Paris, 14 juin 1888, *Journal des soc.*, 1889, p. 61; Houpin, *Traité des soc.*, t. I, n° 568, p. 462, note 2.

(3) Houpin, *loc. cit.*

ciers personnels des associés de concourir avec eux sur les biens de la société [1].

Mais en cessant de reconnaître la société anonyme, les intéressés n'ont pas le droit de la transformer en société d'une autre nature, par exemple en une société en nom collectif [2]. C'est donc à tort que, sous prétexte que les règles de la société anonyme cessent d'être applicables à raison de la nullité, ils prétendraient poursuivre les actionnaires solidairement et indéfiniment [3].

Au contraire, lorsque la nullité cesse d'être opposable ou n'est pas opposée, il y a lieu de distinguer, en même temps que les personnes, la période antérieure et la période postérieure à la déclaration de nullité.

Les tiers, à qui la nullité n'est pas opposable, sont en droit de considérer la société comme valable à tous les points de vue. Non seulement ils ont le droit de poursuivre l'exécution des engagements sociaux, mais ils peuvent encore, pour l'obtenir, exiger des actionnaires les versements qui ne sont pas encore effectués [4].

Entre les actionnaires, la question se pose pour la répartition des bénéfices ou des pertes. Pertes et bénéfices

____

(1) Paris, 4 janv. 1899, *Journal des soc.*, 1899, p. 411; Houpin, *Traité des soc.*, t. I, n° 570, p. 464; P. Pont, *Comment. des soc. civ. et comm.*, n° 1261.

(2-3) Houpin, *Traité des soc.*, t. I, n° 572, p. 465; V. aussi Cass., 28 févr. 1859, S. 60. 1. 157; Rouen, 30 mars 1885, S. 88. 1. 369; Toulouse, 23 mars 1887, *Journal des soc.*, 1888, p. 1, et les décisions citées à la note; Toulouse, 22 juill. 1891, *Journal des soc.*, 1892, p. 65; Cass., 30 janv. 1893, *Journal des soc.*, 1894, p. 232, S. 97. 1. 493; D. 93. 1. 224; V. Seine, 5 nov. 1894, *Journal des soc.*, 1895, p. 233; Lyon-Caen et Renault, *Dr. comm.*, t. II, n° 786.

(4) Sur les droits des créanciers sociaux : V. Houpin, *Traité des soc.*, t. I, n° 569, p. 463.

doivent-ils être répartis entre eux conformément aux statuts, la société n'étant anéantie, à leur endroit, que pour l'avenir, ou, au contraire, cette répartition doit-elle avoir lieu, également, par tête? L'application des statuts doit être admise, quelle que soit la cause de nullité, non seulement défaut de publicité, mais encore violation quelconque de la loi ou des principes généraux [1]. C'est, en effet, la solution la plus conforme à la volonté des parties, dont il n'y a pas lieu de faire abstraction, ainsi qu'à l'équité. A cet égard, la société ne cessant d'exister que dans l'avenir, est moins frappée de nullité que de dissolution.

Les causes de dissolution proprement dites qui mettent fin aux sociétés anonymes sont en principe les causes qui mettent fin à toutes les sociétés de commerce en général. Mais il existe des causes de dissolution spéciales aux sociétés anonymes, et, en sens inverse, ces mêmes sociétés ne cessent point par l'effet d'événements qui amènent la dissolution des sociétés de personnes.

Les causes de dissolution communes aux sociétés anonymes et aux sociétés de commerce ordinaires sont régies par les principes généraux. Mais l'application de ces principes aux sociétés anonymes donne lieu à plusieurs règles spéciales. Ces causes de dissolution communes sont :

1° L'expiration du temps pour lequel la société a été constituée. Un acte spécial peut la proroger au delà du

____

[1] Paris, 14 juin 1888, *Journal des soc.*, 1889, p. 61; Houpin, *Traité des soc.*, t. I, n° 568, p. 462 et s., et arrêts cités, notes 4 et 5.

terme; mais cette prorogation est une modification des statuts. Elle doit intervenir avant l'expiration du délai qui amènerait de plein droit la cessation de la société. Elle est, de plus, soumise aux règles de fond et de publicité auxquelles est soumise la révision;

2° La perte totale de la chose faisant l'objet exclusif de la société[1]. C'est ce qui arrive, par exemple, pour un navire, lorsqu'il périt; quand c'est un brevet, si un jugement frappe son titulaire de déchéance; dans le cas d'une mine, quand elle est épuisée ou qu'un accident en rend désormais l'exploitation impossible.

Quand il subsiste quelque chose de l'objet social, l'assimilation de cette perte partielle à la perte totale est une question de fait, qui peut être résolue à l'avance par les statuts ou laissée, en cas de contestation, à l'appréciation discrétionnaire des tribunaux.

3° Perte de l'apport promis par un associé. Cette règle suppose un des apports en nature soumis aux règles spéciales de la loi de 1867. L'application en est faite selon une distinction essentielle. Si la perte précède la translation de la chose à la société, celle-ci est dissoute par cela même (Civ., art. 1867). Comme la propriété des corps certains est transférée en principe par le fait même de la promesse, en vertu de l'effet translatif des obligations, ce cas est nécessairement rare, mais il peut cependant se réaliser encore dans certaines circonstances, par exemple, si la chose appartenait à un tiers et que l'auteur se fût

____

[1] Paris, 23 juill. 1894, *La Loi*, n° des 17-18 août 1894; Lyon-Caen et Renault, *Dr. comm.*, t. II, n° 904, p. 779; Houpin, *Traité des soc.*, t. II, n° 944, p. 139.

engagé à en procurer l'acquisition à la société; libéré de son engagement par le caractère fortuit de la perte, il se trouverait n'avoir pas effectué d'apport, et la société serait privée d'un élément essentiel. Si au contraire la perte a eu lieu, comme ce sera presque toujours le cas, après la réalisation de l'apport, c'est à la société devenue propriétaire, que cette perte incombe. Il n'en résultera dissolution que si ce cas rentre dans les précédents, c'est-à-dire si la possession de la chose était essentielle à l'accomplissement du but poursuivi.

La perte partielle sera ou non assimilée à la perte totale selon sa plus ou moins grande importance. Si elle n'empêche pas la continuation de la société, la part dans les bénéfices revenant à l'auteur de cet apport sera diminuée proportionnellement.

Il faut considérer comme une perte partielle la cessation de l'industrie ou de n'importe quel apport continu que la mort de son auteur ou toute autre cause empêchera de fournir régulièrement jusqu'au terme indiqué, tel que la fin de la société.

4° Inexécution des engagements contractés. Ce cas ne se rencontre que pour les apports en nature ou en industrie, puisque la société a un moyen d'imposer aux actionnaires la réalisation de leur versement, et que d'ailleurs le retard ou l'insolvabilité de quelques-uns d'entre eux ne saurait avoir cet effet pour la société. C'est l'application de l'article 1184 du Code civil. L'action en résolution peut être intentée par les administrateurs, ou, à leur défaut, par les actionnaires.

5° Cause légitime laissée à l'appréciation des tribunaux,

en conformité de l'article 1871 du Code civil [1]. Par exemple des infirmités habituelles rendent l'auteur d'un apport en industrie inhabile à s'occuper des affaires de la société. La faculté de demander la résolution pour une cause de cette nature appartient à tout actionnaire et ne peut être l'objet d'aucune renonciation anticipée [2].

Deux causes spéciales amènent la dissolution de la société anonyme :

1° La perte des trois quarts du capital social (L. 1867, art. 37) [3]. Le capital ainsi diminué est le capital nominal, même pour les sociétés encore régies par l'ancien texte de la loi de 1867, car c'est le seul capital dont il y ait lieu, à moins d'indication contraire de la loi, de se préoccuper [4].

---

(1) C'est ce qui résulte de l'art. 1871, dont l'application s'impose à la société anonyme comme à toute autre société. « La dissolution des sociétés à terme ne peut être demandée par l'un des associés avant le terme convenu qu'autant qu'il y en a de justes motifs..., dont la légitimité et la gravité sont laissées à l'appréciation du juge » : Cass., 29 avr. 1897, D. 98. 1. 106; Lyon-Caen et Renault, *Dr. comm.*, t. II, n° 906 *bis*, p. 781; Houpin, *Traité des soc.*, t. II, n° 946, p. 140.

(2) D'après une opinion contestée, ce droit n'appartiendrait aux actionnaires agissant individuellement qu'autant que l'assemblée générale n'aurait pas été convoquée : cf. Trib. comm. Seine, 23 mars 1899, *Journal des soc.*, 1890, p. 193; Thaller, *Traité élém. de dr. comm.* n° 702; du même, *Ann. de dr. comm.*, 1894, p. 177 et et s. En sens contraire : Lyon-Caen et Renault, *Dr. comm.*, n° 906 *bis*, p. 781; cf. Houpin, *Traité des soc.*, t. II, n° 946, p. 141.

(3) C'est aux actionnaires qui veulent provoquer la dissolution à justifier la perte des trois quarts : Seine, 8 août 1884, *Revue des soc.*, 1880, p. 41; Paris, 6 févr. 1894, D. 94. 2. 545; 24 juill. 1895, *Journal des soc.*, 1896, p. 23; 8 août 1895, *Journal des soc.*, 1896, p. 32.

(4) Mathieu et Bourguignat, *Comment. de la loi du 24 juill. 1867*, n° 226; Rivière, *Comment. de la loi du 24 juill. 1867*, n° 246; Bédarride, *Comment. de la loi de 1867*, n° 251; Pont, *Comment. des soc. civ. et comm.*, n° 918; Lyon-

La dissolution n'a pas lieu de plein droit, mais doit être prononcée régulièrement par une assemblée extraordinaire réunie à cet effet [1]. Cette assemblée est convoquée par les administrateurs (L. 1867, art. 37, al. 1) ou, à leur défaut, par les commissaires des comptes (L. 1867, art. 33). A raison de son objet, elle doit satisfaire aux règles de toutes les assemblées extraordinaires destinées à modifier les statuts, c'est-à-dire réunir la moitié du capital social [2]. De plus, elle présente cette exception à la règle généralement admise en matière d'assemblée extraordinaire, que tous les actionnaires sans exception doivent être appelés à y figurer (L. 1867, art. 37, al. 1). Mais cette dérogation n'empêche pas de maintenir aux plus forts actionnaires le vote plural que leur attribuent les statuts [3]. L'assemblée ainsi constituée est appelée à se prononcer sur le maintien de la société, malgré la perte éprouvée, ou sur la dissolution. Dans l'un comme dans l'autre cas, la décision prise doit être publiée : si la dissolution est prononcée, parce qu'il y a modification aux statuts, et, lorsque la société est maintenue, parce que le seul fait de la convocation est de nature à jeter un doute sur son existence future, et qu'il importe que les tiers soient fixés (L. 1867, art. 37, al. 2).

Si l'assemblée n'est pas convoquée, ou ne réunit point le *quorum*, ou statue irrégulièrement, la dissolution conventionnelle peut être remplacée par la dissolution judiciaire. Tout associé, ne fut-il possesseur que d'une seule action, a le droit de la demander au tribunal. Celui-ci,

Caen et Renault, *Dr. comm.*, t. II, n° 907; Houpin, *Traité des soc.*, t. II, n° 917, p. 142.

(1-3) Houpin, *Traité des soc.*, t. II, n° 947, p. 142.

SALZ. 12

substitué alors à l'assemblée, peut décider, souverainement comme elle, si la société doit continuer à vivre malgré le changement survenu dans sa situation, ou si la dissolution n'est point préférable. Le jugement, quel qu'il soit, est soumis à la même publicité que la délibération qu'il remplace (L. 1867, art. 37, al. 3).

Le résultat obtenu par l'une des deux voies ne peut plus être remis en question par l'autre. Ainsi, lorsque l'assemblée s'est prononcée, régulièrement, pour le maintien de la société, les associés considérés individuellement ne pourraient plus en poursuivre la dissolution judiciaire. Il est même logique d'admettre que l'instance commencée avant la délibération cesse de plein droit dès que celle-ci est intervenue [1]. Mais la jurisprudence repousse cette fin de non-recevoir contre l'action intentée [2].

2° Le nombre des actionnaires tombe au dessous de sept. Ce minimum, en effet, est nécessaire, non seulement à la naissance, mais encore au maintien de la société. Toutefois, lorsqu'après avoir été atteint au début, il cesse à un moment d'exister, la société n'est pas non plus pour cela nulle de plein droit. Un an est laissé aux actionnaires subsistants pour compléter leur nombre. C'est seulement lorsque le chiffre de sept n'a pas été atteint à nouveau dans le délai que la nullité peut être invoquée [3]. Une action

---

(1) Douai. 30 déc. 1891, S. et *J. Pal.*, 92. 2. 317; Cass., 29 janv. 1894, S. et *J. Pal.*, 94. 1. 169; Lyon-Caen et Renault, *Dr. comm.*, t. II, n° 906, p. 780. En sens contraire : P. Pont, *Comment. des soc. civ. et comm.*, t. II, n° 1919.

(2) Paris, 6 févr. 1894, D. 94. 2. 546. En sens contraire : Lyon-Caen et Renault, *Dr. comm.*, t. II, n° 906, p. 781.

(3) Cette dissolution est facultative pour les tribunaux : Houpin, *Traité des soc.*, t. II, n° 948, p. 143.

est ouverte, à cet effet, à tout intéressé (L. 1867, art.
38).

Les causes qui mettent fin à une société ordinaire, mais
demeurent sans effet sur les sociétés anonymes, consistent
dans les faits personnels aux associés. Ce sont la mort,
l'interdiction, la faillite, la liquidation judiciaire ou la déconfiture. C'est aussi la volonté individuelle d'un ou plusieurs actionnaires, la société fût-elle établie pour un dé·
lai illimité (1). L'actionnaire qui veut sortir d'une société
anonyme n'a qu'à se dessaisir de ses actions (2).

La dissolution, de même que la formation de la société,
doit être, en principe, portée à la connaissance des tiers
par l'accomplissement des formalités de publicité (3).
Informés de sa naissance, il faut qu'ils soient aussi avertis
de sa mort. La nécessité de la seconde publication est
amenée par celle de la première. Une société ne saurait
avoir d'existence à l'égard des tiers que s'ils possèdent le
moyen légal de vérifier le moment où elle commence et
celui où elle finit. La publication est, par suite, obligatoire
dans deux séries de cas :
 1° Lorsque la formation de la société n'avait pas été

---

(1) Cass., 29 avr. 1897, D. 98. 1. 106; Lyon-Caen et Renault, *Dr. comm.*,
t. II, n° 907 *ter*, p. 782; cf. Houpin, *Traité des soc.*, t. II, n° 944, p. 139.

(2) La démission simultanée de tous les administrateurs, ne rentrant dans
aucun de ces cas, ne serait pas une cause de dissolution : Aix, 20 déc. 1890,
Journal des soc., 1891, p. 280; Lyon-Caen et Renault, *Dr. comm.*, t. II,
n° 907 *bis*, p. 782; Houpin, *Traité des soc.*, t. II, n° 944, p. 139.

(3) Houpin, *Traité des soc.*, t. II, n° 1033 et s., p. 201 et s.

publiée régulièrement [1]. Sans la publicité de la dissolution, les tiers ne seraient plus avertis. Comme la nullité pour défaut de publicité ne leur est pas opposable ou est susceptible de cesser, ils seraient en droit de considérer, même après la dissolution, la société comme toujours existante [2].

2° Si la société finit par une dissolution anticipée, quelle qu'en soit la cause, que l'acte initial ait été ou non publié [3]. Alors, en effet, la publicité initiale serait insuffisante pour renseigner les tiers. Cette seconde série de cas comprend :

a) La dissolution avant terme, quand il en avait été fixé un ;

b) La dissolution votée par les actionnaires, lorsque la société avait été formée pour une période indéterminée.

c) La dissolution pour perte des trois quarts du fonds social, puisque cet événement n'amène point par lui-même la cessation de la société ;

d) La dissolution judiciaire [4].

Au contraire, la dissolution n'a pas besoin d'être publiée lorsque les tiers ont le moyen de la connaître par des actes de publicité antérieurs. C'est ce qui est amené par la réunion de deux conditions :

1° La formation de la société a été l'objet d'une publicité régulière ;

(1-2) Lyon, 14 mai 1832, S. 32. 2. 505; Cass., 9 juill. 1833, S. 33. 1. 538; Douai, 2 févr. 1875, D. 77. 2. 140; P. Pont, *Comment. des soc. civ. et comm.*, n° 1203; Lyon-Caen et Renault, *Dr. comm.*, t. II, n° 307; Houpin, *Traité des soc.*, t. II, n° 1033, p. 201.

(3) Houpin, *Traité des soc.*, t. II, n° 1033, p. 201, n° 1040, p. 206.

(4) En sens contraire : Lyon-Caen et Renault, *Dr. comm.*, n° 356; note de Wahl, sur Cass., 19 avr. 1893, S. 94. 1. 289; Marseille, 28 juin 1888, *Revue des soc.*, 1889, p. 143; Aix, 7 janv. 1889, *Rec. Aix*, 91. 1, p. 302.

2° La société est dissoute à l'époque qui ressort des statuts. Il suffit alors pour connaître la dissolution de se reporter à la publication initiale. Cette publication suffit, notamment, quand la dissolution a pour cause :

a) L'arrivée du terme ;

b) L'accomplissement d'une condition résolutoire casuelle ;

c) La réalisation de l'objet social ;

d) La perte totale du fonds social.

Quand la publicité de la dissolution est exigée, l'omission de cette formalité a les mêmes conséquences que l'omission de la publicité initiale : la dissolution est considérée comme non avenue en principe[1]. La nullité peut être opposée entre associés ; mais, de même que la nullité de la société, cette nullité de la dissolution ne peut pas être opposée par les associés aux tiers. Étant donnée la force obligatoire de la présomption légale, il n'y a pas à rechercher si les personnes qui invoquent le défaut de publicité connaissaient ou non la cause de dissolution.

Lorsque cette publicité n'est pas exigée, les effets de la dissolution se produisent immédiatement. Toutefois, les tiers qui n'en ont pas eu connaissance sont admis à prouver leur bonne foi. L'application de cette règle ne serait pas modifiée par la publicité qui, en fait, aurait pu avoir lieu, parce que, n'étant point commandée par la loi, elle ne saurait produire aucun effet légal. Il n'en résultera qu'un élément d'appréciation pour le tribunal.

(1) Cass., 19 avr. 1893, *Revue des soc.*, 1893, p. 327 ; Houpin, *Traité des soc.*, t. II, n° 1043, p. 208.

§ 2. — *Effets de la dissolution.*

La dissolution de la société produit des effets analogues à l'ouverture d'une succession. La société cesse d'exister juridiquement et son patrimoine passe aux associés, qui peuvent en être considérés comme les héritiers. Ils deviennent, en conséquence, propriétaires des biens, à charge de payer les dettes sociales. Mais, comme le partage de l'actif et l'acquittement du passif exigent le maintien d'une organisation, celle de la société, qui se continue ainsi, subsiste en partie jusqu'à la dernière opération. Seuls les rouages inutiles à cet objet disparaissent. Malgré la dissolution :

a) La personnalité morale se prolonge [1];

b) Les assemblées d'actionnaires ordinaires et extraordinaires peuvent être convoquées [2];

c) Il n'y a plus d'administrateurs, mais il est constitué un ou plusieurs liquidateurs.

Seuls, les commissaires des comptes, dont le rôle n'a plus d'objet, ne sont ni maintenus ni remplacés.

Le liquidateur est le rouage essentiel de cette organisation nouvelle.

Les deux grandes opérations dont il est chargé sont la liquidation et le partage. Quoique distinctes de leur nature, elles forment un tout inséparable après la dissolution de la société anonyme.

(1) V. Houpin, *Traité des soc.*, t. II, n° 950, p. 145, et n° 2, avec les références à la doctrine et à la jurisprudence.

(2) Paris, 3 avr. 1884, *Journal des soc.*, 1885, p. 451 ; Seine, 3 févr. 1888, *Journal des soc.*, 1889, p. 82 ; Houpin, *Traité des soc.*, t. II, n° 950, p. 145.

A. *Liquidation.* — La liquidation consiste à réaliser l'actif, pour en employer le produit à l'extinction du passif. Cette opération précède le partage. Il ne faut pas la confondre avec la faillite [1]. Tandis que les opérations de la faillite se font au nom et dans l'intérêt des créanciers, la liquidation a lieu au nom et dans l'intérêt des actionnaires, et, s'ils ne s'en acquittent pas en personne, comme peuvent le faire des héritiers, ce n'est que pour une raison pratique. En principe, les créanciers demeurent des tiers protégés seulement par le moyen de l'action paulienne. Ils n'ont à intervenir dans la liquidation que s'ils y ont été associés par une convention spéciale.

Le liquidateur est le mandataire des actionnaires, à l'effet de procéder à la liquidation [2]. Il diffère donc du syndic de la faillite, qui représente exclusivement les créanciers, et du liquidateur judiciaire admis par la loi du 4 mars 1889, qui intervient aussi dans l'intérêt seul de ces derniers, en assistant le bénéficiaire de cette mesure. C'est par confusion de la liquidation avec ces deux situations différentes que plusieurs jugements ou arrêts ont admis que le liquidateur pouvait aussi représenter les créanciers [3]. Toutefois, rien n'empêche ces derniers ou

---

(1) Pour la faillite de la société anonyme et les différences qu'elle présente avec la liquidation : V. Houpin, *Traité des soc.*, t. II, nº 956, p. 148 et s.

(2) Paris, 28 déc. 1888, *Journal des soc.*, 1890, p. 372 ; Houpin, *Traité des soc.*, t. II, nº 952, p. 146.

(3) Sur l'absence de rapports entre le liquidateur et les créanciers : V. Aix, 31 mai 1871, S. 72. 2. 47 ; Paris, 3 janv. 1886, *Revue des soc.*, 1887, p. 297 ; et 15 nov. 1886, *Revue des soc.*, 1887, p. 247 ; P. Pont, *Comment. des soc. civ. et comm.*, nºˢ 1936 et 1949 ; Lévy-Lion, *De la liquid. des soc. comm.*, p. 38

quelques-uns d'entre eux de confier au liquidateur le soin
d'agir pour eux aussi, et ils sont même supposés l'avoir
fait quand ils ont concouru à sa nomination. Mais fussent-
ils unanimes, chacun d'eux devra figurer en son nom dans
les actes et procès les concernant, parce qu'ils ne forment pas une masse, comme en cas de faillite ou de
liquidation judiciaire.

Le liquidateur doit être, en principe, désigné par les
actionnaires selon le mode qu'eux-mêmes ont décidé [1].
Cette désignation peut être faite par avance dans les
statuts. Quand les statuts sont muets sur ce point, l'unanimité des actionnaires est exigée [2]. Si, comme il est
inévitable dans une société anonyme un peu nombreuse,
cette unanimité n'a pu s'obtenir, le tribunal de commerce
devra procéder à la nomination. Cependant, pour éviter
cette nécessité, les actionnaires ont la ressource, malgré
la dissolution de la société, de compléter ou de corriger
les statuts. Mais il faut alors appliquer la procédure particulière de la révision, et, par conséquent, convoquer à
cet effet une assemblée extraordinaire.

L'acte de nomination, que ce soient les statuts, une

et s.; V. Cass., 14 mai 1890, S. 92. 1. 484; Seine, 6 sept. 1892, *Revue des soc.*, 1893, p. 93.

(1) Si les statuts en confient le soin à une assemblée d'actionnaires sans préciser, une assemblée ordinaire est compétente, car cette désignation ne saurait être considérée comme une modification aux statuts, pour laquelle seulement il faudrait la convocation d'une assemblée extraordinaire : Trib. comm. Seine, 22 juill. 1891, *La Loi*, n° du 8 août 1891; Lyon-Caen et Renault, *Dr. comm.*, t. II, n° 909, p. 783; Houpin, *Traité des soc.*, n° 953, p. 167.

(2) Houpin, *Traité des soc.*, t. II, n° 953, p. 146, avec les auteurs et les arrêts cités en note.

délibération de l'assemblée ou un jugement du tribunal de commerce, détermine, en même temps que la personne du liquidateur, la nature gratuite ou rétribuée de ses fonctions ; puis, dans ce dernier cas, le seul réalisé en pratique, le chiffre de la rémunération [1]; enfin l'étendue des pouvoirs, ainsi que leur durée.

Aucune condition spéciale de capacité n'est exigée du liquidateur. Il peut être pris parmi les actionnaires ou en dehors d'eux. A Paris, le tribunal de commerce exerce ordinairement son choix parmi les personnes, appelées liquidateurs-administrateurs, qu'il agrée à cet effet. Les liquidateurs de profession sont des commerçants, tenus à toutes les obligations des commerçants.

La révocation du liquidateur est soumise aux mêmes règles que sa nomination : le procédé peut en être déterminé par les statuts ; la mesure, peut être prise par les actionnaires ; enfin elle peut résulter d'une sentence judiciaire [2]. Mais le mode de révocation varie avec le mode de désignation. La révocation du liquidateur statutaire exige l'unanimité des actionnaires, y compris le liquidateur, s'il est actionnaire. Celle du liquidateur nommé par l'unanimité des actionnaires exige aussi leur unanimité, mais non le consentement de ce liquidateur. Enfin, sauf le cas d'unanimité, celle du liquidateur nommé par le tribunal doit être l'œuvre du tribunal lui-même, prononçant d'office ou sur la demande des actionnaires. Mais aucune de ces règles ne fait obstacle à la destitution du liquidateur

____

(1) Presque toujours les honoraires des liquidateurs ne sont fixés qu'à l'achèvement de la liquidation.

(2) Houpin, *Traité des soc.*, t. II, n° 953, p. 147, n° 4.

inhabile ou incapable, qui peut, dans tous les cas, être poursuivi devant le tribunal, par application de l'article 1184 du Code civil.

Le mandat du liquidateur cesse, comme tout autre mandat, par sa mort, son interdiction, sa faillite ou sa déconfiture, enfin sa renonciation (Civ., art. 2003).

Pour quelque cause que ses pouvoirs prennent fin, son remplacement se fait de la même manière que sa nomination.

De même que la formation et la dissolution de la société, le mode de liquidation est soumis à la publicité. Elle porte, d'après l'article 61 de la loi de 1867, sur : « les actes et délibérations... ayant pour objet le mode de liquidation ». Cela comprend les délibérations et actes primitifs, et les changements postérieurs. En l'absence de cette publicité le public n'a pas à tenir compte de ce qui a été décidé. Par exemple, il traiterait valablement avec un associé prenant la qualité de liquidateur, alors que cependant il y a un liquidateur spécial [1]; ou bien avec le liquidateur désigné, alors même qu'il avait été révoqué et remplacé par un autre [2].

Au lieu d'un seul liquidateur, il peut en exister deux ou plusieurs [3]. L'importance et le nombre des opérations à accomplir rend même cet arrangement plus fréquent dans les sociétés anonymes. En règle générale, leur una-

----

(1-2) Bédarride, *Comment. de la loi de 1867*, n° 619; P. Pont, *Comment. des soc. civ. et comm.*, n° 1193; Lyon-Caen et Renault, *Droit comm.*, n°s 203 et 373. Mais la dissolution subsiste, même si le nom du liquidateur n'a pas été publié : Paris, 31 mai 1883, *Revue des soc.*, 1884, p. 22; Houpin, *loc. cit.*

(3) Houpin, *Traité des soc.*, t. II, n° 952, p. 146.

nimité est exigée pour l'accomplissement d'un acte de liquidation ; le pouvoir nécessaire est considéré comme confié à l'ensemble des liquidateurs, tenant lieu d'un liquidateur unique. Mais le contraire peut être décidé dans l'acte de nomination.

La liquidation, à la différence de la faillite ou de la liquidation judiciaire, n'ouvre aucun droit nouveau et ne fait cesser aucun droit ancien. Rien n'est changé en principe à la situation antérieure, ni au préjudice ni au profit de la société. Celle-ci continue à subsister pour cet objet nouveau, et jusqu'à sa réalisation, telle qu'elle était auparavant. Elle conserve sa personnalité morale ; son ancien domicile lui demeure ; actionnée dans la personne du liquidateur, ce doit être au tribunal de ce domicile. L'effet essentiel amené par la dissolution est l'impossibilité légale pour la société d'entamer des opérations nouvelles, et la nécessité d'employer ses ressources aux opérations de la liquidation. Si le liquidateur s'est substitué aux administrateurs, les actionnaires, eux, n'ont pas acquis de nouveaux pouvoirs. Cet état de choses se manifeste dans la réalisation de l'actif et dans l'acquittement du passif.

1º L'actif est toujours considéré comme appartenant à la société. La réalisation en exige :

a) L'achèvement des affaires commencées ;

b) Le recouvrement des sommes dues ;

c) La vente des marchandises ou autres biens composant l'actif social.

Ces actes sont l'œuvre du liquidateur, comme, avant la dissolution, ils étaient de la compétence des administrateurs [1]. Les actionnaires pris individuellement ne peuvent ni faire rentrer leur part de créance, ni aliéner ou hypothéquer leur part de fonds social.

2° Aucun changement n'est apporté au passif par le fait de la dissolution :

a) Les créanciers conservent le droit de poursuite individuelle, au lieu d'avoir un représentant légal obligatoire, comme le syndic de la faillite;

b) Si la société ne remplit pas ses engagements, la faillite peut toujours être prononcée;

c) La liquidation ne rend pas exigibles les dettes à terme. Quand, par suite du refus de la société ou des créanciers dans l'intérêt desquels le terme était stipulé, le paiement n'a pas lieu immédiatement, les sommes dues seront consignées jusqu'à l'échéance [2];

d) Les créanciers seront payés sur le fonds social, par préférence aux créanciers personnels des actionnaires;

e) C'est au liquidateur que les demandes en remboursement devront être adressées ;

f) Les nouveaux créanciers avec lesquels le liquidateur a pu traiter ne jouissent d'aucun droit de préférence par rapport aux anciens créanciers. C'est une différence entre la liquidation et la faillite, où les créanciers *de la masse*

----

(1) Houpin, *Traité des soc.*, t. II, n° 958, p. 151.

(2) Aux termes de la jurisprudence, si une dissolution anticipée met prématurément fin à la société, les obligataires ne peuvent que réclamer la déchéance du terme ou la résiliation du contrat. Il faut alors, comme dans le cas de déconfiture ou de faillite, fixer la somme que les obligataires peuvent réclamer, et les deux cas de dissolution anticipée sont traités de même. Voir sur cette question : Lyon-Caen et Renault, *Dr. comm.*, t. II, n° 583, p. 433.

sont payés avant les créanciers *dans la masse*. Le seul privilège que puissent invoquer ces créanciers nouveaux est celui que leur donnerait, selon les principes du Code civil, la cause de leur créance : frais de justice, dépenses faites pour la conservation de l'actif, etc.

Comme tout mandataire, le liquidateur n'a que les pouvoirs qui lui ont été confiés expressément ou tacitement. Les autres appartiennent à l'assemblée générale des actionnaires, à laquelle ils ont pu être réservés. Aucune restriction n'est apportée à cet égard à la liberté de la société. Quand l'acte de nomination ne dit rien, il faut reconnaître au liquidateur, étant donné l'objet de son mandat, le droit de faire tous les actes nécessaires à la liquidation. Ce sont :

a) Les actes conservatoires, tels qu'inscription hypothécaire, acte interruptif de prescription, etc...;

b) Les actes d'administration proprement dits, par exemple, les recouvrements de créance, tant contre les tiers que contre les actionnaires en retard [1];

c) Même les actes de disposition, du moment qu'ils sont nécessaires à la liquidation, comme constitution d'hypothèque ou de gage; aliénation de meuble et même, logiquement, d'immeuble; endossement d'effets de commerce; action judiciaire, quelle qu'en soit la nature, possessoire ou pétitoire; transaction ou compromis; emprunt même, si la liquidation doit en être facilitée, condition présumée jusqu'à preuve de la mauvaise foi contre l'autre partie. Au contraire, le liquidateur ne pourrait pas, parce

____

(1) Houpin, *Traité des soc.*, t. II, n° 958, p. 151.

qu'on n'y saurait voir un acte de liquidation, transporter à un tiers ou à une autre société tout l'actif social [1], ni même, dans l'opinion de la jurisprudence [2], aliéner les immeubles, quoi que ce soit en vue de la liquidation.

Les actes défendus au liquidateur sont décidés seulement par l'assemblée générale des actionnaires, qui s'en sont réservé l'accomplissement.

Quel que soit l'auteur de l'acte, aucune forme, en principe, n'est imposée, à moins d'indication contraire. Ainsi le liquidateur peut procéder à une vente amiable au lieu de recourir aux enchères [3]. Il n'est même pas astreint à consigner les sommes qu'il a encaissées. C'est une double différence avec le syndic. Elle tient à l'origine tout autre de leur mandat, donné au syndic par la loi, et au liquidateur par la volonté libre des associés. Seul, le liquidateur de profession est tenu d'avoir des registres, mais c'est en qualité de commerçant.

A raison du caractère conventionnel de son mandat, le liquidateur n'est assujetti à aucune garantie légale au profit des actionnaires ou des tiers. C'est aux actionnaires,

---

(1) V. Cass., 20 mars 1860, S. 61. 1. 61; Clermont-Ferrand, 11 janv. 1887, et Riom, 7 févr. 1888, D. 89. 2. 67; Houpin, *Traité des soc.*, t. II, n° 959, p. 152.

(2) La question est discutée en général, quelle que soit la nature de la société; mais les arguments invoqués pour refuser au liquidateur le pouvoir d'aliéner les immeubles sans le consentement des associés se rapportent plutôt aux sociétés de personnes qu'à la société anonyme. Voir arrêts et auteurs cités par Houpin, *Traité des soc.*, t. I, n° 208, p. 165.

(3) Cf. Liège, 1er mars 1899, *Journal des soc.*, 1899, p. 438; Houpin, *Traité des soc.*, t. II, n° 958, p. 152. En fait ces cessions amiables sont rares, parce que le liquidateur, pour dégager sa responsabilité, emploie de préférence la vente par adjudication publique devant notaire.

dans l'acte de nomination, à lui imposer celles qu'ils jugent nécessaires. A cet égard, les liquidateurs se distinguent des administrateurs. S'il y en a eu plusieurs, il n'existe entre eux aucune solidarité. Le liquidateur rend compte [1] à l'assemblée générale des actionnaires, conformément aux règles du mandat [2]. Sa responsabilité est celle d'un mandataire, mais son mandat étant presque toujours salarié, ses fautes sont appréciées plus sévèrement que celles d'un mandataire gratuit. Dans aucun cas, le liquidateur n'encourt de responsabilité spéciale envers les tiers, vis-à-vis desquels il n'est tenu que dans les termes du droit commun.

Aucune formalité de publicité n'indique aux tiers la fin de la liquidation. Par suite, ils continueront à traiter valablement avec le liquidateur, malgré la cessation de ses pouvoirs, à moins que leur mauvaise foi ne soit établie par les associés (Civ., art. 2007).

La loi ne contenant pas de dispositions sur la conservation des livres et des papiers de la société, c'est aux associés à y pourvoir en assemblée générale, ou, à leur défaut, sur la demande de l'un d'entre eux, par le tribunal de commerce.

[1] Les comptes du liquidateur, à la différence des comptes annuels des administrateurs, n'ont pas besoin d'être approuvés par les commissaires de surveillance, dont le mandat a pris fin à la liquidation : Trib. comm. Seine, 19 mars 1894, *Le Droit*, n° des 14-16 mai 1894 ; Lyon-Caen et Renault, *Dr. comm.*, t. II, n° 909, p. 783, n° 1.

[2] Le liquidateur lui-même, s'il est actionnaire, peut figurer régulièrement dans cette assemblée, comme dans toutes les autres, sa qualité, en l'absence d'une disposition formelle, ne pouvant lui créer une cause d'exclusion : Trib. comm. Seine, 17 nov. 1891, *Le Droit*, n° du 20 nov. 1891 ; Lyon-Caen et Renault, *Dr. comm.*, t. II, n° 909, p. 783.

B. *Partage.* — Le partage du fonds social suit, en fait, la liquidation, parce qu'il ne porte que sur le reliquat demeurant après le paiement intégral des dettes sociales. Il ne serait pas pratique, en effet, que les actionnaires se partageassent l'actif brut, comme font des héritiers, pour acquitter ensuite, chacun dans cette mesure, leur part du passif social. Si, par extraordinaire, ils avaient touché quelque chose avant l'entier acquittement du passif, les créanciers auraient contre eux l'action en répétition des sommes indûment perçues (1).

Les biens composant le fonds social n'étant pas de ceux que les actionnaires aient intérêt ou même possibilité de se partager en nature, ils sont vendus, en même temps que les biens dont l'aliénation est nécessaire à l'acquittement du passif, par le liquidateur lui-même, et il n'est distribué que le prix en provenant. Toutefois, il n'en serait pas nécessairement ainsi dans une société anonyme composée d'un très petit nombre de membres, ou si les auteurs d'apports en nature tenaient à les reprendre après la cessation de la société. Rien n'empêcherait alors le partage de se faire comme dans une société de personnes. Le Code de commerce n'en indique pas les règles, mais renvoie au partage d'une succession. Mais toutes les règles de partage de succession ne s'appliquent pas, indistinctement ou telles quelles, au partage des sociétés.

Par conformité avec le partage d'une succession, on soumettra le partage du fonds social aux règles suivantes :

---

(1) Cass., 2 déc. 1891, *Le Droit*, n° du 16 déc. 1891 ; Lyon-Caen et Renault, *Dr. comm.*, t. II, n° 910, p. 784 ; Houpin, *Traité des soc.*, t. II, n° 961, p. 157.

1° Il aura lieu à l'amiable ou judiciairement, selon les mêmes distinctions;

2° L'initiative peut en venir de n'importe quel associé, et la convention stipulant la prolongation de l'indivision ne vaut que pour un maximum de cinq ans;

3° Les dettes d'un associé envers la société sont soumises au rapport;

4° Chaque copartageant peut exiger sa part en nature;

5° La garantie est due contre l'éviction, les vices de la chose ou l'insolvabilité du débiteur, quand une créance sociale est mise dans un lot;

6° La rescision peut être demandée pour lésion de plus du quart;

7° L'associé créancier d'une soulte, de la garantie, ou du prix de licitation, a le privilège des copartageants;

8° Ce partage est déclaratif, et non attributif, de propriété. Chaque associé est considéré comme tenant sa part tout entière de la société elle-même. Mais la rétroactivité ne va pas au delà de la dissolution. La personnalité morale subsistant pour les besoins de la liquidation, l'associé ne pourrait non plus l'opposer à un tiers qui tiendrait régulièrement son droit du liquidateur. Elle n'a d'effet qu'entre les copartageants eux-mêmes, lorsque l'un d'eux, pendant la période d'indivision, a grevé de droits ou aliéné une chose mise ensuite, au partage, dans le lot d'un autre associé. Dans aucun cas, la rétroactivité, d'après la loi du 10 juillet 1885 sur l'hypothèque maritime, ne s'applique aux bâtiments de mer faisant partie de l'actif social et grevés d'hypothèques.

Mais le partage de l'actif social diffère du partage d'une

succession par l'exclusion des règles qui présentent un caractère exceptionnel, et, par conséquent, spécial. Ainsi :

1° Si l'un des communistes vend sa part à un tiers, celui-ci ne peut être exproprié de l'acquisition par l'application de l'article 841 du Code civil sur le retrait successoral;

2° Il n'y a pas lieu à l'apposition des scellés, qui serait un obstacle à la continuation provisoirs du commerce;

3° Les créanciers d'un copartageant n'ont pas besoin de faire opposition préalable au partage pour conserver le droit de l'attaquer par l'action paulienne;

4° D'après la jurisprudence de la Cour de cassation tout au moins, les intérêts de la somme due ne courent pas de plein droit à la charge de l'associé débiteur de la société, soumis, comme tel, au rapport de sa dette.

Prescription. — La dissolution de la société et l'achèvement de la liquidation ne laissant rien subsister de l'organisation primitive, il ne reste plus que des actions personnelles contre les actionnaires. Ainsi, ils peuvent être poursuivis en restitution des sommes réparties indûment entre eux. Pour ne pas laisser subsister trop longtemps cette situation, l'article 64 du Code de commerce a édicté pour certains cas une prescription spéciale de cinq ans en matière de société. Bien qu'il résulte des travaux préparatoires que le bénéfice en est réservé aux associés tenus solidairement et indéfiniment, une jurisprudence constante en a fait application aux autres [1], et, par suite, aux actionnaires dans la société anonyme [2]. Il y a ainsi, en

(1-2) Quoique la jurisprudence donne une portée très large à l'article 64

matière de société, où la prescription de trente ans demeure souvent applicable, deux espèces de prescriptions différentes par leur durée, semblables par leur point de départ et par les causes de suspension et d'interruption.

La prescription de cinq ans suppose la dissolution de la société ou la déclaration de nullité. A l'action proprement dite, on assimile les voies d'exécution possibles en vertu d'un jugement antérieur ou d'un titre exécutoire.

La prescription quinquennale éteint les actions des tiers contre les associés.

Il y a lieu d'appliquer seulement la prescription trentenaire :

1° Aux actions des tiers contre la société elle-même ;

2° Aux actions des associés les uns contre les autres ;

3° Aux actions de la société contre les associés ;

4° Aux actions de la société contre les tiers ;

5° Aux actions de la société contre les anciens administrateurs [1] ou contre le liquidateur ;

6° A l'action directe donnée aux créanciers sociaux non

du Code de commerce, un jugement a toutefois enlevé le bénéfice de la prescription de cinq ans aux actionnaires : Trib. comm. Seine, 14 mars 1890, *Le Droit*, n° du 4 avr. 1890 ; V. aussi dans ce sens : Trib. comm. Seine, 9 juill. 1893 ; 18 avr. 1898, *Le Droit*, n° du 6 mai 1898 ; *Journal des soc.*, 1896, p. 524, et 1898, p. 371, *Revue des soc.*, 1897, p. 38, et 1898, p. 270. Cf. Houpin, *Traité des soc.*, t. II, n° 962, p. 157.

(1) Notamment la responsabilité particulière encourue par les fondateurs, les administrateurs et les commissaires, en vertu des art. 12 à 44 de la loi de 1867, ne cesse point par la prescription de cinq ans : Trib. comm. Seine, 20 mai 1882, *Le Droit*, n° du 4 juin 1882 ; Lyon-Caen et Renault, *Dr. comm.*, t. II, n° 806, p. 664, et n° 911, p. 784 ; Houpin, *Traité des soc.*, t. II, n° 962, p. 157.

désintéressés contre les actionnaires, en restitution des sommes réparties indûment entre eux (1).

Le point de départ de la prescription, aussi bien de trente ans que de cinq ans, est, en principe, la cessation de la société, mais cette cessation n'est pas entendue de la même manière dans tous les cas. C'est :

1° La publicité, quand elle est obligatoire ;

2° Le fait même qui a mis fin à la société, si la publicité n'en est pas exigée ;

3° La clôture de la liquidation, si c'est des opérations de cette liquidation que la créance a pris naissance.

L'action en répétition des sommes indûment distribuées aux actionnaires se prescrit à partir de cette distribution. La prescription peut donc en être achevée au cours même de la société anonyme.

Les deux prescriptions sont susceptibles d'interruption par les causes ordinaires. L'acte interruptif doit avoir lieu à l'égard du liquidateur tant que la liquidation n'est pas achevée, à l'égard de chaque associé contre lequel le créancier veut conserver son action, dans le cas contraire.

La prescription de trente ans est soumise aux causes de suspension ordinaires. Celle de cinq ans court même aux dépens des mineurs et des interdits, comme toutes les

______

(1) Des codes étrangers ont soustrait les actionnaires à cette action en répétition, tout en sauvegardant les droits des créanciers sociaux. Jusqu'à l'expiration d'un certain délai, ordinairement de six mois ou un an, à partir du jour où la dissolution a été publiée, il ne peut être procédé à aucune distribution et les créanciers sont invités à se faire connaître. Passé ce délai, les distributions faites régulièrement demeurent définitivement acquises : C. allemand de 1861, art. 245 ; C. hongrois, art. 204 ; C. fédéral suisse des obligations, art. 667.

courtes prescriptions. Si la créance du demandeur est à terme ou à condition, le point de départ, quelle que soit la prescription, est reculé jusqu'à l'arrivée du terme ou l'accomplissement de la condition.

Faillite. — Les règles applicables en cas de dissolution sont plus ou moins modifiées quand la société se termine par la faillite ou la liquidation judiciaire, qui n'en est d'ailleurs qu'une forme adoucie [1]. La faillite n'amène pas nécessairement la dissolution de la société, puisqu'elle peut aboutir à un concordat [2]. Mais, comme cette solution favorable est exceptionnelle, quelques-uns des premiers effets de la déclaration de faillite lui sont communs avec la dissolution. En principe, la faillite d'une société anonyme ne se distingue pas de la faillite d'un particulier. De même que cette dernière, elle se divise en deux périodes, dont la seconde peut ne pas s'ouvrir :

1° La période qui va du jugement déclaratif à la délibération sur la concession du concordat, dans laquelle il n'est pris que les mesures nécessaires pour permettre aux créanciers la solution de cette question ;

2° La période dite de l'union, quand le concordat a été refusé à la société, dans laquelle les biens sont vendus pour désintéresser les créanciers. C'est seulement la période de l'union qui peut être rapprochée de la liquida-

[1] Paris, 5 févr. 1872, D. 74. 2. 235; Cass., 14 juill. 1862, S. 62. 1. 938; Houpin, *Traité des soc.*, t. II, n° 956, p. 148.

[2] Douai, 27 févr. 1895, D. 96. 2. 1; Seine, 17 oct. 1896, *Revue des soc.*, 1897, p. 40; Cassat., 5 nov. 1895, D. 97. 1. 114 et 115; note de Thaller sur les arrêts de Douai et de Cassation, *loc. cit.*; Houpin, *Traité des soc.*, t.II, n° 956, p. 148, note 6.

tion volontaire. Mais plusieurs effets de la faillite sont communs aux deux périodes. C'est donc l'ensemble de la faillite qu'il convient de comparer à la liquidation.

Une différence essentielle, dont toutes les autres découlent, sépare la faillite de la liquidation et explique pourquoi, en cas d'insolvabilité de la société, la liquidation peut être remplacée par la faillite [1]. La liquidation suppose la société solvable, la faillite repose sur l'idée d'insolvabilité. La liquidation est l'œuvre des associés représentés par le liquidateur; les opérations de la faillite sont, juridiquement, l'œuvre des créanciers, dont les syndics sont les mandataires légaux. Tandis que la liquidation se fait librement, sans intervention judiciaire, si les associés sont d'accord, la faillite est soumise à des règles nombreuses et minutieuses, destinées d'abord à protéger les intérêts des créanciers et, subsidiairement, ceux du failli.

Tous les créanciers forment une masse représentée par le syndic. Aucune distinction n'est faite entre les créanciers à terme et les autres, la faillite, à la différence de la liquidation, emportant déchéance du terme aux dépens du

----

(1) La nomination d'un syndic n'empêche pas la désignation d'un liquidateur. Ce n'est pas en effet le même rôle qu'ils sont appelés à remplir; le syndic représente les créanciers, le liquidateur représente les associés. V. Cassat. (Civ.) 10 avr. 1889, *Journal des soc.*, 1890, p. 126; S. 90. 1. 25; Seine, 23 août 1896, *Journal des soc.*, 1897, p. 186. A cet égard la liquidation judiciaire ne se distingue pas de la faillite. Bordeaux, 6 mars 1895, *Journal des soc.*, 1895, p. 106, et 13 nov. 1895, *Revue des soc.*, 1897, p. 210. Cependant il a été proposé, dans le projet de loi sur les sociétés, d'interdire ce concours du syndic et du liquidateur; mais cette solution a été justement critiquée. Pic, *Ann. de dr. comm.*, 1887, p. 130; Houpin, *Traité des soc.*, t. II, n° 956, p. 150.

failli. Par suite, les poursuites individuelles sont suspen-
dues.

Les syndics sont nommés par le tribunal. Lui seul,
aussi, a qualité pour prononcer leur destitution.

Un mandat spécial leur est nécessaire pour continuer,
même provisoirement, le commerce du failli.

Les actes les plus importants ont besoin d'être autorisés.

La plupart sont passés obligatoirement dans une forme
particulière, protectrice des droits de chacun. Ainsi, les
ventes d'immeubles ont lieu aux enchères, non à l'amiable,

Les créanciers, quand l'actif est insuffisant pour les
désintéresser tous intégralement, reçoivent un dividende,
au lieu d'être payés, comme dans la liquidation, au fur et
à mesure qu'ils se présentent [1].

Les syndics rendent compte, non aux associés, mais aux
créanciers, puisque ce sont les derniers, et non les premiers, qu'ils représentent.

[1] La somme pour laquelle des obligataires non encore remboursés doivent être colloqués dans la faillite de la société varie avec les auteurs et les
arrêts. Ils ont été admis : 1° au taux d'émission des obligations; Lyon,
8 août 1873, S. 74. 2. 105; *J. Pal.*, 1874. 473; 2° pour le capital nominal;
Lyon, 8 août 1873. D. 74. 2. 201; S. 74. 2. 205; *J. Pal.*, 74. 473. Trib. civ.
Boulogne-sur-Mer; D. 74. 2. 203; *Journal des trib. de commerce*, 1885,
n° 298; Regnault et Valframbert, *Du droit des obligataires sur le prix d'achat,
des chemins de fer*, p. 13 et s.; 3° au taux d'émission augmenté de la différence
entre l'intérêt payé réellement et l'intérêt maximum admis par la loi;
Paris, 25 mai 1862, D. 63. 1. 350; S. 52. 2. 237; Cassat., 10 août 1863, D. 1.
349; S. 63. 1. 428; *J. Pal.*, 63. 1. 169; 4° au même taux d'émission, mais
augmenté d'après la valeur de la prime ou l'augmentation de valeur
éprouvée par les titres; Paris, 28 janv. 1879, S. 79. 2. 52; *J. Pal.*, 79,
231; Paris, 15 mai 1878, S. 83. 1. 218; *J. Pal.*, 1883. 1, 253. Pour la Cour
de cassation et une certaine partie de la doctrine, il n'y aurait là qu'une
question de fait à trancher selon les circonstances. Cassat., 10 août 1863,
D. 63. 1. 349; S. 63. 1. 428; Lyon-Caen et Renault, *Dr. comm.*, t. II, n° 581;
p. 426 et suiv.

Alors que dans la liquidation les créanciers, qui ne sont que des tiers par rapport au liquidateur, n'ont, en cas de fraude, que la ressource de l'action paulienne, la masse des créanciers du failli ont contre le syndic dont ils critiquent la gestion l'action du mandant contre le mandataire.

CHAPITRE VII

SOCIÉTÉS ANONYMES A CAPITAL VARIABLE

———

Les règles des sociétés anonymes sont modifiées profondément quand ces sociétés sont établies à capital variable. Cette forme ne produit pas un nouveau type social, mais constitue une modalité spéciale susceptible de s'appliquer à toute espèce de sociétés civiles ou commerciales, par intérêts ou par actions, en nom collectif, en commandite ou anonymes. C'est une création de la loi du 24 juillet 1867, qui en a fait l'objet de son titre IV : *Des sociétés à capital variable*. De nouvelles facilités ont été ajoutées par la loi du 1ᵉʳ août 1893.

Le but du législateur, en organisant cette forme spéciale, était de permettre la création, difficile et même quelquefois impossible avec la législation antérieure, des sociétés généralement appelées, à raison de leur objet et de leur but : *Sociétés coopératives* [1]. On désigne sous ce nom, dont ne s'est point servi la loi de 1867, des groupements dont l'objet essentiel est une association particulièrement

—————

[1] Houpin, *Traité des soc.*, t. II, n° 963, p. 159.

étroite du capital et du travail par leur réunion dans les mêmes personnes. Selon leur objet spécial elles se distinguent en sociétés coopératives de production, de consommation, de crédit mutuel ou de construction [1]. Ceux qui en font partie rassemblent par l'accumulation de petits apports un capital qu'ils ne sauraient guère se procurer autrement, et grâce auquel ils achètent en gros pour se revendre à eux-mêmes en détail, font le commerce, se prêtent mutuellement ou édifient des maisons, louées ou vendues aux associés. Ils suppriment ainsi à leur profit, pour en prendre la place, l'intermédiaire du marchand, du patron, du banquier ou du propriétaire. Établies entre personnes ne disposant que de ressources limitées et dont l'attache à la société est essentiellement précaire, deux conditions principales sont nécessaires à leur constitution : la modicité des apports exigés, la mobilité du personnel des associés, susceptible d'un renouvellement permanent.

Quoique la loi de 1867 ait permis et organisé les sociétés à capital variable en vue de ce résultat, il n'y a pas une relation nécessaire entre le but et la forme de la société [2]. Une société coopérative pourrait n'être pas à capital variable. Une société à capital variable n'est pas nécessairement une société coopérative, parce que le législateur n'a pas voulu faire de cette forme spéciale le privilège d'une espèce particulière de société, et parce qu'il eût été difficile de déterminer juridiquement quelles sociétés doivent être ou non considérées comme coopératives. Il en résulte qu'une société anonyme, quel que soit son objet, peut pren-

(1) Houpin, *loc. cit.*
(2) Houpin, *loc. cit.*

dre la forme à capital variable [1]. Elle y trouve les avantages attachés à cette modalité : une formation plus facile par
l'abaissement du chiffre minimum des actions, une faculté
spéciale d'extension ou de diminution pour son capital,
qui peut être augmenté ou réduit sans les formes spéciales de la loi de 1867. Elle y rencontre aussi une gêne
par la contre-partie dont le législateur a accompagné ces
règles de faveur afin d'empêcher que leur application ne
tournât à l'abus, car, sans cette précaution, la plupart
des sociétés anonymes auraient pris la forme à capital
variable pour échapper aux dispositions incommodes de la
loi de 1867. La modicité relative du capital social auquel
doivent se borner ces sociétés est aussi un obstacle à leur
emploi universel.

Pour apprécier les avantages et les inconvénients de la
nouvelle forme, il importe de relever en quoi une société
anonyme à capital variable diffère d'une société anonyme
ordinaire. Ce qui en détermine toutes les différences, c'est
la faculté propre à la société à capital variable de modifier
son capital par l'adjonction libre de nouveaux membres
qui entrent avec un apport, et la sortie, libre également,
d'anciens membres qui abandonnent la société en reprenant le leur.

Pour qu'une société, anonyme ou autre, soit à capital
variable, déclaration doit d'abord en être faite dans les
statuts. Toutefois, il y a désaccord sur l'étendue des varia-

---

(1) D. du 22 janv. 1868 ; Trib. comm. Seine, 28 juin 1893, *Le Droit*, n° du
25 août 1893. Houpin ; *Traité des soc.*, t. II, n° 965, p. 160.

tions à stipuler. Il n'existe aucune difficulté s'il est dit que le capital peut être tout à la fois augmenté par l'adjonction de nouveaux associés ou diminué par la retraite d'associés existants. Mais la possibilité de séparer ces deux clauses est contestée. Bien que rien n'en commande l'indivisibilité, la jurisprudence a cependant consacré cette opinion. Dans son système, qui s'impose à la pratique, on ne saurait donc considérer comme constituées à ce capital variable :

a) Une société dont les statuts admettent l'augmentation, non la diminution du capital [1];

b) Inversement, une société qui exclurait la possibilité d'une augmentation, et réserverait seulement celle de la diminution.

Le capital initial de la société ne doit pas dépasser 200.000 francs. Cette restriction offre peu d'inconvénients si la société à capital variable est une société coopérative. Elle empêche la plupart des sociétés, dont l'importance est plus considérable, de prendre la forme de société à capital variable. Sans doute, rien ne les empêcherait de stipuler cette modalité dans les statuts, mais elles demeureraient soumises à toutes les dispositions de la loi de 1867 sur les sociétés anonymes dont les vraies sociétés à capital variable sont dispensées. Par cela même elles perdraient les avantages particuliers accordés à ces sociétés. Ainsi, les retraites d'associés seraient soumises à publica-

---

(1) Cour de Lyon, 22 janv. 1872, S. 73. 2. 55; Boistel, *Dr. comm.*, n° 337; Houpin, *Traité des soc.*, t. II, n° 971. En sens contraire : Renault et Lyon-Caen, *Dr. comm.*, t. II, n° 1047[4], p. 876 et note 1. Cf. aussi travaux préparatoires de la loi de 1867.

tion. Comme compensation, la société pourrait, il est vrai, émettre des actions au porteur, forme défendue aux vraies sociétés à capital variable, mais le bénéfice principal de la modalité lui demeurerait interdit.

Le chiffre minimum des actions était, en principe, moindre dans les sociétés à capital variable que dans les autres sociétés anonymes. Cette faveur avait pour but d'encourager les coopérateurs, dont les ressources sont généralement limitées. En 1867, ce minimum était de 50 francs, alors que, pour les sociétés ordinaires, il était de 100 ou de 500 francs, selon l'importance du capital social. En 1893, la suppression de cette disposition spéciale a fait rentrer la règle dans le droit commun nouveau, plus large que l'ancien. Le minimum sera donc de 25 ou de 100 francs, selon que le capital social ne dépassera pas ou dépassera 200.000 francs [1]. Dans ce dernier cas, la loi nouvelle laisse moins de liberté que la législation antérieure [2].

En même temps que le chiffre minimum des actions, la loi abaisse le versement à faire pour la constitution de la société. Ce versement est du dixième, et non du quart, quel que soit le chiffre des actions. Par conséquent, si ce chiffre est de 25 francs, le versement minimum sera seulement de 2 fr. 50. De plus, ce dixième est celui du capital,

(1) Cette limite n'est imposée qu'aux sociétés par actions. Mathieu et Bourguignat, *Comment. de la loi du 24 juill.* 1867, n° 277 ; Alauzet, *Comment. sur les soc. civ. et comm.*, n° 788 ; Boistel, *Dr. comm.*, n° 338 ; P. Pont, *Comment. des soc. civ. et comm.*, n° 1748 et s. ; Lyon-Caen et Renault, *Dr. comm.*, t. II, n° 1047 ; Houpin, *Traité des soc.*, t. II, n° 985, p. 171. En sens contraire : Vavasseur, *Traité des soc.*, n° 988.

(2) Houpin, *Traité des soc.*, t. II, n° 982, p. 170 et la note.

et non de chaque action ; si des associés versent en plus ce que d'autres versent en moins, la société se constituera, alors qu'il n'aura été fait aucun versement sur un certain nombre d'actions [1]. On a remarqué qu'une société anonyme à capital variable, formée avec le minimum des exigences numériques, pouvait n'avoir, avec sept associés qu'un capital de 175 francs, sur lequel il suffisait d'un versement de 17 fr. 50.

Outre les formalités ordinaires de publicité, la société anonyme à capital variable en doit réaliser deux spéciales, pour informer les tiers de sa nature :

1° L'extrait publié dans les journaux doit indiquer :

a) Que la société est à capital variable (L. 1867, art. 58) ;

b) La somme jusqu'à laquelle peut descendre le capital réduit (L. 1867, art. 58) ;

2° Tous les documents émanés de la société donnent le même renseignement (L. 1867, art. 64).

Complément des formalités imposée aux sociétés anonymes ordinaires, ces prescriptions sont obligatoires sous la même sanction.

L'organisation de la société anonyme à capital variable ne présente aucune particularité, mais son fonctionnement, si on le compare à celui des autres sociétés anonymes, est profondément modifié. Ces modifications tiennent à la né-

---

(1) Alauzet, *Comment sur les soc. civ. et comm.*, n° 792; Boistel, *Dr. comm.*, n° 340; Vavasseur, *Traité des soc.*, n° 989 ; Ruben de Couder, *Dict. de dr. comm.*, v° *Sociétés*, n° 31; Lyon-Caen et Renault, *Dr. comm.*, t. II, n° 1044; Houpin, *Traité des soc.*, t. II, n° 983, p. 170.

cessité d'assurer effectivement la mobilité du capital et de garantir les tiers contre les conséquences de cette mobilité.

1° L'augmentation du capital n'est pas soumise aux mêmes règles que sa constitution initiale. Pour cette constitution, dans la société anonyme ordinaire, il faut la souscription intégrale et le versement du minimum obligatoire. Dans la société à capital variable, les souscriptions sont recueillies au fur et à mesure que de nouveaux membres se présentent, et il n'est pas nécessaire que le versement du dixième ait été effectué. Ce n'est que le capital nouveau entièrement couvert et le versement légal du dixième accompli, qu'on procédera à la déclaration notariée [1].

2° La faculté de diminuer le capital social est doublement limitée ;

a) Les statuts peuvent indiquer un minimum au-dessous duquel le capital ne pourra descendre [2] ;

b) Dans aucun cas, la diminution ne peut abaisser ce capital au-dessous du dixième.

Mais, par faveur spéciale accordée aux sociétés à capital variable, chacune des diminutions partielles provoquées par le départ d'un associé est dispensée de publication [3].

---

(1) P. Pont, *Comment. des soc. civ. et comm.*, n° 1747; Boistel, *Dr. comm.*, n° 340; Houpin, *Traité des soc.*, t. II, n° 986; Lyon-Caen et Renault, *Dr. comm.*, t. II, n° 1047⁴, p. 876.

(2) Paris, 22 déc. 1897, *Journal des soc.*, 1898, p. 172; Lyon-Caen et Renault, *Dr. comm.*, t. II, n° 1041, p. 869; Houpin, *Traité des soc.*, t. II, n° 974, p. 166.

(3) Cf. Houpin, *Traité des soc.*, t. II, n° 973, p. 166; P. Pont, *Comment. des soc. civ. et comm.*, n°ˢ 1754 et s., et 1762.

Les principales particularités du fonctionnement tiennent à la possibilité pour chaque associé de sortir de la société en reprenant son apport. Dans une société ordinaire, l'associé qui ne veut plus rester dans la société doit vendre son action, par conséquent, se substituer un autre actionnaire. Dans la société à capital variable, l'actionnaire qui s'en va se fait rendre sa mise par la société dont le capital est, par suite, diminué d'autant. Deux cas doivent être distingués :

1° La faculté pour chaque associé de se retirer volontairement est de la nature de la société à capital variable. Mais cette faculté n'est pas essentielle, d'après l'article 52 de la loi de 1867, qui admet les conventions contraires.

a) L'exercice de ce droit est valablement subordonné à des conditions par les statuts : avis préalable à donner aux administrateurs, appréciation des administrateurs ou de l'assemblée des actionnaires ;

b) Ce droit peut même être supprimé, du moins si l'on admet, d'ailleurs contrairement à la jurisprudence, la variabilité du capital limitée à l'augmentation et ne comprenant pas la réduction.

En se retirant, l'associé reprend son apport, mais non une part proportionnelle de l'actif social [1].

2° Un associé peut être exclu de la société par décision des autres associés. Cette faculté est un emprunt à la pratique des sociétés coopératives de production, qui, par cette réserve, évitaient de subir la présence de membres

_____

(1) Bordeaux, 7 avr. 1897, *Journal des soc.*, 1897, p. 508; Houpin, *Traité des soc.*, t. II, n⁰ˢ 972 et 973, p. 167 et s.; P. Pont, *Comment. des soc. civ. et comm.*, n⁰ 1762.

négligents ou incapables. A l'inverse du droit pour chacun de se retirer, elle a besoin d'être inscrite dans le contrat. De plus, l'exclusion doit être décidée par l'assemblée générale extraordinaire [1], à la majorité fixée pour la modification des statuts (L. 1867, art. 52, al. 2) [2].

L'exclusion a pour l'associé une conséquence moins grave que la retraite volontaire. Outre son apport, en effet, il peut toujours se faire attribuer sa part proportionnelle de l'actif social. La loi n'a pas voulu qu'un des membres de la société pût être privé malgré lui de sa part dans un actif qu'il a pu contribuer à former.

La faculté de retraite et le droit d'exclusion cessent quand la sortie de l'associé et la reprise de l'apport feraient tomber le capital au-dessous du minimum légal ou conventionnel. Cette restriction est certaine pour le cas de retraite volontaire (L. 1867, art. 11). Elle doit être étendue à celui de retraite forcée, parce qu'il y a la même raison d'appliquer la règle [3].

La retraite volontaire ou forcée d'un associé ne le dégage pas immédiatement de sa participation au passif. Qu'il use de son droit de s'en aller ou que l'assemblée générale exerce celui de l'exclure, il demeure tenu des

---

(1) Il résulte du texte de la loi, que la faculté d'exclusion ne pourrait être conférée par les statuts au conseil d'administration. Trib. civ. Saint-Étienne, 8 août 1894, *Revue des sociétés*, 1895, p. 363; Poitiers, 12 juill. 1894, S. et *J. Pal.*, 96. 1. 213; Lyon-Caen et Renault, *Dr. comm.*, t. II, n° 1041 *bis*, p. 870 Cf. Houpin, *Traité des soc.*, t. II, n° 975, p. 167.

(2) Rien n'empêcherait les statuts de fixer un *quorum* plus élevé. Paris, 30 juin 1898, *Journal des soc.*, 1898, p. 425; Lyon-Caen et Renault, *Dr. comm.*, t. II, n° 1041 *bis*, p. 870. Cf. Houpin, *Traité des soc.*, t. II, n° 975, p. 167.

(3) V. Paris, 22 déc. 1897, *Journ. des soc.*, 1898, p. 172; Houpin, *Traité des soc.*, t. II. n° 974, p. 166.

dettes pendant cinq années à partir de sa sortie (L. 1867, art. 52, al. 3) (1). Dans les sociétés anonymes, cette contribution au passif ne peut être supérieure au montant de l'apport. La règle se ramène donc pour l'actionnaire à l'éventualité de se voir, durant ce délai, exposé à rendre obligatoirement l'apport qui lui a été restitué.

Le droit de retraite laisse subsister celui d'aliéner chaque action. Cette transmission est d'abord soumise aux mêmes conditions que la transmission des actions ordinaires. Ainsi, la négociation n'en est possible qu'après la constitution définitive de la société par la souscription intégrale du capital primitif et le versement du minimum obligatoire (2). De plus, la loi l'a entouré de certaines restrictions pour prévenir des pratiques particulièrement à craindre dans les sociétés coopératives, qui sont le plus souvent des sociétés à capital variable.

1° Les statuts peuvent stipuler que la transmission sera subordonnée au consentement de la société. Cette condition empêchera de se recruter au hasard une société où la considération de la personne a le plus souvent une importance particulière. Elle est en corrélation avec la faculté d'exclusion que la société se réserve par le même moyen. L'opposition au transfert est faite, selon les statuts, soit par l'assemblée générale, soit même par le conseil d'administration (L. 1867, art. 50, dern. al.). Malgré la forme anonyme, la société se rapproche alors de la société par

___

(1) Cette obligation se limite au passif antérieur à la retraite. Riom, 1er juill. 1897, *Journal des soc.*, 1898, p. 74; Lyon-Caen et Renault, *Dr. comm.*, n° 1041, p. 868.

(2) Houpin, *Traité des soc.*, t. II, n° 789, p. 173.

intérêts. Mais elle s'en distingue toujours par la qualité des acquéreurs à qui cette opposition peut être faite, car elle s'applique seulement aux acquéreurs particuliers, non aux acquéreurs à titre universel (1).

2° Les titres des actions doivent toujours rester nominatifs, même après leur entière libération (L. 1867, art. 50, al. 1). La cession peut donc se faire par transfert ou endossement, non par la remise de la main à la main. De cette manière, les spéculations, plus à craindre avec des titres de médiocre valeur et entre personnes de condition modeste, sans être par cela absolument écartées, deviennent cependant plus difficiles.

Toutes les règles spéciales aux actions des sociétés à capital variable sont établies pour les actions en numéraire. S'il s'y ajoute des actions d'apport, elles demeurent soumises au droit commun de ces sortes d'actions. Ainsi :

1° Elles ne sont négociables que deux ans après la constitution définitive de la société (L. 1867, art. 3);

2° Elles doivent être entièrement libérées avant cette constitution (L. 1867, art. 3).

La modalité de la société anonyme à capital variable n'entraîne aucune conséquence relative à la *dissolution*.

Cette société prend donc fin de la même manière que les

____

(1) Houpin, *Traité des soc.*, t. II, n° 990, p. 173. Cette possibilité s'applique à la cession civile aussi bien qu'à la cession commerciale. Bédarride, *Comment. de la loi de 1867*, n° 554; Boistel, *Dr. comm.*, n° 339; Alauzet, *Comment. sur les soc. civ. et comm.*, n° 791; Ruben de Couder, *Dict. de dr. comm.*, n° 44; P. Pont, *Comment. sur les soc. civ. et comm.*, n° 1751. En sens contraire: Rivière, *Comment. de la loi du 24 juill. 1867*, n° 335.

autres sociétés anonymes [1]. Cependant, il ne faut pas assimiler à la perte des trois quarts du capital social la réduction au-dessous de ce chiffre amenée par la retraite légale d'un certain nombre d'associés.

Les sociétés à capital variable, en tant que telles, ne jouissent d'aucune *immunité fiscale*. Mais les sociétés coopératives, qui représentent la plupart des sociétés à capital variable, ont à l'égard de l'impôt un régime de faveur particulier.

1° L'impôt des patentes n'est pas exigible des associations de consommation ou de crédit, qui ne font d'opérations qu'entre leurs membres. Dans ce cas, en effet, ces opérarations ne constituent pas des actes de commerce, et le profit que les sociétés en retirent est, non un bénéfice proprement dit, mais une économie [2].

Il en serait autrement si elles vendaient ou prêtaient au

______

[1] Alauzet, *Comment. sur les lois civ. et comm.*, n° 787 ; Mathieu et Bourguignat, *Comment. de la loi du 24 juill.* 1867, n° 283 ; Ruben de Couder, *Dict. de dr. comm.*, v° *Sociétés*, n° 39 ; Devilleneuve, Massé et Dutruc, *Dict. de contentieux comm.*, n° 1332 ; Houpin, *Traité des soc.*, t. II, n° 987, p. 172.

[2] En dehors même de toute intervention législative, il était généralement admis que l'immunité cessait, parce que les principes généraux ne la comportaient plus : 1° quand la société vendait à d'autres personnes que ses membres ; 2° même quand la répartition des bonis se faisait, non plus d'après l'importance des achats, mais proportionnellement au nombre d'actions possédées par chaque associé. Bourges, 19 janv. 1869, S. 69. 2. 213 ; Paris, 20 mars 1888, *Revue des soc.*, 88, p. 316. Voir en sens contraire : Paris (ch. corr.), 17 nov. 1887, *Revue des soc.*, 88, p. 184. Quand le Conseil d'État dispense une société coopérative de la patente, c'est parce que ses ventes sont rigoureusement limitées à ses seuls membres. Cpr. Conseil d'État, 8 juin 1877, S. 79. 2. 154 ; 16 mars 1895, D. 96. 3. 31 ; 21 juin 1895, D. 96. 3. 64 ; 28 janv. 1899, *Le Droit*, n° du 22 févr. 1899. V. aussi : Conseil d'État, 24 déc. 1897, *Recueil des arrêts du Conseil d'État*, 1898, p. 835 ; Lyon-Caen et Renault, *Dr. comm.*, t. II, n° 1033⁴, p. 863.

public ou même à la catégorie particulière de personnes désignées habituellement par le nom d'adhérents [1].

Les sociétés coopératives de production sont des sociétés commerciales ordinaires, et, à ce titre, soumises à la même patente que les autres.

2° L'impôt de 4 0/0 sur le revenu des valeurs mobilières n'est pas non plus exigible, et pour le même motif, des sociétés qui réservent à leurs membres seuls les prêts ou les reventes qu'elles consentent.

3° Il devrait être demandé aux autres, et particulièrement aux sociétés de production dont les produits sont pour leurs membres de véritables dividendes. Mais elles en sont dispensées par l'art. 2 de la loi du 1ᵉʳ décembre 1875 : « lors- « qu'elles sont formées exclusivement entre ouvriers et « artisans au moyen de leurs cotisations périodiques ». L'immunité cesserait si une partie quelconque des actions passait, pour n'importe quelle cause, à des personnes n'ayant pas ou n'ayant plus la qualité exigée [2].

---

[1] La distinction énoncée au texte peut être considérée comme ayant pour elle l'art. 9 de la loi du 19 avr. 1905, relative à la contribution des patentes, ainsi conçu : « Les Sociétés coopératives de consommation et les économats, lorsqu'ils possèdent des établissements, boutiques et magasins pour la vente et la livraison des denrées, produits ou marchandises, sont passibles du droit de patente au même titre que les sociétés ou particuliers possédant des établissements, boutiques ou magasins similaires. Toutefois, les syndicats agricoles et les sociétés coopératives de consommation qui se bornent à grouper les commandes de leurs adhérents et à distribuer dans leurs magasins de dépôt les denrées, produits ou marchandises qui ont fait l'objet de ces commandes, ne sont pas soumis à la patente ». Sans doute, ce texte, interprété littéralement, ne profiterait qu'aux sociétés jouant le simple rôle de commissionnaires. Mais comme ce n'est pas le fait des coopératives de consommation, la disposition ainsi entendue leur enlèverait le bénéfice du droit commun, ce qui n'a pu être la pensée du législateur.

[2] Houpin, *Traité des soc.*, t. II, n° 1337, et 1342, p. 429 et 433, note 5.

CHAPITRE VIII

LES SOCIÉTÉS ANONYMES ÉTRANGÈRES EN FRANCE

A côté des sociétés anonymes françaises, il peut fonctionner en France des sociétés anonymes étrangères. Elles y intentent ou y soutiennent des procès, elles y étendent leurs opérations, elles peuvent même y avoir des établissements; leurs titres, actions ou obligations, y sont négociés. Il arrive même que des sociétés, françaises par leur personnel et le lieu de leurs opérations, prennent la forme étrangère en vue de différents avantages, tel que celui d'une constitution plus facile. Mais selon qu'une société est française ou étrangère, la fondation et la dissolution, l'organisation et le fonctionnement n'en sont point soumis aux mêmes règles; elle n'a ni les mêmes droits, ni les mêmes obligations; ce peut être la loi française seulement, ou la loi française et la loi étrangère, qui lui sont applicables. La question de nationalité se soulève ainsi pour les sociétés comme pour les individus.

De même que celle des individus, la nationalité d'une société est indivisible [1]. Elle ne peut être tout à la fois

(1) Trib. civ., 27 mars 1896, *Le Droit,* n° du 1ᵉʳ mai 1896, *Journal des soc.,*

française et étrangère. S'il arrive qu'une même société est réputée avoir une nationalité différente dans des pays différents, cette contradiction tient uniquement aux divergences de lois ou de jurisprudence de l'un de ces pays à l'autre. C'est un conflit de législation, comme il s'en élève sur beaucoup d'autres objets. Dans ce cas, chaque pays traite la société comme si elle était à l'égard de tous de la nationalité qu'il lui attribue. Le règlement de ces conflits de législation appartient au droit international privé.

En ne donnant aucune règle pour distinguer la nationalité des sociétés, le législateur français a indiqué qu'il s'en tenait aux principes généraux. C'est donc, comme pour les individus, le lieu d'origine qui la déterminera. Ce lieu ne peut être que celui du siège social, c'est-à-dire le pays où la société anonyme est née, où elle a ses archives, son administration, ses bureaux [1]. Ce lieu est en même temps celui de son domicile (C. civ., art. 102) et ce second critérium se confond, en réalité, avec le premier. Peu importe qu'elle étende ses opérations dans d'autres pays ou même les accomplisse exclusivement

1896, p. 457; Lyon-Caen et Renault, *Dr. comm.*, t. II, n° 1165 *bis*, p. 996. Cf. Houpin, *Traité des soc.*, t. II, n° 1223, p. 350 et suiv.

(1) Cass., 20 juin 1870, D. 70. 1. 416; S. 70. 1. 373; *J. Pal.*, 70, 971; Trib. comm. Seine, 5 mai 1899, *La Loi*, n° du 27 mai 1899. Dans le même sens : *Instruction générale de l'administration de l'enregistrement*, n° 2105. « Là où la société naît, là où elle a ses archives, ses livres, les éléments de sa vie active, là où elle trouve la loi qui la protège et les tribunaux qui la jugent, là enfin où elle meurt et se liquide, là évidemment est sa nationalité, la qualité qui la fait de tel pays plutôt que de tel autre ». Sur cette question, V. Lyon-Caen et Renault, *Dr. comm.*, t. II, n° 1167, p. 997 et s.; Houpin, *Traité des soc.*, t. II, n° 1233, p. 350 et s.

dans un seul d'entre eux. Ce n'en est pas moins du siège social que partent les décisions, et, là par conséquent, que les actes juridiques sont réellement accomplis. Ainsi, la société fondée pour la construction du canal de Panama, fonctionnant à Paris, était une société française. Il n'y a donc pas à considérer la volonté des fondateurs, à laquelle échappe la décision de cette question; le lieu où le contrat a été signé, si la société n'y est pas établie; la nationalité des actionnaires, qui peut d'ailleurs différer, et, dans tous les cas, est susceptible de modifications. Ces faits serviraient seulement à prouver que le siège social n'a été établi que fictivement à l'endroit indiqué, et qu'en réalité, l'administration émane d'un autre lieu (1).

Une fois acquise, la nationalité d'une société ne change point, parce que ses conditions d'existence ne peuvent être les mêmes dans deux pays successivement (2). Malgré le déplacement du siège social, elle conserverait donc la nationalité de son lieu d'origine. Toutefois, l'application de cette règle, comme de la précédente, cesserait naturellement en cas de fraude. La société qui veut changer de nationalité doit d'abord se dissoudre selon les règles de son pays d'origine, pour se reconstituer selon celles de son nouveau pays.

(1) Une société dont le siège véritable serait en France et le siège, officiel ou apparent, à l'étranger, serait naturellement française et, en conséquence, traitée comme telle. Il faudrait donc la déclarer nulle si la fraude commise avait eu pour but d'éluder les prescriptions légales établies sous peine de nullité. Cass., 22 déc. 1896, S. et *J. Pal.*, 97. 1. 84; Lyon-Caen et Renault, *Dr. comm.*, t. II, n° 1167, p. 999.

(2) Paris, 31 janv. 1891, *Le Droit*, n° du 18 avr. 1891. Cf. Vavasseur, dans le *Journal du dr. intern. privé*, 1875, p. 350 et s.; Lyon-Caen et Renault, *Dr. comm.*, t. II, n° 1168, p. 999; Houpin, *Traité des soc.*, t. II, n° 1223, p. 352.

La règle indiquant la nationalité est la solution d'une question de droit que tranche souverainement la Cour de cassation [1]. Mais les faits invoqués sont vérifiés seulement par les cours et tribunaux. Ainsi, la Cour réformerait un arrêt qui ne tiendrait pas compte du siège social après l'avoir constaté, mais non un arrêt déclarant que ce siège social n'est pas à l'endroit indiqué par les statuts.

Une société anonyme étrangère n'a d'existence légale en France que si elle a été l'objet d'une reconnaissance spéciale ou générale, selon les cas et les époques. D'après les principes admis du droit international privé, une société étrangère, régulièrement constituée selon la loi de son pays d'origine, devrait tout au moins pouvoir plaider dans un autre. Mais les conditions et les restrictions jugées nécessaires en France à la formation de sociétés anonymes françaises empêchent d'admettre sans précautions toutes les opérations des sociétés étrangères.

Trois modes de reconnaissance, d'importance d'ailleurs inégale, s'appliquent en France aux sociétés anonymes étrangères :

1° Reconnaissance par une convention diplomatique. — Il n'y a là que l'exercice légitime du pouvoir exécutif. Des traités de ce genre ont été passés en 1862 avec l'Angleterre, en 1865, avant la constitution de l'Empire d'Allemagne, avec plusieurs États allemands : villes

____

(1) Cass. (ch. crim.), 21 nov. 1889, *Le Droit*, nᵒˢ des 9 et 10 déc. 1889; Lyon-Caen et Renault, *Dr. comm.*, t. II, nᵒ 1169, p. 1000 ; Houpin, *Traité des soc.*, t. II, nᵒ 1223, p. 352.

hanséatiques, Mecklembourg-Schwerin, Mecklembourg-Strélitz. Annulés en 1870 par l'effet de la déclaration de guerre, ces traités, comme toutes les conventions antérieures conclues entre la France et les différents États allemands, ont été remis en vigueur par le traité de paix de 1871. Ce mode lui-même ne produit que les effets ordinaires de la reconnaissance. Par suite, le traité contînt-il la clause « de la nation la plus favorisée », qu'à moins de stipulation expresse, il ne donnerait pas aux sociétés le droit de plaider en France en dehors du cas où les étrangers y sont exceptionnellement admis [1];

2° Reconnaissance par une loi. — C'est l'application des principes constitutionnels sur le pouvoir législatif. Ce mode peut toujours se substituer aux autres. L'emploi en est utile quand celui de ces derniers ne serait pas possible. C'est par une loi que les sociétés belges, particulièrement, ont été reconnues en France ;

3° Reconnaissance par un décret du gouvernement. — Le procédé a subi des changements dont l'histoire seule explique la loi du 30 mai 1857 sur la matière, et en précise l'application. Deux périodes séparées par la date de cette loi doivent être distinguées :

Avant 1857, une société anonyme étrangère ne pouvait fonctionner en France qu'en vertu d'une permission du

----

[1] Trib. civ. Seine, 28 mai 1891, *La Loi*, n° du 16 juin 1891. Dans le même sens, les décisions des tribunaux allemands relatives aux sociétés françaises d'assurances expulsées en 1881 des provinces cédées, mais ayant des établissements en Alsace-Lorraine. Oberlandesgericht de Colmar, 11 déc. 1881, 3 juill. 1882, *Journal du dr. intern. privé*, 1882 et s. ; Lyon-Caen et Renault, *Dr. comm.*, t. II, n° 1102, p. 951 ; Houpin, *Traité des soc.*, t. II, n° 1229, p. 354. En sens inverse : auteurs et arrêts cités par Lyon-Caen et Renault, *loc. cit.*

gouvernement. Une autorisation étant alors nécessaire à la formation d'une société anonyme française, il eût été contradictoire de ne pas prendre la même précaution à l'égard des sociétés anonymes étrangères. Mais l'absence d'autorisation n'avait pas les mêmes conséquences aux points de vue administratif et judiciaire. L'administration n'admettait pas les sociétés étrangères non autorisées à poursuivre leurs opérations en France et à y établir des succursales. Les tribunaux, au contraire, les laissaient agir devant eux comme demanderesses ou défenderesses, aussi bien pour les actes qu'elles avaient pu passer en France que pour les actes accomplis par elles en pays étranger. Cette distinction pouvait d'ailleurs être considérée comme conforme aux principes généraux du droit.

La loi de 1857 a été amenée par un incident étranger. La Cour de cassation belge, qui jusque-là s'était inspirée des mêmes principes que la Cour de cassation française, par un revirement subit de sa jurisprudence, refusa l'accès des tribunaux belges aux sociétés anonymes françaises qui n'avaient pas été autorisées en Belgique. Cette décision causa une émotion égale en France, par le déni de justice qui en résultait, et en Belgique, par la crainte de mesures de rétorsion. Pour y mettre fin, le gouvernement belge, à la suite d'un accord avec le gouvernement français, fit voter la loi belge du 14 mars 1855, autorisant les sociétés anonymes françaises à exercer leurs droits en Belgique, à charge de réciprocité. Il semblait que les tribunaux belges dussent s'ouvrir désormais aux sociétés anonymes françaises, puisque les tribunaux français avaient toujours admis l'action judiciaire des sociétés belges. Mais sous prétexte que la jurisprudence n'était pas la loi et qu'en conséquence la réciprocité légale n'existait pas, la Cour de cassation belge persista dans son refus. C'est pour triompher de ce mauvais vouloir que fut votée enfin la loi française du 30 mai 1857, qui ne contient que deux articles :

1° Les sociétés anonymes belges régulièrement autorisées par le gouvernement de leur pays sont reconnues en France ;

2° Le gouvernement français peut reconnaître les sociétés autorisées des autres pays par un décret rendu en Conseil d'État.

Le second article permet d'accorder par décret une autorisation générale à toutes les sociétés d'un pays, qui jusque-là n'avaient été que l'objet d'une loi ou d'un traité. Il ne faut donc pas la confondre avec l'autorisation donnée à chaque société, individuellement, conformément à l'art. 37 du Code de commerce. L'autorisation spéciale était accordée après examen des statuts. L'autorisation générale est accordée d'après la pratique du gouvernement ou la législation du pays étranger. En la concédant, le gouvernement français reconnaît que les conditions dans lesquelles ces sociétés sont constituées en pays étranger offrent des garanties équivalentes à celles qu'exige la loi française. Ces remarques fournissent une solution à deux difficultés amenées par les changements législatifs postérieurs :

1° La loi de 1867, qui supprime pour les sociétés anonymes françaises la nécessité de l'autorisation préalable, laisse subsister la loi de 1857 [1]. En substituant à la garantie spéciale de l'autorisation la garantie générale de la réglementation, la loi de 1867 n'a pas entendu établir la liberté sans contrôle des sociétés anonymes. Il faut donc toujours examiner si celles d'un pays étranger se forment avec des précautions équivalentes.

2° La loi de 1867 ne cesse pas d'être applicable aux sociétés d'un pays où l'autorisation individuelle a été remplacée, comme en France, par une réglementation générale [2]. C'est au gouvernement français à vérifier si les deux législations offrent les mêmes garanties.

L'autorisation générale est la seule, depuis la loi du 1er juillet 1867, que puisse accorder le gouvernement. En supprimant la nécessité de l'autorisation préalable, cette loi, en effet, lui a enlevé le pouvoir de statuer individuellement sur une société anonyme [3].

[1] Paris, 22 déc. 1892, *Revue des soc.*, 92, p. 195; 1er juill. 1893, *Journal des soc.*, 93, p. 486; P. Pont, *Comment. des soc. civ. et comm.*, t. II, n° 1867; note sous l'arrêt du 3 juill. 1881, dans le *Recueil de Sirey*, 81. 2. 170; et dans le *Journal du Palais*, 81, 937; Demangeat sur Bravard-Veyrières, *Traité de dr. comm.*, t. I, p. 624; Arthuys, dans la *Revue crit. de législ. et de jurispr.*, t. XVIII, p. 589 et s.; Lyon-Caen et Renault, *Dr. comm.*, t. II, n° 1104, p. 956; Houpin, *Traité des soc.*, t. II, n° 1231, p. 356. De fait, le Gouvernement français n'a pas cessé depuis 1867 de désigner par décret les pays dont il admettait les sociétés à fonctionner en France.

[2] Paris, 15 févr. 1882, *Journal du dr. intern. privé*, 1882, p. 212; P. Pont, *Comment. des soc. civ. et comm.*, t. II, n° 1866, p. 736; Renault, *Journal des soc.*, 1880, p. 152 et s.; Lyon-Caen et Renault, *Dr. comm.*, t. II, n° 1105, p. 956 et note 1; Houpin, *Traité des soc.*, t. II, n° 1231, p. 355. En sens contraire : Trib. comm. Seine, 14 oct. 1879, en note sous l'arrêt de 1881 cité ci-après; Trib. civ. Seine, 11 mars 1880, *Journal des soc.*, 1881, p. 56; Paris, 8 juill. 1881, S. 81. 2. 170; *J. Pal.*, 81. 937; Paris, 15 févr. 1882, *Journal du dr. intern. privé*, 1882, p. 212; Thaller, *Journal des soc.*, 1881, p. 50 et suiv., p. 106 et suiv., p. 312 et suiv.; Weiss, *Traité élément. de dr. intern. privé*, p. 162 et suiv.

[3] P. Pont, *Comment. des soc. civ. et comm.*, n° 1863; Ruben de Couder, *Dict.*

En même temps qu'il accorde le bénéfice de l'autorisation générale, le gouvernement a le droit d'en exclure, à raison de leur objet, certaines catégories de sociétés. Il pourrait très bien, par exemple, n'y pas comprendre les tontines et les sociétés d'assurances sur la vie, qui demeurent soumises en France à un régime spécial plus sévère que celui des autres sociétés anonymes [1].

La concession gouvernementale n'est pas assujettie à la condition de la réciprocité. Le gouvernement français peut donc accorder l'existence légale en France aux sociétés anonymes d'un pays qui ne l'accorderait pas chez lui aux sociétés françaises. La concession ne demeure pas pour cela nécessairement gratuite, car elle peut être payée par un avantage d'un autre ordre, tel que l'abaissement des droits de douane, ou même, simplement, le profit qu'il y aurait pour le commerce français à traiter avec ces sociétés étrangères [2-3].

L'autorisation générale est susceptible de révocation,

de dr. comm., v° *Société*, n° 17; Lyon-Caen et Renault, *Dr. comm.*, t. II, n° 1099. En sens contraire : Boistel, *Dr. comm.*, n° 390; Houpin, *Traité des soc.*, t. II, n° 1230, p. 355.

(1) Lyon-Caen et Renault, *Dr. comm.*, t. II, n° 1099; Houpin, *Traité des soc.*, t. II, n° 1230, p. 355.

(2) Lyon-Caen et Renault, *Dr. comm.*, t. II, n° 1100 *bis*, p. 949; Houpin, *Traité des soc.*, t. II, n° 1230, p. 355.

(3) Presque tous les États ont obtenu pour leurs sociétés le bénéfice de l'autorisation. Voici la liste, avec la date du décret, de ceux à qui elle a été successivement accordée : Turquie et Egypte, 7-18 mai 1859; Sardaigne, 8 sept. 1860; Portugal, 27 févr. 1861; Grand-duché de Luxembourg, 27 févr. 1861; Suisse, 11 mai 1861; Espagne, 5 août 1861; Grèce, 9 nov. 1861; État Romain, 5 févr. 1862; Pays-Bas, 22 juill. 1863; Russie, 25 févr. 1865; Saxe, 22 mai 1868; Prusse, 19 déc. 1868; Autriche, 28 juin 1868; Suède et Norvège, 14 juin 1872; États-Unis d'Amérique, 6 août 1882.

comme l'était l'autorisation spéciale qu'elle a remplacée [1].

Cette mesure peut être prise à titre de rétorsion, ou parce qu'une modification introduite dans la législation étrangère a fait disparaître les garanties qui avaient fait consentir l'autorisation [2].

L'autorisation a pour effet de donner à la société anonyme étrangère une existence de droit en France [3]. Au lieu d'y demeurer légalement ignorée, elle y constitue une personne juridique. Ce que l'étranger ordinaire est de plein droit à raison de sa réalité physique, la société autorisée le devient par l'effet de l'autorisation. Elle y possède tous les droits dont la jouissance n'est pas incompatible avec la qualité d'étranger. Ainsi :

1° Elle y peut accomplir toutes les opérations et passer tous les actes rentrant dans son objet;

2° Elle a la faculté d'y établir des succursales;

3° Elle peut acquérir et aliéner meubles et immeubles;

4° Sa propriété industrielle ou commerciale est protégée, à quelque objet qu'elle s'applique, dessin ou modèle de

(1) P. Pont, *Traité des soc. civ. et comm.*, t. II, n° 864; Lyon-Caen et Renault, *Dr. comm.*, t. II, n° 1100, p. 948; Houpin, *Traité des soc.*, t. II, n° 1230, p. 335. Il n'existe d'ailleurs aucun exemple de cette révocation.

(2) Un projet de loi en préparation a pour but de régler, dans l'intérêt du public et des sociétés françaises concurrentes, la situation en France des sociétés d'assurances étrangères. Cette idée a déjà reçu un commencement de réalisation dans la loi du 17 mars 1905, relative à la surveillance des sociétés d'assurances sur la vie dont les dispositions s'appliquent indistinctement, aux sociétés étrangères et françaises.

(3) Rousseau, *Rép. alph. de doctr. et de jurisprud. en matière des soc. comm.*, p. 404; Lyon-Caen et Renault, *Dr. comm.*, t. II, n° 1108 et s.; Houpin, *Traité des soc.*, t. II, n° 1233, p. 357.

fabrique, marque de fabrique ou de commerce, brevet d'invention;

5° Les tribunaux français sont compétents pour connaître de ses procès.

L'application des règles précédentes peut conduire à un résultat inégal. L'autorisation générale s'applique même aux sociétés d'assurances sur la vie qui, jusqu'à la loi du 27 mars 1905, ne se formaient régulièrement en France qu'en vertu d'une autorisation spéciale. Une société de cette nature existait donc plus facilement en France avec la nationalité étrangère qu'avec la nationalité française. Mais on ferait disparaître l'anomalie en exceptant expressément de l'autorisation telle ou telle espèce de sociétés.

La loi de 1857 a modifié défavorablement la situation des sociétés non autorisées en France. Avant cette loi, les principes du droit international conduisaient à admettre qu'elles devaient être reconnues en France du moment qu'elles étaient valablement constituées selon leur loi nationale, sauf à accomplir les formalités de publicité imposées aux sociétés françaises. La loi de 1857, en reconnaissant expressément les sociétés autorisées, a, par cela même, refusé toute existence aux autres [1]. Il en résulterait, logiquement, que ces dernières ne peuvent ni ester en justice, ni établir de succursales en France, ni même y faire régulièrement aucune opération. Mais la force même des choses et la

_____

[1] Aubry et Rau, *Cours de droit civil français*, t. II, p. 254 et note 25; Cassat., 1ᵉʳ août 1860, D. 60. 1. 144; S. 60. 1. 865; 19 mai 1863, S. 63. 1. 353; Amiens, 2 mars 1865, S. 65. 2. 210; Lyon-Caen et Renault, *Dr. comm.*, t. II, n° 1132, p. 974; Houpin, *Traité des soc.*, t. II, n° 1246, p. 366.

contrariété de ces conséquences avec des règles certaines de droit obligent à y apporter, dans l'application, beaucoup de tempéraments.

Les sociétés anonymes étrangères non autorisées ne peuvent, en principe, agir comme demanderesses devant les tribunaux français [1]. De toutes les conséquences de leur inexistence légale, c'est la plus communément reconnue. Elle subsiste même si des traités ouvrent l'accès des tribunaux français aux nationaux de leur pays [2], parce que ces traités, sauf indication contraire, visent seulement les individus et non les personnes morales (C. civ., art. 11). Cette incapacité est la plus grave dont les sociétés non autorisées se trouvent frappées, puisque l'absence de sanction judiciaire aboutit pour elles à la privation de tout droit; mais elle est loin d'être absolue.

D'abord, il est admis qu'elle a besoin d'être opposée par le défendeur; cette fin de non recevoir n'étant pas une simple exception de procédure, est possible pendant toute la durée de l'instance; mais le défendeur peut valablement y renoncer. Cette renonciation n'a même pas besoin d'être expresse, et les tribunaux doivent la déduire de toutes les circonstances de l'affaire [3].

Le tribunal français est compétent si la question est l'une de celles qui ne peuvent être résolues que par lui. Un exemple est fourni par les demandes en décharge ou en réduction que ces sociétés forment contre l'impôt, auquel

(1) Houpin, *Traité des soc.*, t. II, n° 1244, p. 366, et les arrêts cités.

(2) Cass., 1er août 1860, S. 60. 1. 865; Lyon-Caen et Renault, *Dr. comm.*, t. II, n° 1134, p. 975; Houpin, *Traité des soc.*, t. II, n° 1244, p. 366.

(3) Trib. comm. Seine, 7 oct. 1891, *Le Droit*, n° des 26-27 oct. 1892; Paris, 22 déc. 1892; Lyon-Caen et Renault, *Dr. comm.*, t. II, n° 1134, p. 975.

elles sont naturellement assujetties, comme les sociétés françaises. La juridiction administrative, Conseil de préfecture et, en appel, Conseil d'État, ne sauraient refuser de les accueillir, sous prétexte qu'elles émanent d'une société non autorisée.

Incapables, dans cette mesure, de figurer en justice comme demanderesses, les sociétés étrangères dépourvues d'autorisation y figurent valablement comme défenderesses [1]. L'irrégularité de leur situation a pour effet de les priver d'un droit, mais non de les dégager d'une obligation. Mais les tiers qui actionnent une société ne peuvent tout à la fois invoquer l'acte de société à l'appui de leur demande, et en repousser les dispositions quand elles les gênent. En conséquence :

1° La société sera valablement ajournée dans la personne de ses administrateurs ;

2° Les actionnaires ne sont tenus que jusqu'à concurrence de leur mise, et non solidairement et indéfiniment comme les associés en nom collectif.

La possibilité pour la société de défendre à une action ainsi que le ferait une société autorisée a même pour conséquence de lui permettre d'en intenter une à son tour, quand cette seconde action est une réponse ou une défense à la première. Par suite :

1° La société peut être demanderesse dans une action reconventionnelle, parce que cette action n'est qu'une défense à l'action principale ;

---

(1) Cass., 19 mai 1863, S. 63. 1. 333; Cass., 14 nov. 1864, S. 65. 1. 135; Paris, 8 avr. 1864 et 9 mai 1865, S. 65. 2. 210; Lyon-Caen et Renault, *Dr. comm.*, t. II, n° 1135, p. 975; Houpin, *Traité des soc.*, t. II, n° 1244, p. 366.

2º Actionnée en revendication ou en paiement, elle intente contre le vendeur ou le débiteur principal l'action en garantie. Cette dernière, en effet, doit n'être considérée que comme une réponse à la première ;

3º Elle agit valablement en mainlevée des saisies ou des oppositions exercées contre elle.

Les actes passés en France par une société non autorisée ne sont pas nuls à ce titre [1]. Décider autrement serait créer une cause d'incapacité qui n'est inscrite nulle part. La société pourra donc opposer ses opérations aux tiers comme les tiers peuvent les opposer à la société. Seul, le refus d'action judiciaire opposable à la société dans la mesure indiquée plus haut peut constituer une dénégation de son droit. Mais cet obstacle cesse de l'entraver quand la société n'a pas de demande à introduire. Tel est le cas, par exemple, des compagnies d'assurances sur la vie qui promettent un capital ou une rente en retour des primes payées, mais qui n'exigent jamais ce paiement.

Il ne faut pas non plus reconnaître au gouvernement le droit de faire fermer les établissements des sociétés non autorisées. Cette mesure ne pourrait être prise par lui qu'en vertu de ses pouvoirs de police, et ces pouvoirs cessent, à moins d'un texte formel, quand ils se heurtent au droit de propriété ou à la liberté individuelle. En fait, le gouvernement, cependant plus porté à étendre qu'à res-

---

[1] Lyon-Caen et Renault, *Dr. comm.*, t. II, p. 976, nº 1. Cette solution est repoussée par la jurisprudence de plusieurs tribunaux étrangers. V. *Journal de dr. intern. privé*, 1882, p. 128 s., et 260 s. En France même, si la validité de l'acte n'est pas généralement contestée, la valeur pratique en sera souvent infirmée par le refus de statuer qu'opposeront les tribunaux à l'action de la société étrangère demanderesse.

treindre ses pouvoirs, ne revendique point celui-là. Des sociétés d'assurance étrangères ont librement fonctionné en France sans aucune autorisation préalable.

En résumé, la différence entre les sociétés étrangères non autorisées et les autres se ramène à la dénégation de l'action judiciaire. Et encore ce refus n'est-il ni justifié en théorie, ni absolu en pratique. Cette assimilation presque complète des deux situations peut paraître inconséquente. Mais elle tient aux dispositions mêmes de la loi de 1857, qui, en ne considérant que l'autorisation, a posé un principe inexact, dont les conséquences étaient en contradiction avec d'autres règles de droit.

Autorisées ou non, possédant ou non des établissements en France, les sociétés étrangères demeurent soumises à toutes les conséquences de leur extranéité, et, par suite, conservent d'importantes différences avec les sociétés françaises. Elles sont privées des mêmes droits qu'un étranger ordinaire, et doivent exercer ceux dont elles jouissent de la même manière. L'autorisation ne les relève pas de cette infériorité, parce que le seul objet en est de leur donner l'existence juridique que les personnes physiques ont de plein droit, non de leur attribuer une situation de faveur [1]. Cette infériorité ou cette différence existe à deux points de vue :

1° Elles sont privées des droits refusés à un individu étranger ;

2° Elles demeurent soumises à leur statut personnel.

---

(1) Houpin, *Traité des soc.*, t. II, n° 1233, p. 357.

A. — Pas plus qu'un individu étranger, la société anonyme étrangère ne saurait avoir tous les droits d'un Français [1]. La condition juridique de l'étranger en France est l'une des questions les plus discutées du droit international privé. A-t-il seulement les droits qui lui sont formellement accordés ou, au contraire, tous ceux qui ne lui sont pas expressément refusés, ou bien, comme le décide la jurisprudence, les droits naturels, par opposition aux droits civils? Selon la solution donnée, la situation de la société, à cet égard, sera plus ou moins bonne. Il ne saurait être question pour elle de certains droits qui ne peuvent appartenir qu'à un individu, tels que les droits de famille, mais les droits relatifs au patrimoine lui seront accordés ou refusés selon la même distinction. L'infériorité de la société étrangère se manifeste surtout dans le domaine judiciaire.

La société étrangère qui plaide devant un tribunal français contre un défendeur français doit lui fournir la caution *judicatum solvi* [1]. Cette obligation est même plus étroite depuis la loi du 5 mai 1895, qui l'impose même en matière commerciale. Il n'y a pas lieu de distinguer, du moment que le défendeur est Français, si ce défendeur est lui-même une société ou bien un individu.

Une société étrangère peut être citée devant un tribunal français à raison des obligations qu'elle a contractées envers un Français [2]. Comme le défendeur étranger qui n'a

---

(1) Lyon-Caen et Renault, *Dr. comm.*, t. I, n° 436 s., t. II, n° 110, p. 960; Houpin, *Traité des soc.*, t. II, n° 1238, p. 360.

(2) Paris, 25 janv. 1899, *Le Droit*, n° du 7 oct. 1899; Lyon-Caen et Renault, *Dr. comm.*, t. I, n° 405; t. II, n° 1111, p. 960. Les tribunaux français ne cesseraient pas d'être compétents même si la loi étrangère attribuait compétence au siège social, car la disposition de l'art. 14 du Code civil est absolument gé-

pas son domicile en France, elle est privée ainsi du bénéfice de la règle : *actor sequitur forum rei*. Ce traitement n'est que l'application aux sociétés étrangères de l'article 14 du Code civil, dont le but est de soustraire le demandeur Français à la partialité présumée du juge étranger. Elle donne naissance aux mêmes questions, et ces questions à des réponses analogues : 1° les dispositions contraires de la loi étrangère ne changent rien à la règle. Par exemple elle continue à s'appliquer même si, d'après la loi du pays auquel appartient la société, le tribunal du domicile est seul compétent en matière sociale ; 2° il n'y a pas lieu de rechercher si l'obligation a été contractée en France ou en pays étranger.

Le privilège du demandeur Français peut être l'objet d'une renonciation, soit expresse, soit tacite. Tel est le cas, notamment, lorsque les statuts attribuent compétence au tribunal du siège social. Mais cette clause n'a pas la même valeur à l'égard de tout le monde :

Elle est opposable aux actionnaires qui plaident entre eux ou contre la société, parce qu'ils l'ont acceptée en souscrivant (1) ;

Elle n'est pas opposable aux créanciers, et particulière-

---

nérale. Rennes, 24 déc. 1879, D. 80. 2. 57 ; Paris, 10 avr. 1894, *Journal de dr. intern. privé*, 1894, p. 876 ; Lyon-Caen et Renault, *Dr. comm.*, t. I, n° 405 ; t. II, n° 1112, p. 961 ; Houpin, *Traité des soc.*, t. II, n° 1239, p. 360.

(1) Cass., 24 août 1869. S. 70. 1. 201 ; D. 69. 1. 500 ; Paris, 28 janv. 1885, *La Loi*, n° du 7 févr. 1885 ; 2 mars 1892, *Le Droit*, n° du 14 mai 1892 ; Lyon-Caen et Renault, *Dr. comm.*, t. II, n° 1115, p. 962. Mais cette clause ne saurait, en principe, être opposée aux créanciers quand elle n'a pas été publiée régulièrement ou qu'ils ne l'ont pas acceptée expressément en traitant avec la société. Lyon-Caen et Renault, *op. cit.*, t. I, n° 407, et t. II, *l. c.* Cf. Houpin, *Traité des soc.*, t. II, n° 1239, p. 361.

ment aux obligataires, qui ne sont point liés par cette disposition. La connaissance même qu'ils en ont par la publicité ou autrement ne saurait être assimilée à une renonciation.

Le tribunal français compétent pour connaître de l'action intentée contre la société étrangère est déterminé par l'interprétation généralement admise de l'art. 14 du Code civil. Si la société étrangère a une succursale en France, elle devra être citée devant le tribunal de cette succursale, de même que l'individu étranger qui a une résidence en France est alors cité devant le tribunal de sa résidence [1].

Si la société n'a pas de succursale, le demandeur doit l'assigner devant le tribunal de son propre domicile [2]. Pas plus que si le défendeur étranger est un individu, le demandeur Français n'a le droit de l'ajourner devant l'un quelconque des tribunaux français choisis arbitrairement.

A l'inverse, une société étrangère plaidant contre une autre société étrangère dans les cas où, exceptionnellement, la jurisprudence reconnaît les tribunaux français compétents entre étrangers [3], ne pourrait jouir d'aucun de ces avantages, c'est-à-dire, défenderesse, exiger la caution *judicatum solvi*, ou, demanderesse, enlever son adversaire à la juridiction du tribunal étranger.

(1-2) Cass., 4 mars 1885, S. 85. 1. 169; *J. Pal.*, 85. 1. 393 et la note de Ch. Lyon-Caen, *Journal des soc.*, 1883, p. 668 s. ; Lyon-Caen et Renault, *Dr. comm.*, t. I, n° 406; t. II, n° 1114, p. 962 ; Houpin, *Traité des soc.*, t. II, n° 1239, p. 361.

(3) Saisis d'une affaire où aucun des deux plaideurs, société ou particulier, n'est français, les tribunaux français refusent d'en connaître. Trib. civ. Seine (1ʳᵉ ch.), 30 janv. 1892, *Le Droit*, n° du 25 févr. 1892; Lyon-Caen et Renault, *Dr. comm.*, t. I, n° 408 et s., t. II, n° 1116, p. 962 et s.

Un procès entre deux sociétés étrangères ou entre une société étrangère et un étranger ne peut être porté normalement devant un tribunal français. Ici encore la règle n'est que l'application aux sociétés d'un principe plus général, consacré par la jurisprudence, en vertu duquel les tribunaux français refusent de connaître des procès entre étrangers. En conséquence, elle recevra la même limitation. Ainsi, le tribunal français serait compétent, par exemple, en matière immobilière, en cas de faillite déclarée en France, s'il y avait en France élection de domicile, etc.

Il n'y a que les directeurs des sociétés anonymes françaises qui soient électeurs et éligibles en France aux tribunaux de commerce (L. 8 déc. 1883, art. 1 et 8).

Les sociétés anonymes étrangères peuvent être relevées, de la même manière que les individus, des causes d'infériorité qui les atteignent en leur qualité d'étrangers. Ces moyens sont :

1° La réciprocité diplomatique (C. civ., art. 11). Un traité conclu entre la France et un pays étranger peut stipuler l'égalité, dans chacun des deux pays, des sociétés de l'autre et des sociétés nationales, soit d'une manière générale, soit pour tel ou tel objet. Par ce moyen, une société étrangère sera admise à plaider en France contre un étranger, obtiendra dispense de la caution *judicatum solvi* ou ne sera plus actionnée en dehors de son domicile [1]. Un

____

(1) Lyon-Caen et Renault, *Dr. comm.*, t. I, n° 409, t. II, n° 1113, p. 961. Mais l'application du traité peut soulever des questions diverses, comme celles auxquelles a donné naissance le traité franco-suisse du 15 juin 1869 cité au

exemple en est fourni par le traité franco-suisse du 15 juin 1869.

2° L'autorisation de domicile en France. L'art. 13 du Code civil donne à l'étranger qui établit son domicile en France les mêmes droits qu'à un Français. Bien que cet article ne vise que les individus, on peut en admettre l'application aux sociétés; tout en restant étrangères, elles auraient, avec l'autorisation du gouvernement français, leur principal établissement en France [1]. Le résultat en serait une égalité complète entre elles et les sociétés françaises. Il ne faut pas confondre cette autorisation avec celle qu'admet la loi de 1857. L'une donne aux sociétés une existence légale, l'autre leur fait une situation de faveur. Cette dernière ne résulte nullement de la première. La loi du 26 juin 1889, qui limite l'effet de l'autorisation à cinq années, a d'ailleurs enlevé à la question une partie de son intérêt [2].

B. — Les sociétés étrangères fonctionnant en France demeurent pour partie soumises à la loi de leur pays et sont pour partie assujetties à la loi française. C'est la distinction entre le statut personnel ou national et le statut ter-

texte. Cass., 25 févr. 1879, D. 80. 1. 20 ; Paris, 7 avr. 1897, *Journal des soc.*, 1897, p. 412 ; Roguin, *Conflit des lois suisses*, p. 697 et s. ; Lyon-Caen et Renault, *Dr. comm.*, t. II, n° 1113, p. 961 ; Houpin, *Traité des soc.*, t. II, n° 1239, p. 361.

[1] Cf. Houpin, *Traité des soc.*, t. II, n° 1233, p. 357.

[2] Le but de cette loi est de pousser à demander la naturalisation des individus qui, satisfaits de l'admission à domicile, demeuraient volontairement étrangers en France. Par son objet elle est donc sans application aux sociétés. Si on admet, avec la majorité des auteurs, que celles-ci bénéficiaient de la disposition, l'esprit de la législation permettrait d'affirmer qu'à leur égard, rien n'a été changé au droit antérieur.

ritorial. Pour les sociétés comme pour les individus, le statut personnel, emprunté à la loi nationale, renferme tout ce qui est relatif à l'état et à la capacité [1] ; le statut territorial comprend, comme étant d'ordre public, ainsi que les lois de police et de sûreté, les lois organisatrices de la propriété et les lois relatives à la forme des actes [2]. Mais l'application de ces principes aux sociétés soulève un certain nombre de questions :

C'est la loi nationale de la société qui en détermine la nature civile ou commerciale [3], qui lui donne ou lui refuse la personnalité morale, qui fixe sa capacité [4].

Il faut rattacher au statut personnel de la société tout ce qui touche en principe sa formation, son organisation, une partie de son fonctionnement et sa dissolution. Les tribunaux français, lorsque la question se posera devant eux, auront à apprécier si la société s'est conformée à la loi de son pays sur ces objets. C'est donc la loi étrangère, et non la loi française, qui réglera, même en France, le taux minimum des actions, les versements à effectuer pour la constitution de la société, l'approbation des apports en nature et des avantages particuliers réservés aux fondateurs, le mode de publicité à employer, la forme selon

---

(1) Paris, 22 févr. 1866, *Gazette des tribunaux*, n° du 9 mars 1866 ; 12 mai 1881, *Journal de dr. intern. privé*, 1882, p. 317 ; Lyon-Caen et Renault, *Dr. comm.*, t. II, n° 1117 *bis*, p. 964 et note 1 ; Cf. Houpin, *Traité des soc.*, t. II, n° 1238, p. 359 et s.

(2) Houpin, *Traité des soc.*, t. II, n° 1238, p. 359 ; P. Pont, *Comment des soc. civ. et comm.*, n° 1882.

(3) Lyon-Caen et Renault, *Dr. comm.*, t. I, n° 211 ; t. II, n° 1127, p. 970.

(4) Asser et Rivier, *Élém. de dr. intern. privé*, n° 100, p. 196 s. ; Lyon-Caen et Renault, *Dr. comm.*, t. II, n° 1125, p. 969 ; Houpin, *Traité des soc.*, t. II, n° 1236, p. 358.

laquelle la société pourra ou devra s'annoncer, les conditions moyennant lesquelles elle jouira de la personnalité
morale[1]. C'est encore la loi étrangère qui indiquera les
organes dont la société doit être pourvue, administrateurs,
commissaires des comptes, assemblées générales d'actionnaires et actionnaires considérés isolément[2]. C'est elle
qui fixera leurs pouvoirs, même ceux des représentants de
ces sociétés en France, lorsqu'elles y auront des succursales. Elle décidera seule si les statuts peuvent ou non
contenir la clause compromissoire, interdite par la loi
française, mais autorisée par des législations étrangères.
C'est dans les conditions imposées par cette loi que les
actions seront négociables[3] et que la forme au porteur
pourra être adoptée[4]. C'est elle aussi qui dira les personnes tenues de compléter les versements, quand le titre
aura changé de mains avant son entière libération. Un
doute s'est élevé relativement à la prescription spéciale
par laquelle les porteurs successifs sont libérés en vertu
de la loi française et dont le principe est également consacré par les lois étrangères[5]. A faire une application exacte

[1] Lyon, 7 janv. 1881, D. 81. 2. 153 ; Trib. comm. Seine, 8 févr. 1892,
La Loi, n° du 24 févr. 1892 ; Lyon-Caen et Renault, *Dr. comm.*, t. II, n° 1118
bis, p. 964, notes 1 et 2.

[2] Cf. Douai, 27 avr. 1897, *Journal de dr. intern. privé*, 1898, p. 146 ; Lyon-
Caen et Renault, *Dr. comm.*, t. II, n° 1121, p. 967 ; t. III, n° 547 ; Houpin,
Traité des soc., t. II, n° 1234, p. 357, et n° 1237, p. 358.

[3] Trib. comm. Seine, 28 mai 1896, *Journal de dr. intern. privé*, 1886, p. 874 ;
Lyon-Caen et Renault, *Dr. comm.*, t. II, n° 1119, p. 965 ; Houpin, *Traité des
soc.*, t. II, n° 1242, p. 364 et s.

[4] Trib. comm. Seine, 25 juin 1891, *Journal de dr. intern. privé*, 1893, p. 893 ;
Lyon-Caen et Renault, *Dr. comm.*, t. II, n° 1119, p. 965.

[5] Des auteurs proposent la loi du tribunal saisi de la demande, d'autres

des règles admises sur la matière, c'est le lieu du contrat
de société, et, par conséquent, en fait, le pays auquel
elle emprunte sa nationalité, qui en fixera seul la durée.

La question des dividendes et des intérêts payés indûment après le remboursement du titre doit être résolue
d'après la loi étrangère, non d'après la loi française de
1867-1893. Il ne servirait d'ailleurs à rien aux tribunaux
français de refuser la déduction si les tribunaux étrangers
l'admettaient.

A défaut des statuts ou les complétant, c'est encore la
loi de la société à laquelle il appartient de décider quand
cette société prend fin [1]. De même que pour les causes de
nullité, ce sont les tribunaux de son pays qui ont seuls
qualité pour statuer sur les causes de dissolution.

Quand des opérations sont faites en France, c'est, au contraire, la loi française, dans la mesure précisée par le droit
international privé, qui indiquera la forme, le sens, les
effets du contrat [2].

La société étrangère peut-elle ouvrir une succursale en
France sans s'être conformée aux mesures de publicité
exigées par la loi française? La logique exigerait la négative; mais l'unité des formalités de publicité, qui constituent un ensemble indivisible, combinée avec la règle qui
place les conditions de forme dans le statut territorial,
c'est-à-dire, ici, le statut du domicile social, a fait préva-

la loi du pays où a été passé l'acte dont est résultée l'obligation. Lyon-Caen
et Renault, *Dr. comm.*, t. II, n° 1119, p. 965; t. III, n° 853.

(1) Cf. Chambéry, 1ᵉʳ déc. 1866, S. 67. 2. 182; Lyon-Caen et Renault, *Dr.
comm.*, t. II, n° 1123, p. 968.

(2) Paris, 28 janv. 1897, *Journal des soc.*, 1897, p. 392; Lyon-Caen et Renault, *Dr. comm.*, t. II, n° 1121, p. 967.

loir l'opinion contraire. Il en résulte au profit des sociétés étrangères une liberté, cause de péril pour les tiers, dont ne jouissent pas les sociétés françaises.

Les délits de droit commun, tels qu'escroquerie, auxquels peut donner lieu en France le fonctionnement des sociétés étrangères, sont frappés des peines édictées par le Code pénal français. Mais les dispositions pénales de la loi de 1867 ne s'appliquent en aucun cas [1]. Peu importe qu'elles visent la constitution même de la Société ou la négociation des actions [2]. Cette immunité s'explique par la relation nécessaire entre l'organisation de la société et la manière dont elle se comporte. Elle rend les sociétés étrangères d'un commerce plus dangereux pour les tiers que les sociétés françaises.

Un objet déclaré illicite par la loi étrangère ne peut être considéré comme licite en France, ne fût-il pas illicite pour une société française [3]. Mais la réciproque n'est pas exacte. L'objet admis par la loi étrangère, mais contraire à l'ordre public français, sera un obstacle à toute action de la société étrangère en France :

1° Toujours, quand elle voudra y accomplir ses opérations, que cet objet soit contraire à l'ordre public interna-

---

(1) Paris, 13 juin 1872, S. 72. 2. 96 ; *J. Pal.*, 1872, 471 ; D. 72. 2. 164 ; Cass., 16 juin 1885, D. 86. 1. 153 ; Lyon-Caen et Renault, *Dr. comm.*, t. II, n° 1122, p. 967 ; Houpin, *Traité des soc.*, t. II, n° 1237, p. 359. Quant aux faits se rattachant à la constitution de la société : P. Pont, *Comment. des soc. civ. et comm.*, t. II, n° 1880.

(2) Cass., 16 juin 1885, *Revue des soc.*, 1885, p. 631 ; Vavasseur, *Traité des soc.*, t. II, n°ˢ 936 et 640 ; Lyon-Caen et Renault, *Tr. comm.*, t. II, n° 1149, p. 983.

(3) Paris, 31 mars 1849, D. 49. 2. 214 ; P. Pont, *Comment. des soc. civ. et comm.*, n° 1882 ; Houpin, *Traité des soc.*, t. II, n° 1238, p. 360.

tional, comme la traite des nègres, ou seulement à l'ordre public français, comme les opérations de prêt sur gage ou les loteries;

2° Seulement s'il est contraire à l'ordre public international, quand l'opération a été faite en pays étranger, mais que la société en poursuit l'exécution en France.

Même lorsque la société étrangère est considérée en France comme ayant un objet contraire au droit public international, elle n'est pas empêchée d'agir pour tout ce qui est sans rapport nécessaire avec cet objet, tel que fournitures faites, achat d'immeubles, etc.

Les sociétés anonymes étrangères qui ont des immeubles ou des établissements en France paient les mêmes impôts que les sociétés anonymes françaises. Ce sont :

1° L'impôt foncier, avec ses décimes;

2° La taxe des biens de mainmorte, élevée à 0,70 par franc de l'impôt foncier, plus les décimes (L. 20 févr. 1849, art. 1; L. 30 mars 1872, art. 5). Cette taxe, comme l'impôt foncier, dont elle est une augmentation spéciale pour les personnes morales, ne s'applique qu'aux immeubles appartenant aux sociétés. Les sociétés, étrangères aussi bien que françaises, qui ont pour objet l'achat et la vente des immeubles, en sont exemptées pour ceux de leurs immeubles destinés à être vendus;

3° L'impôt des patentes pour chaque établissement que la société possède en France.

En dehors de leur existence légale, et de leurs actes ou opérations en France les sociétés anonymes étrangères appellent encore l'intervention de la loi française relativement à leurs titres. Les sociétés ne jouent pas nécessairement de rôle dans les actes dont ces titres sont l'objet, mais ces actes ne les en intéressent pas moins, quoique indirectement. Quatre questions ont été soulevées :

1° L'émission en France des titres, actions ou obligations de la société étrangère ;

2° Leur admission à la cote de la Bourse ;

3° Les impôts auxquels leur négociation donne lieu ;

4° Les conséquences de la perte ou du vol.

L'idée de la loi est de faire appliquer autant que possible la législation française pour empêcher, au profit des sociétés étrangères et au détriment des sociétés françaises, une inégalité inadmissible.

A) *Émission de titres*. — Les sociétés anonymes étrangères, autorisées ou non, peuvent faire en France une émission de leurs titres, actions et obligations. Il leur suffit, à cet effet, d'avoir fourni les garanties légales assurant le paiement des impôts auxquels les titres similaires sont assujettis (L. **13** avr. **1898**, art. **12**). Peu importe que les actions ainsi émises ne répondent pas aux conditions de valeur nominale et de versement imposées aux sociétés française par la loi de **1867** et les autres textes législatifs [1]. Seule, une émission de valeurs à lots demeure interdite en dehors d'une loi, comme constituant une loterie (L. **21** mai **1836**). Par le fait de cette règle, les spéculations que le législateur avait voulu rendre plus difficiles

____

[1] Amiens, 13 juill. 1887, et Seine, 20 nov. 1888, cités par Houpin, *Traité des soc.*, t. II, n° 1242, p. 365, note 1.

sur les valeurs françaises se feront plus librement sur les valeurs étrangères.

Mais les dispositions de la loi de janvier 1907 s'appliquent aussi bien aux titres des sociétés étrangères que des sociétés françaises. L'émission, l'exposition, la mise en vente, l'introduction sur le marché français des actions ou des obligations de ces sociétés n'est admise qu'après l'insertion au bulletin annexe du *Journal officiel*, des énonciations destinées à renseigner le public. Elles comprennent, comme pour les sociétés françaises, la dénomination de la société, l'indication de la législation, ici la législation étrangère, sous laquelle elle fonctionne, le siège social, l'objet de l'entreprise, la durée de la société, le montant du capital social, le taux de chaque catégorie d'actions, le capital non libéré, le dernier bilan dûment certifié ou l'affirmation de son inexistence, tout ce qui concerne les obligations émises et à émettre, les avantages particuliers réservés aux fondateurs ou aux auteurs des apports en nature, le mode de convocation et le lieu de réunion des assemblées générale.

La Société est tenue, en outre, avant tout placement de titres, de publier dans la même forme ses statuts traduits intégralement en langue française.

Tout appel au public par affiches, prospectus et circulaires annoncé dans les journaux, doit reproduire les mêmes énonciations, avec référence au bulletin annexe, comme si cet appel avait pour objet les titres d'une société française.

Les émetteurs, exposants, metteurs en vente et introducteurs devront être domiciliés en France.

L'amende de 10.000 francs à 20.000 francs assure l'observation des règles spéciales aux sociétés étrangères, comme celle des règles communes à ces sociétés et aux sociétés françaises.

B. *Admission à la cote*. — Longtemps exclues de toutes les cote françaises, les valeurs des sociétés étrangères ont été enfin admises à celle des agents de change de Paris à partir de 1854, et à la cote des autres bourses dans les années suivantes [1]. Les conditions en ont été réglées par le décret du 22 mai 1858, puis par celui du 6 février 1880, qui remplace le précédent, mais a été lui-même modifié sur quelques points par le décret du 1er décembre 1893. C'est à la chambre syndicale des agents de change qu'il appartient, dans chaque bourse, d'accorder, de suspendre ou d'interdire les négociations des valeurs étrangères. La chambre doit se faire remettre à cet effet certaines pièces obligatoires, indépendamment de celles qu'elle peut, en outre, juger nécessaire d'exiger. Les actions admises doivent être au moins de 25 francs pour un capital inférieur ou égal à 200.000 francs, de 100 francs pour un capital supérieur. Il faut qu'elles soient libérées de la totalité, de 25 francs, ou du quart, selon qu'elles n'atteignent que 25 francs, sont entre 25 et 100 francs, ou dépassent 100 francs. Il n'est point fait mention des obligations. Le ministre des Finances a toujours la faculté d'interdire la négociation d'une valeur étrangère.

Toute liberté est laissée aux négociations en dehors des

---

(1) Sur les conditions de l'admission à la cote officielle, V. Houpin, *Traité des soc.*, t. II, n° 325, p. 270 et note 2.

bourses de commerce. Elles peuvent être faites directement ou par des intermédiaires privés.

C. *Impôts*. — Les titres des sociétés étrangères qui circulent en France sont soumis aux mêmes impôts que les
titres des sociétés françaises. Ces impôts frappent les
actions et les obligations. Ce sont :

1° Le droit de timbre ;

2° Le droit de transmission ;

3° L'impôt sur le revenu des valeurs mobilières.

Mais l'impossibilité pour le fisc de saisir les valeurs
étrangères de la même manière que les valeurs françaises les a fait assujettir à un régime spécial. Il a pour but
de préciser les conditions de l'impôt et son mode particulier de perception.

Les faits qui constituent la circulation sont au nombre
de quatre :

1° L'émission en France. Elle consiste dans le placement d'actions et obligations effectué en France par la
société, soit directement, soit par l'organe d'un mandataire. Peu importe qu'il n'y ait eu aucune souscription
publique. Toutefois, l'impôt annuel cesse d'être dû s'il
est établi qu'aucun des titres de la société ne se trouve
plus en France.

2° La souscription et la vente. Pour donner lieu à l'impôt, ces actes doivent être l'œuvre de la société ou de son
représentant. Le fait d'un tiers sans mandat ne saurait,
en effet, avoir pour elle de répercussion légale.

3° L'inscription des actions ou des obligations à la cote
officielle dans une bourse française. Cette condition

s'interprète restrictivement. L'impôt est dû seulement pour la mention dans la première partie de la cote qui constitue le cours authentique et officiel, non pour la simple désignation dans la seconde partie (Décr. 7 oct. 1890, art. 70). Il cesse d'être exigible en cas de radiation.

4° L'introduction en France, s'il en résulte un marché. Il en est ainsi quand une banque ou tout autre intermédiaire professionnel s'emploie à placer les valeurs de cette société. La négociation isolée de quelques titres ne devrait pas être considérée comme l'accomplissement de la condition.

Régulièrement la perception des impôts n'est due que pour les seuls titres des sociétés étrangères qui circulent en France. Mais comme la constatation exacte en est impossible, on la remplace par une évaluation approximative. C'est le ministre des Finances lui-même qui la fixe tous les trois ans. Seulement, il doit prendre l'avis d'une commission consultative. Le nombre des titres soumis à ces impôts ne peut être inférieur à un dixième du capital, pour les actions, et à deux dixièmes, pour les obligations (D. 24 mars 1872, art. 2).

La situation spéciale des sociétés étrangères a fait substituer au mode ordinaire de perception la forme particulière de l'abonnement. Il consiste en une taxe annuelle imposée aux sociétés pour la portion de tous leurs titres dont la circulation est présumée avoir lieu en France.

1° Droit de timbre [1] (L. 13 brum. an VII, ar. 13; L. 23 juin 1857, art. 9 ; L. 29 juin 1872, art. 4). L'abonnement annuel

____

[1] Houpin, *Traité des soc.*, t. II, n° 1308, p. 413.

au moyen duquel la perception en a lieu est de 0 fr. 05 pour 100 francs du capital. Il cesse pour les actions de ces sociétés, comme pour les actions des sociétés françaises, quand la société est mise en liquidation, ou, pendant deux années, n'a payé ni dividendes, ni intérêts (L. 5 juin 1850, art. 24; D. 28 mars 1868, art. 1; D. 25 janvier 1899) [1]. Les obligations des sociétés étrangères, non plus que celles des sociétés françaises, ne jouissent de cette exemption [2].

2° Droit de transmission [3] (L. 23 juin 1857, art. 9). C'est le droit établi sur les valeurs françaises. Il suppose, comme le droit de timbre, le titre étranger coté et négocié dans les bourses françaises. Aucune distinction n'est faite entre les titres nominatifs et les titres au porteur. Pour les uns et les autres, le droit annuel est de 0 fr. 20 par 100 francs du capital déterminé d'après le cours moyen de l'année précédente.

3° Impôt sur le revenu des valeurs mobilières (L. 29 juin 1872, art. 4; D. 6 décembre 1872, art. 3; L. des finances du 13 avril 1898, art. 12). Le chiffre en a été élevé, comme pour les valeurs françaises, à 4 0/0. Il s'applique aussi d'abord aux revenus, puis aux lots et primes de remboursement payés par ces sociétés [4].

(1-2) Cass., 27 déc. 1877, S. 1878. 1. 225; *J. Pal.*, 1878, 550; D. 78. 1. 354; Lyon-Caen et Renault, *Dr. comm.*, t. II, n° 1156, p. 989; Houpin, *Traité des soc.*, t. II, n° 1243, p. 165.

(3) Houpin, *Traité des soc.*, t. II, n° 1334, p. 426.

(4) Cass., 29 août 1871, S. 82. 1. 181; *J. Pal.*, 1882. 1. 424; D. 83. 1. 92; Cass., 4 mai 1887, S. 88. 1. 138; *J. Pal.*, 1888. 1. 808; D. 87. 1. 167; Lyon-Caen et Renault, *Dr. comm.*, t. II, n° 1158, p. 990. Houpin, *Traité des soc.*, t. II, n° 1263, p. 365. Aucune distinction n'est faite entre les actions et les obligations émises par les sociétés étrangères.

Le paiement de la taxe est demandé à la société étrangère elle-même; mais ce n'est qu'une avance dont elle a le droit de se faire rembourser par les porteurs d'actions ou d'obligations imposées. Dans la pratique, elle en porte le montant à ses frais généraux.

Chacun de ces quatre faits suffit pour établir la circulation en France, et, par conséquent, donne lieu au paiement, sous la forme indiquée ci-dessous, de tous impôts exigés, en principe, des valeurs étrangères comme des valeurs françaises, droit de timbre, droit de transmission, impôt sur le revenu. Il faut y ajouter deux autres faits à raison desquels il n'est dû qu'un seul de ces impôts.

1° La négociation des valeurs émises par une société étrangère, quand cette négociation ne se conclut qu'accidentellement, est soumise à un droit de timbre, mais payé une fois pour toutes, de 2 0/0 du capital nominal (L. 28 déc. 1895, art. 3-7). Son application suppose que la société n'acquitte pas l'abonnement annuel. Il est dû préalablement à toute négociation, exposition en vente ou énonciation du titre dans tout acte autre qu'un inventaire. La charge en incombe aux vendeurs, et non aux acheteurs. Une publication, faite au *Journal officiel*, des sociétés qu'un abonnement dispense de ce droit, renseigne les intéressés (D. 22 juin 1898, art. 8) [1].

2° Toute société étrangère qui exploite des biens mobiliers ou immobiliers situés en France, ses titres n'y fussent-ils l'objet d'aucune opération, acquitte l'impôt de 4 0/0

---

[1] Loi des finances du 13 avr. 1898, art. 12 et s. Sur l'application de cette loi et la pratique administrative qui en résulte, V. un article de *l'Économiste français*, du 4 févr. 1905, p. 156.

sur le revenu des valeurs mobilières. Mais les biens qu'elle possède à titre de placement n'y donnent pas lieu [1].

La portion du capital social à laquelle correspond cet impôt est déterminée par le même procédé que le nombre des titres assujettis à la taxe. C'est le ministre des Finances qui la fixe, sur l'avis de la commission spéciale.

Pour assurer le recouvrement de ces taxes, auxquelles échapperaient encore facilement la plupart des sociétés étrangères qui ne possèdent en France aucuns biens, la loi a établi une double sanction préventive et répressive.

La société est obligée d'avoir en France un représentant responsable, débiteur direct et personnel des taxes. Il doit être établi avant la réalisation d'aucun des quatre faits générateurs de l'impôt. Sa nomination est approuvée par le ministre des Finances, ou, sur délégation, par le directeur général de l'Enregistrement (D. 10 août 1896).

Ce représentant peut être remplacé par un cautionnement en numéraire déposé à la Caisse des dépôts et consignations. Le montant en est fixé par les mêmes fonctionnaires (L. 13 avril 1898, art. 12; D. 22 juin 1898).

En l'absence de l'une ou l'autre de ces garanties, il est interdit à toute personne de s'employer au service financier des actions et obligations étrangères, soit par le paiement des coupons, soit par le transfert ou le remboursement.

Si la société étrangère possède en France des succursales, il serait logique de la soumettre aux mêmes droits de communication que les sociétés françaises, dont les agents

____

(1) Cass., 29 août 1881, S. 82. 1. 181; *J. Pal.*, 1888. 1. 414; D. 83. 1. 197; Cass., 2 août 1889, S. 87. 1. 329; *J. Pal.*, 1887. 1. 788; D. 87. 1. 167; Lyon-Caen et Renault, *Dr. comm.*, t. II, n° 1158, p. 991.

de l'enregistrement peuvent consulter les livres. Mais aucun texte ne les y assujettissant expressément, la jurisprudence les en a jusqu'à présent déclarées affranchies [1].

Une amende uniforme frappe toute contravention aux dispositions précédentes. Le chiffre s'en élève à 5 0/0 en principal de la valeur nominale des titres. En aucun cas il ne peut être inférieur à 50 ou à 100 francs. Toutes les parties en sont responsables solidairement. Chaque contravention au règlement d'administration publique rendu en exécution de la loi entraîne une amende de 100 francs à 5.000 francs en principal (LL. 30 mai 1872, art. 3 ; 28 oct. 1895, art. 5 ; 14 avr. 1898, art. 12 [2]).

D. *Perte ou vol.* — Les titres des sociétés étrangères négociés en France ne sont point soumis aux lois de 1872 et de 1902 sur les titres volés ou perdus. Le propriétaire dépossédé peut encore faire opposition au syndicat des agents de change parisien, mais la société étrangère n'est point liée par celle qui lui est adressée [3].

---

[1] Trib. civ. Seine, 29 juill. 1899. Mais cette opinion est combattue par quelques auteurs : M. Jobit, *Les valeurs étrangères et les lois d'impôts, traité pratique* (1890), n° 189 ; Lyon-Caen et Renault, *Dr. comm.*, t. II, n° 1161, p. 994.

[2] L. 30 mai 1872, art. 3; L. 28 déc. 1895, art. 5; L. 15 avr. 1898, art. 12.

[3] La négociation de ces titres faite en France postérieurement à l'opposition ne sera pas valable au regard de la loi française. Dans la question de propriété le porteur dépossédé l'emportera donc sur le possesseur actuel. Mais cette décision ne lui servira à rien dans ses rapports avec les sociétés étrangères. V. textes et arrêts cités par Lyon-Caen et Renault, *Dr. comm.*, t. II, n° 653, p. 493. V. encore II, n° 1128 *bis*, p. 971.

APPENDICE I

LOI DU 24 JUILLET 1867
AVEC LES MODIFICATIONS RÉSULTANT DES LOIS DU 1ᵉʳ AOUT 1893, DU 9 JUILLET 1902, DU 16 NOVEMBRE 1903 ET DU 17 MARS 1905 [1]

TITRE PREMIER

DES SOCIÉTÉS EN COMMANDITE PAR ACTIONS [2].

ART. 1ᵉʳ. — *Les sociétés en commandite ne peuvent diviser leur capital en actions ou coupons d'actions de moins de 25 francs, lorsque le capital n'excède pas 200.000 francs, de moins de 100 francs, lorsque le capital est supérieur à 200.000 francs.*

Elles ne peuvent être définitivement constituées qu'après

[1] Les additions et les modifications introduites par la loi de 1893 sont en italiques, l'addition, unique, de la loi de 1893, est entre guillemets. Il ne demeure rien du texte de 1902 remplacé complètement par celui de 1903. La loi de 1905 ne contient qu'une suppression, à l'art. 66. On trouvera en notes les dispositions supprimées ou remplacées.

[2] Les art. 1, 2, 3 et 4, 10, §§ 3 et s., 13, 14, 15, 16, 17 sont communs aux sociétés en commandite et aux sociétés anonymes (art. 24, 39, 45).

la souscription de la totalité du capital social et le verse-
ment, en espèces, par chaque actionnaire, du montant des
actions ou coupons d'actions souscrites par lui, lorsqu'elles
n'excèdent pas 25 francs, et du quart au moins des actions,
lorsqu'elles sont de 100 francs et au-dessus [1].

Cette souscription et ces versements sont constatés par une déclaration du gérant [2] dans un acte notarié.

A cette déclaration sont annexés la liste des souscripteurs, l'état des versements effectués, l'un des doubles de l'acte de société, s'il est sous seing privé, et une expédition, s'il est notarié et s'il a été passé devant un notaire autre que celui qui a reçu la déclaration.

L'acte sous seing privé, quel que soit le nombre des associés, sera fait en double original, dont l'un sera annexé, comme il est dit au paragraphe qui précède, à la déclaration de souscription du capital et de versement du quart, et l'autre restera déposé au siège social.

Art. 2. — Les actions ou coupons d'actions sont négociables après le versement du quart.

Art. 3. — *Les actions sont nominatives jusqu'à leur entière libération. Les actions représentant des apports devront toujours être intégralement libérées au moment de la constitution de la société.*

Ces actions ne peuvent être détachées de la souche et ne sont négociables que deux ans après la constitution de la société.

Pendant ce temps, elles devront, à la diligence des admi-

---

(1) Texte primitif. « Les sociétés en commandite ne peuvent diviser leur capital en actions ou coupons d'actions de moins de 100 francs, lorsque ce capital n'excède pas 200.000 francs, et de moins de 500 francs, lorsqu'il est supérieur.

« Elles ne peuvent être définitivement constituées qu'après la souscription de la totalité du capital social et le versement, par chaque actionnaire, du quart au moins du montant des actions par lui souscrites ».

(2) Dans la société anonyme cette déclaration est faite par les fondateurs (L. 1867, art. 24).

*nistrateurs, être frappées d'un timbre indiquant leur nature
et la date de cette constitution* [1].

« En cas de fusion de sociétés par voie d'absorption ou
« de création d'une société nouvelle englobant une ou plu-
« sieurs sociétés préexistantes, l'interdiction de détacher
« les actions de la souche et de les négocier ne s'applique
« pas aux actions d'apport attribuées à une société par
« actions ayant, lors de la fusion, plus de deux ans
« d'existence » (L. 16 nov. 1903) [2].

*Les titulaires, les cessionnaires intermédiaires et les sou-
scripteurs sont tenus solidairement du montant de l'action.*

*Tout souscripteur ou actionnaire qui a cédé son titre cesse,
deux ans après la cession, d'être responsable des versements
non encore appelés.*

Art. 4. — Lorsqu'un associé fait un apport qui ne consiste pas en numéraire, ou stipule à son profit des avantages particuliers, la première assemblée générale fait
apprécier la valeur de l'apport ou la cause des avantages
stipulés.

La société n'est définitivement constituée qu'après l'approbation de l'apport ou des avantages, donnée par une

(1) Ancien art. 3 : « Il peut être stipulé, mais seulement par les statuts
constitutifs de la société, que les actions ou coupons d'actions pourront,
après avoir été libérés de moitié, être convertis en actions au porteur par
délibération de l'assemblée générale.

« Soit que les actions restent nominatives après cette délibération, soit
qu'elles aient été converties en actions au porteur, les souscripteurs primitifs qui ont aliéné les actions et ceux auxquels ils les ont cédées avant le versement de moitié restent tenus au paiement du montant de leurs actions
pendant un délai de deux ans, à partir de la délibération de l'assemblée générale ».

(2) D'après la loi du 9 juillet 1902 remplacée par celle du 16 novembre
1903, cet alinéa était ainsi rédigé. « Ces prescriptions et ces prohibitions ne
sont pas applicables au cas de fusion de sociétés anonymes, ayant plus de
deux ans d'existence, soit par absorption de ces sociétés par l'une d'entre
elles, soit par la création d'une société anonyme nouvelle englobant les sociétés préexistantes ».

autre assemblée générale, après une nouvelle convocation.

La seconde assemblée générale ne pourra statuer sur l'approbation de l'apport ou des avantages qu'après un rapport qui sera imprimé et tenu à la disposition des actionnaires, cinq jours au moins avant la réunion de cette assemblée.

Les délibérations sont prises par la majorité des actionnaires présents. Cette majorité doit comprendre le quart des actionnaires et représenter le quart du capital social en numéraire.

Les associés qui ont fait l'apport ou stipulé des avantages particuliers soumis à l'appréciation de l'assemblée n'ont pas voix délibérative.

A défaut d'approbation, la société reste sans effet à l'égard de toutes les parties.

L'approbation ne fait pas obstacle à l'exercice ultérieur de l'action qui peut être intentée pour cause de dol ou de fraude.

Les dispositions du présent article, relatives à la vérification de l'apport qui ne consiste pas en numéraire, ne sont pas applicables au cas où la société à laquelle est fait ledit apport est formée entre ceux seulement qui en étaient propriétaires par indivis.

Art. 8. — Lorsque la société est annulée, aux termes de l'article précédent, les membres du premier conseil de surveillance peuvent être déclarés responsables avec le gérant, du dommage résultant, pour la société ou pour les tiers, de l'annulation de la société.

La même responsabilité peut être prononcée contre ceux des associés dont les apports ou les avantages n'auraient pas été vérifiés et approuvés conformément à l'article 4 ci-dessus [1].

---

(1) Cet article est spécial à la société en commandite par actions, mais il y est renvoyé, par l'art. 42 pour l'action en nullité et celle en responsabilité.

*L'action en nullité de la société ou des actes de délibéra-
tions postérieurs à sa constitution n'est plus recevable lorsque, avant l'introduction de la demande, la cause de nullité a cessé d'exister. L'action en responsabilité pour les faits
dont la nullité résultait, cesse d'être recevable lorsque, avant
l'introduction de la demande, la cause de nullité a cessé
d'exister et, en outre, que trois ans se sont écoulés depuis le
jour où la nullité était encourue.*

*Si pour couvrir la nullité, une assemblée générale devait
être convoquée, l'action en nullité ne sera plus recevable à
partir de la date de la convocation régulière de cette assemblée.*

*Ces actions en nullité contre les actes constitutifs des
sociétés sont prescrites par dix ans.*

*Cette prescription ne pourra, toutefois, être opposée avant
l'expiration des dix années qui suivront la promulgation
de la présente loi.*

Art. 10. — Aucune répétition de dividendes ne peut
être exercée contre les actionnaires, si ce n'est dans le
cas où la distribution en aura été faite en l'absence de tout
inventaire ou en dehors des résultats constatés par l'inventaire.

L'action en répétition, dans le cas où elle est ouverte,
se prescrit par cinq ans, à partir du jour fixé pour la distribution des dividendes.

Les prescriptions commencées à l'époque de la promulgation de la présente loi, et pour lesquelles il faudrait
encore, suivant les lois anciennes, plus de cinq ans, à partir
de la même époque, seront accomplies par ce laps de
temps.

Art. 13. — L'émission d'actions ou de coupons d'actions
d'une société constituée contrairement aux prescriptions
des articles 1, 2 et 3 de la présente loi, est punie d'une
amende de 500 à 10.000 francs.

Sont punis de la même peine :

Le gérant qui commence les opérations sociales avant l'entrée en fonctions du conseil de surveillance ;

Ceux qui, en se présentant comme propriétaires d'actions ou de coupons d'actions qui ne leur appartiennent pas, ont créé frauduleusement une majorité factice dans une assemblée générale, sans préjudice de tous dommages-intérêts, s'il y a lieu, envers la société ou envers les tiers ;

Ceux qui ont remis les actions pour en faire un usage frauduleux.

Dans les cas prévus par les deux paragraphes précédents, la peine de l'emprisonnement de quinze jours à six mois peut, en outre, être prononcée.

Art. 14. — La négociation d'actions ou de coupons d'actions dont la valeur ou la forme serait contraire aux dispositions des articles 1, 2 et 3 de la présente loi, ou pour lesquels le versement du quart n'aurait pas été effectué conformément à l'article 2 ci-dessus, est punie d'une amende de 500 à 10.000 francs.

Sont punies de la même peine toute participation à ces négociations et toute publication de la valeur desdites actions.

Art. 15. — Sont punis des peines portées par l'article 405 du Code pénal [1], sans préjudice de l'application de cet article à tous les faits constitutifs du délit d'escroquerie :

1° Ceux qui, par simulation de souscriptions ou de versements ou par publication, faite de mauvaise foi, de souscriptions ou de versements qui n'existent pas, ou de tous autres faits faux, ont obtenu ou tenté d'obtenir des souscriptions ou des versements ;

2° Ceux, qui, pour provoquer des souscriptions ou des versements, ont, de mauvaise foi, publié les noms de per-

---

(1) Emprisonnement d'un à cinq ans, amende de 50 francs à 3.000 francs. — Le coupable peut être, en outre, à compter du jour où il aura subi sa peine, interdit pendant cinq ans au moins et dix ans au plus des droits civils, civiques et de famille.

-sonnes désignées contrairement à la vérité comme étant ou devant être attachées à la société à un titre quelconque;

3° Les gérants qui, en l'absence d'inventaire ou au moyen d'inventaire frauduleux, ont opéré entre les actionnaires la répartition de dividendes fictifs.

Les membres du conseil de surveillance ne sont pas civilement responsables des délits commis par le gérant.

Art. 16. — L'article 463 du Code pénal [1] est applicable aux faits prévus par les trois articles qui précèdent.

Art. 17. — Des actionnaires représentant le vingtième au moins du capital social peuvent, dans un intérêt commun, charger à leurs frais un ou plusieurs mandataires de soutenir, tant en demandant qu'en défendant, une action contre les gérants ou contre les membres du conseil de surveillance, et de les représenter, en ce cas, en justice, sans préjudice de l'action que chaque actionnaire peut intenter individuellement en son nom personnel.

Art. 19. — Les sociétés en commandite par actions antérieures à la présente loi, dont les statuts permettent la transformation en société anonyme autorisée par le Gouvernement, pourront se convertir en sociétés anonymes dans les termes déterminés par le titre II de la présente loi, en se conformant aux conditions stipulées dans les statuts pour la transformation [2].

TITRE II

DES SOCIÉTÉS ANONYMES.

Art. 21. — A l'avenir, les sociétés anonymes pourront se former sans l'autorisation du Gouvernement.

---

(1) Cet article est celui qui permet l'admission de circonstances atténuantes.

(2) Il est renvoyé à cet article, particulier aux sociétés en commandite par actions, par l'art. 61, dernier alinéa du titre contenant les dispositions relatives à la publication des actes de société en général.

Elles pourront, quel que soit le nombre des associés, être formées par un acte sous seing privé fait en double original.

Elles seront soumises aux dispositions des articles 29, 30, 32, 33, 34 et 36 du Code de commerce (1) et aux dispositions contenues dans le présent titre.

Art. 22. — Les sociétés anonymes sont administrées par un ou plusieurs mandataires à temps, révocables, salariés ou gratuits, pris parmi les associés.

Ces mandataires peuvent choisir parmi eux un directeur

---

(1) Art. 29. — La société anonyme n'existe point sous un nom social, elle n'est désignée par le nom d'aucun des associés.

Art. 30. — Elle est qualifiée par la désignation de l'objet de son entreprise.

Art. 32. — Les administrateurs ne sont responsables que de l'exécution du mandat qu'ils ont reçu.

Ils ne contractent, à raison de leur gestion, aucune obligation personnelle ni solidaire relativement aux engagements de la société.

Art. 33. — Les associés ne sont passibles que de la perte du montant de leur intérêt dans la société.

Art. 34 (Modifié par la loi du 16 novembre 1903). — Le capital social des sociétés par actions se divise en actions et même en coupons d'actions d'une valeur nominale égale.

Toute société par actions peut, par délibération de l'assemblée générale constituée dans les conditions prévues par l'art. 31 de la loi du 24 juillet 1867, créer des actions de priorité, jouissant de certains avantages sur les autres actions ou conférant des droits d'antériorité, soit sur les bénéfices, soit sur l'actif social, soit sur les deux, si les statuts n'interdisent point, par une prohibition directe et expresse, la création d'actions de cette nature.

Sauf dispositions contraires des statuts, les actions de priorité et les autres actions ont, dans les assemblées, un droit de vote égal.

Dans le cas où une décision de l'assemblée générale comporterait une modification dans les droits attachés à une catégorie d'actions, cette décision ne sera définitive qu'après avoir été ratifiée par une assemblée spéciale des actionnaires de la catégorie visée.

Cette assemblée spéciale, pour délibérer valablement, doit réunir au moins la moitié du capital représenté par les actions dont il s'agit, à moins que les statuts ne prescrivent un mininum plus élevé.

Art. 36. — La propriété des actions peut être établie par une inscription sur les registres de la société.

Dans ce cas, la cession s'opère par une déclaration de transfert inscrite sur les registres et signée de celui qui fait le transfert ou d'un fondé de pouvoirs.

ou, si les statuts le permettent, se substituer un mandataire étranger à la société et dont ils sont responsables envers elle.

Art. 23. — La société ne peut être constituée si le nombre des associés est inférieur à sept.

Art. 24. — Les dispositions des articles 1, 2, 3 et 4 de la présente loi sont applicables aux sociétés anonymes.

La déclaration imposée au gérant par l'article 1er est faite par les fondateurs de la société anonyme, elle est soumise avec les pièces à l'appui, à la première assemblée générale qui en vérifie la sincérité.

Art. 25. — Une assemblée générale est, dans tous les cas, convoquée, à la diligence des fondateurs, postérieurement à l'acte qui constate la souscription du capital social et le versement du quart du capital qui consiste en numéraire. Cette assemblée nomme les premiers administrateurs; elle nomme également, pour la première année, les commissaires institués par l'article 32 ci-après.

Ces administrateurs ne peuvent être nommés pour plus de six ans, ils sont rééligibles, sauf stipulation contraire.

Toutefois, ils peuvent être désignés par les statuts, avec stipulation formelle que leur nomination ne sera point soumise à l'approbation de l'assemblée générale. En ce cas, ils ne peuvent être nommés pour plus de trois ans.

Le procès-verbal de la séance constate l'acceptation des administrateurs et des commissaires présents à la réunion.

La société est constituée à partir de cette acceptation.

Art. 26. — Les administrateurs doivent être propriétaires d'un nombre d'actions déterminé par les statuts.

Ces actions sont affectées en totalité à la garantie de tous les actes de la gestion, même ceux qui seraient exclusivement personnels à l'un des administrateurs.

Elles sont nominatives, inaliénables, frappées d'un timbre indiquant l'inaliénabilité et déposées dans la caisse sociale.

Art. 27. — Il est tenu, chaque année au moins, une assemblée générale à l'époque fixée par les statuts. Les statuts déterminent le nombre d'actions qu'il est nécessaire de posséder, soit à titre de propriétaire, soit à titre de mandataire, pour être admis dans l'assemblée, et le nombre de voix appartenant à chaque actionnaire eu égard au nombre d'actions dont il est porteur.

Tous propriétaires d'un nombre d'actions inférieur à celui déterminé pour être admis dans l'assemblée, pourront se réunir pour former le nombre nécessaire et se faire représenter par l'un d'eux.

Néanmoins, dans les assemblées générales appelées à vérifier les apports, à nommer les premiers administrateurs et à vérifier la sincérité de la déclaration des fondateurs de la société, prescrite par le deuxième paragraphe de l'article 24, tout actionnaire, quel que soit le nombre des actions dont il est porteur peut prendre part aux délibérations avec le nombre de voix déterminé par les statuts, sans qu'il puisse être supérieur à dix.

Art. 28. — Dans toutes les assemblées générales, les délibérations sont prises à la majorité des voix.

Il est tenu une feuille de présence; elle contient les noms et domicile des actionnaires et le nombre d'actions dont chacun d'eux est porteur.

Cette feuille, certifiée par le bureau de l'assemblée, est déposée au siège social et doit être communiquée à tout requérant.

Art. 29. — Les assemblées générales qui ont à délibérer dans des cas autres que ceux qui sont prévus par les deux articles qui suivent, doivent être composées d'un nombre d'actionnaires représentant le quart au moins du capital social.

Si l'assemblée générale ne réunit pas ce nombre, une nouvelle assemblée est convoquée dans les formes et avec les délais prescrits par les statuts, et elle délibère valablement, quelle que soit la portion du capital représentée par les actionnaires présents.

Art. 30. — Les assemblées qui ont à délibérer sur la vérification des apports, sur la nomination des premiers administrateurs, sur la sincérité de la déclaration faite par les fondateurs aux termes du paragraphe 2 de l'article 24, doivent être composées d'un nombre d'actionnaires représentant au moins la moitié du capital social.

Le capital social, dont la moitié doit être représentée pour la vérification de l'apport, se compose seulement des apports non soumis à vérification.

Si l'assemblée générale ne réunit pas un nombre d'actionnaires représentant la moitié du capital social, elle ne peut prendre qu'une délibération provisoire. Dans ce cas, une nouvelle assemblée générale est convoquée. Deux avis, publiés à huit jours d'intervalle, au moins un mois à l'avance, dans l'un des journaux désignés pour recevoir les annonces légales, font connaître aux actionnaires les résolutions provisoires adoptées par la première assemblée, et ces résolutions deviennent définitives si elles sont approuvées par la nouvelle assemblée, composée d'un nombre d'actionnaires représentant le cinquième au moins du capital social.

Art. 31. — Les assemblées qui ont à délibérer sur des modifications aux statuts ou sur des propositions de continuation de la société au delà du terme fixé pour sa durée, ou de dissolution avant ce terme, ne sont régulièrement constituées et ne délibèrent valablement qu'autant qu'elles sont composées d'un nombre d'actionnaires représentant la moitié au moins du capital social.

Art. 32. — L'assemblée générale annuelle désigne un ou plusieurs commissaires, associés ou non, chargés de faire un rapport à l'assemblée générale de l'année suivante sur la situation de la société, sur le bilan et sur les comptes présentés par les administrateurs.

La délibération contenant approbation du bilan et des comptes est nulle, si elle n'a été précédée du rapport des commissaires.

A défaut de nomination des commissaires par l'assemblée générale, ou en cas d'empêchement ou de refus d'un ou de plusieurs des commissaires nommés, il est procédé à leur nomination ou à leur remplacement par ordonnance du président du tribunal de commerce du siège de la société, à la requête de tout intéressé, les administrateurs dûment appelés.

Art. 33. — Pendant le trimestre qui précède l'époque fixée par les statuts pour la réunion de l'assemblée générale, les commissaires ont droit, toutes les fois qu'ils le jugent convenable dans l'intérêt social, de prendre communication des livres et d'examiner les opérations de la société.

Ils peuvent toujours, en cas d'urgence, convoquer l'assemblée générale.

Art. 34. — Toute société anonyme doit dresser, chaque semestre, un état sommaire de sa situation active et passive.

Cet état est mis à la disposition des commissaires.

Il est, en outre, établi chaque année, conformément à l'article 9 du Code de commerce, un inventaire contenant l'indication des valeurs mobilières et immobilières et de toutes les dettes actives et passives de la société.

L'inventaire, le bilan et le compte de profits et pertes sont mis à la disposition des commissaires le quarantième jour, au plus tard, avant l'assemblée générale. Ils sont présentés à cette assemblée.

Art. 35. — Quinze jours au moins [1] avant la réunion

____

(1) C'est « quinze jours au plus » qu'il faut lire ; ce délai a pour but, en effet, de permettre à la société de dresser les pièces et de n'avoir pas à subir, à tout moment, des demandes intempestives de communication. Il n'en peut être ainsi que si ces demandes ne précèdent pas d'un temps trop long l'assemblée générale.

de l'assemblée générale, tout actionnaire peut prendre, au siège social, communication de l'inventaire et de la liste des actionnaires, et se faire délivrer copie du bilan résumant l'inventaire et du rapport des commissaires.

Art. 36. — Il est fait annuellement, sur les bénéfices nets, un prélèvement d'un vingtième au moins, affecté à la formation d'un fonds de réserve.

Ce prélèvement cesse d'être obligatoire lorsque le fonds de réserve a atteint le dixième du capital social.

Art. 37. — En cas de perte des trois quarts du capital social, les administrateurs sont tenus de provoquer la réunion de l'assemblée générale de tous les actionnaires à l'effet de statuer sur la question de savoir s'il y a lieu de prononcer la dissolution de la société.

La résolution de l'assemblée est, dans tous les cas, rendue publique.

A défaut par les administrateurs de réunir l'assemblée générale, comme dans le cas où cette assemblée n'aurait pu se constituer régulièrement, tout intéressé peut demander la dissolution de la société devant les tribunaux.

Art. 38. — La dissolution peut être prononcée sur la demande de toute partie intéressée, lorsqu'un an s'est écoulé depuis l'époque où le nombre des associés est réduit à moins de sept.

Art. 39. — L'article 17 est applicable aux sociétés anonymes.

Art. 40. — Il est interdit aux administrateurs de prendre ou de conserver un intérêt direct ou indirect dans une entreprise ou dans un marché fait avec la société ou pour son compte, à moins qu'ils n'y soient autorisés par l'assemblée générale.

Il est, chaque année, rendu à l'assemblée générale un compte spécial de l'exécution des marchés ou entreprises par elle autorisés aux termes du paragraphe précédent.

Art. 41. — Est nulle et de nul effet à l'égard des intéressés, toute société anonyme pour laquelle n'ont pas été observées les dispositions des articles **22, 23, 24** et **25** ci-dessus.

Art. **42.** — Lorsque la nullité de la société ou des actes et délibérations a été prononcée aux termes de l'article précédent [1], les fondateurs auxquels la nullité est imputable et les administrateurs en fonctions au moment où elle a été encourue, sont responsables solidairement envers les tiers *et les actionnaires du dommage résultant de cette annulation.*

La même responsabilité solidaire peut être prononcée contre ceux des associés dont les apports ou les avantages n'auraient pas été vérifiés et approuvés conformément à l'article 24.

L'action en nullité et celle en responsabilité en résultant sont soumises aux dispositions de l'article 8 ci-dessus [2].

Art. **43.** — L'étendue et les effets de la responsabilité des commissaires envers la société sont déterminés d'après les règles générales du mandat.

Art. **44.** — Les administrateurs sont responsables, conformément aux règles du droit commun, individuellement ou solidairement suivant les cas, envers la société ou envers les tiers, soit des infractions aux dispositions de la présente loi, soit des fautes qu'ils auraient commises dans leur gestion, notamment en distribuant ou en laissant distribuer sans opposition des dividendes fictifs.

---

(1) Cette référence à l'art. 41, où il n'est pas question des délibérations, est une erreur de rédaction. Il aurait fallu renvoyer aussi aux art. 37 et 61.

(2) Ancien art. 42. « Lorsque la nullité de la société ou des actes et délibérations a été prononcée aux termes de l'article précédent, les fondateurs auxquels la nullité est imputable et les administrateurs en fonctions au moment où elle a été encourue, sont responsables solidairement envers les tiers, sans préjudice des droits des actionnaires.

La même responsabilité solidaire peut être prononcée contre ceux des associés dont les apports ou les avantages n'auraient pas été vérifiés et approuvés conformément à l'art. 24 ».

Art. 45. — Les dispositions des articles 13, 14, 15 et 16 de la présente loi sont applicables en matière de sociétés anonymes, sans distinction entre celles qui sont actuelle ment existantes et celles qui se constitueront sous l'empire de la présente loi. Les administrateurs qui, en l'absence d'inventaire ou au moyen d'inventaire frauduleux auront opéré des dividentes fictifs, seront punis de la peine qui est prononcée dans ce cas par le numéro 3 de l'article 15 contre les gérants des sociétés en commandite.

Sont également applicables en matière de sociétés anonymes les dispositions des trois derniers paragraphes de l'article 10.

Art. 46. — Les sociétés anonymes actuellement existantes continueront à être soumises, pendant toute leur durée, aux dispositions qui les régissent.

Elles pourront se transformer en sociétés anonymes dans les termes de la présente loi, en obtenant l'autorisation du Gouvernement et en observant les formes prescrites pour la modification de leurs statuts.

Art. 47. — Les sociétés à responsabilité limitée pourront se convertir en sociétés anonymes dans les termes de la présente loi, en se conformant aux conditions stipulées pour la modification de leurs statuts.

Sont abrogés les articles 31, 37, et 40 du Code de commerce et la loi du 23 mai 1863, sur les sociétés à responsabilité limitée.

TITRE III

DISPOSITIONS PARTICULIÈRES AUX SOCIÉTÉS A CAPITAL VARIABLE.

Art. 48. — Il peut être stipulé, dans les statuts de toute société, que le capital social sera susceptible d'augmentation par des versements successifs faits par les associés ou l'admission d'associés nouveaux, et de diminution par la reprise totale ou partielle des apports effectués.

Les sociétés dont les statuts contiendront la stipulation ci-dessus seront soumises, indépendamment des règles générales qui leur sont propres suivant leur forme spéciale, aux dispositions des articles suivants.

Art. 49. — Le capital social ne pourra être porté par les statuts constitutifs de la société au-dessus de la somme de 200.000 francs.

Il pourra être augmenté par des délibérations de l'assemblée générale, prises d'année en année ; chacune des augmentations ne pourra être supérieure à 200.000 francs.

Art. 50. — Les actions ou coupons d'actions seront nominatifs, même après leur entière libération [1].

Ils ne seront négociables qu'après la constitution définitive de la société.

La négociation ne pourra avoir lieu que par voie de transfert sur les registres de la société, et les statuts pourront donner, soit au conseil d'administration, soit à l'assemblée générale, le droit de s'opposer au transfert.

Art. 51. — Les statuts détermineront une somme au-dessous de laquelle le capital ne pourra être réduit par les reprises des apports autorisées par l'article 48.

Cette somme ne pourra être inférieure au dixième du capital social.

La société ne sera définitivement constituée qu'après le versement du dixième.

Art. 52. — Chaque associé pourra se retirer de la société lorsqu'il le jugera convenable, à moins de conventions contraires et sauf l'application du paragraphe 1ᵉʳ de l'article précédent.

---

(1) Ancien art. 50, § 1. « Les actions ou coupons d'actions seront nominatifs, même après leur entière libération. Ils ne peuvent être inférieurs à 50 francs ».

Il pourra être stipulé que l'assemblée générale aura le droit de décider, à la majorité fixée pour la modification des statuts, que l'un ou plusieurs des associés cesseront de faire partie de la société.

L'associé qui cessera de faire partie de la société, soit par l'effet de sa volonté, soit par suite de décision de l'assemblée générale, restera tenu, pendant cinq ans, envers les associés et envers les tiers, de toutes les obligations existant au moment de sa retraite.

Art. 53. — La société, quelle que soit sa forme, sera valablement représentée en justice par ses administrateurs.

Art. 54. — La société ne sera point dissoute par la mort, la retraite, l'interdiction, la faillite ou la déconfiture de l'un des associés; elle continuera de plein droit entre les autres associés.

TITRE IV

DISPOSITIONS RELATIVES A LA PUBLICATION DES ACTES DE SOCIÉTÉ.

Art. 55. — Dans le mois de la constitution de toute société commerciale, un double de l'acte constitutif, s'il est sous seing privé, ou une expédition, s'il est notarié, est déposé au greffe de la justice de paix et du tribunal de commerce du lieu dans lequel est établie la société.

A l'acte constitutif des sociétés en commandite par actions et des sociétés anonymes sont annexés : 1° une expédition de l'acte notarié constatant la souscription du capital social et le versement du quart; 2° une copie certifiée, des délibérations prises par l'assemblée dans les cas prévus par les articles 4 et 24.

En outre, lorsque la société est anonyme, on doit annexer à l'acte constitutif la liste nominative, dûment certifiée, des souscripteurs, contenant les nom, prénoms, qualités, demeure et le nombre d'actions de chacun d'eux.

Art. 56. — Dans le même délai d'un mois, un extrait de l'acte constitutif et des pièces annexées est publié dans l'un des journaux désignés pour recevoir les annonces légales.

Il sera justifié de l'insertion par un exemplaire du journal certifié par l'imprimeur, légalisé par le maire et enregistré dans les trois mois de sa date.

Les formalités prescrites par l'article précédent et par le présent article seront observées, à peine de nullité, à l'égard des intéressés, mais le défaut d'aucune d'elles ne pourra être opposé aux tiers par les associés.

Art. 57. — L'extrait doit contenir les noms des associés autres que les actionnaires ou commanditaires, la raison de commerce ou la dénomination adoptée par la société et l'indication du siège social, la désignation des associés autorisés à gérer, administrer et signer pour la société, le montant du capital social et le montant des valeurs fournies ou à fournir par les actionnaires ou commanditaires, l'époque où la société commence, celle où elle doit finir, et la date du dépôt fait aux greffes de la justice de paix et du tribunal de commerce.

Art. 58. — L'extrait doit énoncer que la société est en nom collectif ou en commandite simple, ou en commandite par actions, ou anonyme, ou à capital variable.

Si la société est anonyme, l'extrait doit énoncer le montant du capital social en numéraire et en autres objets, la quotité à prélever sur les bénéfices pour composer le fonds de réserve.

Enfin si la société est à capital variable, l'extrait doit contenir l'indication de la somme au-dessous de laquelle le capital social ne peut être réduit.

Art. 59. — Si la société a plusieurs maisons de commerce situées dans divers arrondissements, le dépôt prescrit par l'article 55 et la publication prescrite par l'article 56 ont lieu dans chacun des arrondissements où existent les maisons de commerce.

Dans les villes divisées en plusieurs arrondissements, le dépôt sera fait seulement au greffe de la justice de paix du principal établissement.

Art. 60. — L'extrait des actes et pièces déposés est signé, pour les actes publics, par le notaire, et, pour les actes sous seing privé, par les associés en nom collectif, par les gérants des sociétés en commandite ou par les administrateurs des sociétés anonymes.

Art. 61. — Sont soumis aux formalités et aux pénalités prescrites par les articles 55 et 56 :

Tous actes et délibérations ayant pour objet la modification des statuts, la continuation de la société au delà du terme fixé pour sa durée, la dissolution avant ce terme et le mode de liquidation, tout changement ou retraite d'associés et tout changement à la raison sociale.

Sont également soumises aux dispositions des articles 55 et 56 les délibérations prises dans les cas prévus par les articles 19, 37, 46, 47 et 49 ci-dessus.

Art. 62. — Ne sont pas assujettis aux formalités de dépôt et de publication les actes constatant les augmentations ou diminutions de capital social opérées dans les termes de l'article 48, ou les retraites d'associés, autre que les gérants ou administrateurs, qui auraient lieu conformément à l'article 52.

Art. 63. — Lorsqu'il s'agit d'une société en commandite par actions ou d'une société anonyme, toute personne a le droit de prendre communication des pièces déposées au greffe de la justice de paix et du tribunal de commerce, ou même de s'en faire délivrer à ses frais expédition ou extrait par le greffier ou par le notaire détenteur de la minute.

Toute personne peut également exiger qu'il lui soit délivré au siège de la société une copie certifiée des statuts, moyennant paiement d'une somme qui ne pourra excéder 1 franc.

Enfin, les pièces déposées doivent être affichées d'une manière apparente dans les bureaux de la société.

Art. 64. — Dans tous les actes, factures, annonces, publications et autres documents *imprimés* ou *autographiés*, émanés des sociétés anonymes ou des sociétés en commandite par actions, la dénomination sociale doit toujours être précédée ou suivie immédiatement de ces mots, écrits lisiblement en toutes lettres : *Société anonyme* ou *Société en commandite par actions*, et de l'énonciation du montant du capital social.

Si la société a usé de la faculté accordée par l'article 48, cette circonstance doit être mentionnée par l'addition de ces mots : *à capital variable.*

Toute contravention aux dispositions qui précèdent est punie d'une amende de 50 francs à 1.000 francs.

Art. 65. — Sont abrogées les dispositions des articles 42, 43, 44, 45 et 46 du Code de commerce.

TITRE V

DES TONTINES ET DES SOCIÉTÉS D'ASSURANCES.

Art. 66. — Les associations de la nature des tontines et les sociétés d'assurances sur la vie, mutuelles ou à primes restent soumises à l'autorisation et à la surveillance du Gouvernement. (*Abrogé*, L. 17 mars 1905, art. 22) [1].

Les autres sociétés d'assurances pourront se former sans autorisation. Un règlement d'administration publique dé-

___

[1] Loi relative à la surveillance et au contrôle de sociétés d'assurances sur la vie et de toutes les entreprises dans les opérations desquelles intervient la durée de la vie humaine, art. 22 : « Est abrogé le premier alinéa de l'art. 66 de la loi du 24 juillet 1867, ainsi que toutes autres dispositions relatives aux tontines et aux autres sociétés d'assurances sur la vie ».

terminera les conditions sous lesquelles elles pourront être constituées.

Art. 67. — Les sociétés d'assurances désignées dans le paragraphe 2 de l'article précédent, qui existent actuellement, pourront se placer sous le régime qui sera établi par le règlement d'administration publique, sans l'autorisation du Gouvernement, en observant les formes et conditions prescrites pour la modification de leurs statuts.

Dispositions diverses.

Art. 68. — *Quel que soit leur objet, les sociétés en commandite ou anonymes qui seront constituées dans les formes du Code de commerce ou de la présente loi seront commerciales et soumises aux lois et usages du commerce.*

Art. 69. — *Il pourra être consenti hypothèque au nom de toute société commerciale en vertu des pouvoirs résultant de son acte de formation, même sous seing privé, ou des délibérations ou autorisations constatées dans les formes réglées par ledit acte. L'acte d'hypothèque sera passé en forme authentique, conformément à l'article 2127 du Code civil.*

Art. 70. — *Dans les cas où les sociétés ont continué à payer les intérêts ou dividendes des actions, obligations ou tous autres titres remboursables par suite d'un tirage au sort, elles ne peuvent répéter ces sommes lorsque le titre est présenté au remboursement.*

Art. 71. — *Dans l'article 50, § 1ᵉʳ, sont supprimés les mots : « Ils ne pourront être inférieurs à 50 francs ».*

Dispositions transitoires.

Pour les sociétés par actions en commandite ou anonymes déjà existantes, sans distinction entre celles antérieures à la loi du 24 juillet 1867 et celles postérieures, il n'est pas dérogé à la faculté qu'elles peuvent avoir de convertir leurs actions en titres au porteur avant libération intégrale.

Quant aux actions nominatives des mêmes sociétés, les deux ans après lesquels tout souscripteur ou actionnaire qui a cédé son titre cesse d'être responsable des versements non appelés, ne courront, à l'égard des créanciers antérieurs à la présente loi, qu'à partir de l'entrée en vigueur de la loi, et sauf application de l'article 2257 du Code civil [1] *pour les créances conditionnelles ou à terme et les actions en garantie.*

Les dispositions de l'article 8 et celles de l'article 42 s'appliquent aux sociétés déjà constituées sous l'empire de la loi du 24 juillet 1867.

Dans les mêmes sociétés, l'action en nullité résultant des articles 7 et 41 ne sera plus recevable si les causes de nullité ont cessé d'exister au moment de la présente loi.

En tout cas, l'action en responsabilité pour les faits dont la nullité résultait, ne cessera d'être recevable que trois ans après la présente loi.

Les sociétés civiles actuellement constituées sous d'autres formes pourront, si leurs statuts ne s'y opposent pas, se transformer en sociétés en commandite ou en sociétés anonymes, par décision d'une assemblée générale spécialement convoquée et réunissant les conditions tant de l'acte social que de l'article 31 ci-dessus.

---

(1) C. civ., art. 2257. « La prescription ne court point à l'égard d'une créance qui dépend d'une condition, jusqu'à ce que la condition arrive. — A l'égard d'une action en garantie, jusqu'à ce que l'éviction ait lieu. — A l'égard d'une créance à jour fixe, jusqu'à ce que le jour soit arrivé ».

APPENDICE II

PROJET DE LOI SUR LES SOCIÉTÉS PAR ACTIONS
VOTÉ PAR LE SÉNAT
ET PORTÉ A LA CHAMBRE DES DÉPUTÉS
LE 18 JUIN 1906

Une nouvelle révision de la loi du 14 juill. 1867 est actuellement en préparation. Le projet, élaboré par une commission extraparlementaire et voté par le Sénat, est pendant devant la Chambre des députés. Il laisse de côté les sociétés étrangères, le régime des obligations, l'établissement des bilans, matières exigeant des réformes depuis longtemps demandées, mais qui doivent être l'objet de lois spéciales. Il vise seulement les formalités relatives à la constitution, les garanties à donner aux actionnaires, et surtout le régime de publicité à observer tant pour la constitution que pour le fonctionnement des sociétés. Plusieurs parties du régime actuel ne sont donc l'objet d'aucun changement. Tel quel, il transporte dans la législation française quelques-unes des plus importantes réformes déjà réalisées dans les législations étrangères.

§ 1. — *Fondation.*

Des précautions nouvelles sont prises pour que la souscription demandée au public soit faite en connaissance de cause [1].

Quand une société se constitue au moyen de souscriptions publiques, le projet d'acte de société doit être publié au Bulletin annexe du *Journal officiel* dix jours au moins avant l'ouverture de la souscription.

Chaque souscription est constatée par un bulletin signé du souscripteur. Ce bulletin doit contenir les énonciations suivantes :

1° La dénomination de la société ;

2° Le siège social ;

3° L'objet de l'entreprise ;

4° La durée de la société ;

5° Le montant du capital social et le taux de chaque action ;

6° La désignation de l'établissement où les fonds doivent être déposés ;

7° Le mode de libération adopté pour chaque action ;

8° L'énumération des avantages stipulés au profit des fondateurs ou de toute autre personne ;

9° La désignation des apports et le mode de rémunération proposé ;

10° La forme dans laquelle doivent être faites les convocations aux assemblées générales ;

11° La référence au Bulletin annexe du *Journal officiel* dans lequel aura été faite la publication du projet des statuts conformément à l'art. 58 de la loi de 1867 ;

12° Le mode de nomination des premiers administrateurs.

Pour la première fois en droit français, la loi projetée règle la souscription faite entre les fondateurs, si les titres sont destinés à être ensuite écoulés dans le public.

____

(1) Une partie de ces dispositions ont été détachées du projet et insérées dans la loi de finances du 30 janvier 1907, dont elles forment l'art. 3. V. ci-dessus, p. 31 et s.

Dans le cas de mise en vente d'actions, non ordonnée par justice, d'une société constituée sans souscription publique, les affiches, prospectus, insertions dans les journaux, circulaires, bulletins de souscription ou d'achat doivent contenir les énonciations prescrites pour les bulletins de souscription par les art. 1 et 24 de la loi.

Ces publications doivent porter, en outre, la date de l'assemblée constitutive de la société, la référence au Bulletin annexe du *Journal officiel* contenant la publication, ainsi que la mention en toutes lettres de la somme restant à verser sur chaque action.

Les fonds provenant des souscriptions sont déposés par les fondateurs dans l'un des établissements suivants : Banque de France, Caisse des dépôts et consignations, Crédit foncier de France.

Ces fonds ne peuvent être retirés que sur la signature de tous les administrateurs en fonction ou de leurs fondés de pouvoir.

Des précautions analogues sont prises dans l'intérêt des obligataires.

Dix jours au moins avant l'ouverture de toute souscription publique à des obligations, les administrateurs doivent publier, dans le Bulletin annexe du *Journal officiel*, un avis énonçant :

1° L'objet de la société;

2° Sa durée;

3° La date de l'acte de société et celle de la publication de cet acte et de toute modification apportée aux statuts;

4° L'indication du capital non libéré;

5° Le montant des obligations déjà émises par la société, avec énumération des garanties attachées à ces obligations;

6° Le nombre et la valeur nominale des obligations à émettre, l'intérêt à payer pour chacune d'elles, l'époque et les conditions de remboursement;

7° Le dernier bilan ou la mention qu'il n'en a pas été dressé encore.

Dans le cas soit d'émission, soit de mise en vente d'obligations non ordonnée par justice, les affiches, prospectus, insertions dans les journaux, circulaires, ainsi que les bulletins de souscriptions ou d'achat de titres d'obligations provisoires ou définitifs doivent contenir les mêmes énonciations.

Les formalités de publicité prescrites pour la mise en vente d'actions ou d'obligations ne sont plus nécessaires pour les mises en vente successives lorsque ces formalités ont été remplies une première fois (nouv. art. 59).

Les mesures destinées à assurer l'accomplissement de ces prescriptions sont précisées et développées.

Les administrateurs dressent la liste nominative des souscripteurs contenant les nom, prénoms, profession, demeure et le nombre d'actions souscrites par chacun d'eux, ainsi que l'état des versements. Ils en opèrent le dépôt au greffe du tribunal de commerce du lieu où la société est établie.

Une déclaration signée des administrateurs et déposée par eux au greffe du tribunal de commerce constate que la souscription et le versement exigés ont eu lieu. A cette déclaration est annexé le reçu délivré par l'établissement dépositaire des fonds versés. Il est dressé acte de ces dépôts par le greffier.

Une assemblée générale est convoquée à la diligence des administrateurs postérieurement au dépôt de la déclaration constatant la souscription du capital social et le versement exigé par la loi.

Une copie de la déclaration des administrateurs avec pièces à l'appui est soumise à cette première assemblée générale, qui en vérifie la sincérité.

De nouvelles précautions sont prises contre les concessions trop facilement accordées par les actionnaires aux initiateurs de la société.

Si un associé fait un apport qui ne consiste pas en numéraire ou stipule à son profit des avantages particuliers, les fondateurs doivent rédiger et annexer au projet de statuts une notice détaillée sur la nature et la valeur des apports ou la cause des avantages particuliers stipulés. Les déclarations ou simulations frauduleuses donneraient lieu à l'application des pénalités de l'art. 15.

Les mentions contenues dans les pièces soumises au dépôt sont plus nombreuses qu'avec le texte en vigueur et mieux justifiées.

La publication des actes de société anonyme est assujettie aux formalités suivantes :

Dans le mois de la constitution définitive de la société, un double de l'acte constitutif, s'il est sous seing privé, ou une expédition, s'il est notarié, est déposé au greffe du tribunal de commerce du lieu dans lequel est établie la société. A l'acte constitutif sont annexés les bulletins de souscription et une copie certifiée des délibérations prises par l'assemblée générale dans les cas prévus par les art. 4 et 24, avec référence au dépôt de la liste des souscripteurs et de l'état des versements.

Dans le même délai d'un mois, un extrait de l'acte constitutif et des pièces annexées est publié dans les journaux désignés pour recevoir les annonces légales. Il est encore justifié de l'insertion par un exemplaire du journal certifié, légalisé et enregistré.

L'extrait doit indiquer que la société est anonyme, ou à capital variable. Il doit, en outre, énoncer l'objet de la société, le montant du capital en numéraire, les conditions de libération de ce dernier capital, la quotité à prélever sur les bénéfices pour composer le fonds de réserve, le siège social, l'époque où la société commence, celle où elle doit finir, les nom, prénoms, profession et domicile des associés désignés pour administrer la société et des commissaires, la date du dépôt fait au greffe et la référence au Bulletin annexe du *Journal officiel*.

Enfin, si la société est à capital variable, l'extrait doit contenir l'indication de la somme au-dessous de laquelle le capital social ne peut être réduit (nouvel art. 56).

La publication intégrale de l'acte de société et de la liste des souscripteurs a lieu, en outre, dans le Bulletin annexe du *Journal officiel*, dans la huitaine du dépôt, à la diligence du greffier du tribunal de commerce, dans des conditions à déterminer par un règlement d'administration publique. Le Bulletin annexe est adressé à tous les greffes des tribunaux de commerce. Il peut être consulté sur place gratuitement (nouvel art. 56).

Ce n'est plus seulement une copie des statuts que le public est à même d'exiger de la société. Toute personne a droit de prendre communication des pièces déposées au greffe du tribunal de commerce, ou même de s'en faire délivrer à ses frais expédition ou extrait par le greffier ou par le notaire détenteur de la minute.

Les indications à fournir pour la publicité permanente sont aussi plus explicites :

Dans tous les actes, factures, annonces, publications et autres documents imprimés ou autographiés, la dénomination sociale doit toujours être précédée ou suivie immédiatement de ces mots écrits lisiblement en toutes lettres ; « *Société anonyme* ». Si ces factures, annonces, publications et autres documents portent l'énonciation du capital social, ils doivent indiquer la partie du capital restant à verser. Si la société est à capital variable, cette circonstance doit être mentionnée par l'addition de ces mots : « *A capital variable* » (nouvel art. 64).

§ 2. — *Organisation.*

Le mode de nomination des premiers administrateurs doit être indiqué, préalablement, aux souscripteurs.

Dans le mois qui suivra l'approbation par l'assemblée générale du bilan annuel, ce bilan est publié à la diligence des administrateurs dans le Bulletin annexe du *Journal officiel*. A la suite du bilan sont publiés les noms des administrateurs en fonctions (nouvel art. 61).

Le pouvoir de vérification des commissaires est plus étendu que dans la législation maintenant existante.

Les commissaires ont le droit, toutes les fois qu'ils le jugent convenable dans l'intérêt social, de vérifier les livres, la caisse, le portefeuille et les valeurs de la société (nouvel art. 35).

Toute nomination, révocation ou démission des administrateurs ou des commissaires des sociétés anonymes, doit être publiée dans le délai de quinzaine, dans les formes prescrites par l'art. 56. Cette publication est faite à la diligence des représentants de la société (nouvel art. 61).

Toute démission doit être donnée par lettre recommandée.

Le délai de quinzaine pour la publication part du jour de l'arrivée de cette lettre recommandée au siège social.

Ce ne sont plus seulement les administrateurs et les commissaires auxquels il est permis de provoquer la réunion de l'assemblée générale.

Nonobstant toute disposition contraire des statuts, les administrateurs doivent convoquer l'assemblée dans le délai d'un mois quand ils en sont requis par des actionnaires représentant le quart au moins du capital social. Ces requérants indiquent les questions sur lesquelles l'assemblée aura à délibérer.

Les actionnaires syndiqués peuvent se faire représenter, non plus seulement par l'un d'eux, mais par tout actionnaire ayant le droit d'assister à l'assemblée.

Sauf disposition contraire des statuts, toutes les actions possèdent, dans les assemblées générales, un droit de vote égal (nouvel art. 27).

Plusieurs difficultés relatives aux droits individuels des actionnaires sont tranchées par des dispositions plus explicites.

Quinze jours au plus avant la réunion de l'assemblée générale et jusqu'à la veille de cette assemblée, tout actionnaire peut prendre par lui ou par un fondé de pouvoir, actionnaire lui-même, au siège social, communication de l'inventaire et de la liste des actionnaires ayant le droit d'assister aux assemblées générales.

Il ne peut se faire délivrer copie que du bilan résumant l'inventaire et du rapport des commissaires.

Le rapport des administrateurs est déposé au siège social trois jours avant l'assemblée générale, et chaque actionnaire peut en prendre connaissance (nouvel art. 35).

Tous actes notariés peuvent être passés au nom de toute société commerciale en vertu des pouvoirs, délégations ou mandats résultant de son acte de formation, même sous seing privé, ou des délibérations ou autorisations constatées dans les formes réglées par le même acte (nouvel art. 69).

§ 3. — Fonctionnement.

Il n'est apporté que des changements de détails aux effets de la société. Seuls, les droits des associés autres que les souscripteurs des actions ordinaires, sont l'objet de quelques dispositions.

Les avantages consentis aux fondateurs ou à toute autre personne peuvent être représentés par des titres négo-

ciables qui ne donnent droit qu'à une part dans les bénéfices (addition à l'art. 4).

Les dispositions relatives aux actions d'apport s'appliquent à tous les titres créés, sous quelque nom que ce
soit, en représentation d'apports en nature ou en rémunération de services, au profit des fondateurs ou d'autres
personnes.

Toutefois, les parts de fondateurs ou bénéficiaires peuvent être négociées à partir de la constitution de la société
(addition à l'art. 3).

§ 4. — *Modifications.*

La modification des statuts, sur laquelle la loi actuelle
ne contient pas de dispositions, est beaucoup facilitée.

L'assemblée générale peut, sur la proposition des gérants, décider toutes les modifications aux statuts autorisées par l'art. 31, en se conformant aux dispositions de cet
article (nouvel art. 12).

Sauf dispositions contraires des statuts, l'assemblée générale peut modifier ces statuts dans toutes leurs dispositions.

Elle ne peut toutefois changer la nationalité de la société ni augmenter les engagements des actionnaires.

Lorsque la décision de l'assemblée générale comporte
une modification dans les droits respectifs reconnus aux
actions des différentes catégories, cette décision n'est
valable que si elle est votée par une assemblée spéciale
des actionnaires dont les droits sont modifiés.

Cette assemblée délibère dans les conditions imposées
aux autres assemblées extraordinaires.

Les droits conférés par les statuts aux porteurs de parts
de fondateur ou bénéficiaire ne peuvent être modifiés par
une assemblée générale d'actionnaires que dans des con-

ditions qui seront déterminées par une loi spéciale (nouvel art. 31).

Les assemblées qui ont à délibérer sur les modifications touchant à l'objet ou à la forme de la société ne sont régulièrement constituées et ne délibèrent valablement qu'autant qu'elles sont composées d'un nombre d'actionnaires représentant les trois quarts au moins du capital social. Les résolutions, pour être valables, doivent réunir les deux tiers au moins des voix des actionnaires présents ou représentés.

Dans tous les autres cas, si une première assemblée ne remplit pas les conditions fixées, une nouvelle assemblée peut être convoquée dans les formes statutaires et par deux insertions, à quinze jours d'intervalle, dans le Bulletin annexe du *Journal officiel* et dans un journal d'annonces légales du lieu où la société est établie. Cette convocation reproduit l'ordre du jour en indiquant la date et le résultat de la précédente assemblée. La seconde assemblée délibère valablement si elle se compose d'un nombre d'actionnaires représentant la moitié au moins du capital social. Quand cette seconde assemblée ne réunit pas la moitié du capital, il peut être convoqué une troisième assemblée qui délibère valablement si elle se compose du nombre d'actionnaires représentant le tiers du capital social. Dans toutes ces assemblées, les résolutions, pour être valables, doivent réunir les deux tiers des voix des actionnaires présents ou représentés.

Nonobstant toute clause contraire de l'acte de société, dans les assemblées générales qui ont à délibérer sur les modifications aux statuts, tout actionnaire, quel que soit le nombre des actions dont il est porteur, peut prendre part aux délibérations avec un nombre de voix égal aux actions qu'il possède, sans limitation (nouvel art. 31).

Sont soumis aux formalités et aux pénalités prescrites par les art. 55 et 56 tous actes et délibérations ayant pour

objet la modification des statuts, la continuation de la société au delà du terme fixé pour sa durée, la dissolution
avant terme et le mode de liquidation, ainsi que tous
changements ou retraites d'associés.

Sont également soumises aux dispositions des art. 55 et
56, les délibérations prises dans les cas prévus par les
art. 19, 46, 47 et 49 ci-dessus (nouvel art. 61).

Ne sont pas assujettis aux formalités de dépôt et de publication les actes constatant les augmentations ou les
diminutions de capital social opérées dans les termes de
l'art. 48 ou les retraites d'associés autres que les administrateurs qui auraient lieu conformément à l'art. 52.

APPENDICE III

SOCIÉTÉS ANONYMES BELGES

Jusqu'en 1873 les sociétés par actions sont demeurées
en Belgique sous le régime établi par le Code de commerce français et aboli définitivement, en France, par les
lois de 1852, 1856 et 1867 : liberté absolue des sociétés en
commandite par actions dispensées de toute réglementation, nécessité d'une autorisation pour la formation d'une
société anonyme. La loi belge du 18 mai 1873 répond à la
loi française du 14 juill. 1867 : une autorisation n'est plus
nécessaire à la société anonyme; les deux espèces de sociétés par actions sont soumises à une réglementation protectrice. Outre ces dispositions particulières aux sociétés
par actions, la nouvelle loi contient un certain nombre de
règles spéciales aux sociétés par intérêts ou communes à
toutes les sociétés de commerce. A la différence de la loi
française de 1867, demeurée en dehors du Code de commerce, dont cependant elle corrige ou complète les dispositions, la loi de 1873 est incorporée à ce Code et en forme
le titre IV. Depuis, des modifications importantes y ont été
introduites par la loi du 22 mai 1886. C'est encore de ces
deux lois de 1873 et de 1886 que résulte le régime actuellement en vigueur. Dans son ensemble, il est sensiblement
plus libéral que le système français. Certaines matières
réglées par la loi française, telles que le chiffre minimum

des actions, y restent soumises à la volonté des contractants. Les objets traités par les deux législations le sont
généralement d'une manière plus large en Belgique qu'en
France. Ainsi, le versement initial exigé sur chaque action
est du dixième et non du quart. La différence la plus importante consiste dans la nature des sanctions : alors que
la loi française, même après 1893, multiplie les cas de
nullité, la loi belge remplace cette sanction exorbitante
par la responsabilité personnelle des fondateurs. La nullité ne peut être invoquée, et pendant cinq ans seulement,
que pour violation des conditions de forme. De cette
manière, une société, peut-être prospère, risque moins de
tomber par l'effet d'un vice initial qui cependant n'avait
pas nui à son développement. Ces avantages font souvent
préférer, quand la chose est possible, la forme belge à la
forme française, comme un instrument d'un usage plus
facile et d'un emploi moins hasardeux.

§ 1. — *De la nature et de la qualification des sociétés anonymes.*

La société anonyme est, d'après la loi belge, celle dans
laquelle les associés n'engagent qu'une mise déterminée
(art. 26).

Elle n'existe point sous une raison sociale; elle n'est
désignée par le nom d'aucun des associés (art. 27).

La société anonyme est qualifiée par une dénomination particulière ou par la désignation de l'objet de son entreprise.

Cette dénomination ou désignation doit être différente
de celle de toute autre société.

Si elle est identique ou si sa ressemblance peut induire
en erreur, tout intéressé peut la faire modifier et réclamer
des dommages-intérêts, s'il y a lieu (art. 28).

Le capital est fourni par des actions ou aussi des obligations.

Des règles protectrices accordent aux obligataires des garanties que la loi française n'a cherché à donner qu'aux seuls actionnaires. Ainsi :

Les sociétés anonymes ne peuvent émettre d'obligations remboursables par voie de tirage au sort à un taux supérieur au prix d'émission qu'à la condition que les obligations rapportent 3 0/0 d'intérêts, au moins, que toutes soient remboursables pour la même somme, et que le montant de l'annuité, comprenant l'amortissement et les intérêts, soit le même pendant toute la durée de l'emprunt (art. 68).

Il ne peut être émis d'obligations de cette nature qu'après la constitution de la société (art. 68).

Le montant de ces obligations ne pourra, en aucun cas, être supérieur au capital social versé (art. 68).

§ 2. — *La fondation.*

Les sociétés anonymes, comme les sociétés en commandite par actions, sont, à peine de nullité, formées par des actes publics (art. 4 à 30).

De même qu'en droit français et en droit anglais, le minimum de sept associés est indispensable (art. 29).

Il y a deux manières de constituer la société anonyme :

La société peut être établie par un ou plusieurs actes authentiques dans lesquels comparaissent tous les associés, soit en personne, soit par porteurs de mandats authentiques ou privés.

Les comparants à ces actes sont considérés comme fondateurs de la société. Toutefois, si les actes désignent comme fondateurs un ou plusieurs actionnaires possédant ensemble au moins un tiers du capital social, les autres comparants qui se bornent à souscrire des actions contre espèces sans recevoir aucun avantage particulier sont tenus pour simples souscripteurs (art. **30**).

La société peut aussi être constituée au moyen de souscriptions.

L'acte de société est préalablement publié à titre de projet.

Les souscriptions doivent être faites en double et indiquer :

La date de l'acte authentique de société et de sa publication ;

L'objet de la société, le capital social et le nombre d'actions;

Les apports et les conditions auxquelles ils sont faits ;

Les avantages particuliers attribués aux fondateurs;

Le versement sur chaque action d'un dixième au moins de la souscription.

Elles contiennent convocation des souscripteurs à une assemblée qui sera tenue dans les trois mois pour la constitution définitive de la société (art. **31**).

Lorsqu'une émission d'actions a lieu en vertu soit d'une disposition des statuts, soit d'une modification aux statuts, les souscriptions doivent être faites en double et contenir les énonciations exigées pour l'émission initiale (art. **33**).

Seront considérés comme coupables d'escroquerie et punis des peines portées par le Code pénal :

1° Ceux qui, par simulation de souscriptions ou de versements à une société, ou par la publication faite sciemment de souscriptions ou de versements qui n'existent pas ou de tous autres faits faux, ont obtenu ou tenté d'obtenir des souscriptions ou des versements ;

2° Ceux qui, pour provoquer des souscriptions ou des versements, ont, de mauvaise foi aussi, publié les noms de personnes désignées, contrairement à la vérité, comme étant ou devant être attachées à la société, à un titre quelconque (art. **132**).

La condition d'une souscription intégrale est imposée, comme d'ailleurs dans la plupart des législations (art. 29).

La constitution d'une société anonyme requiert encore que chaque action soit libérée d'un dixième au moins par un versement en numéraire ou un apport effectif (art. 29).

Un acte authentique constate l'accomplissement de ces conditions (art. 29, alin. 5).

Les souscriptions contiennent convocation des souscripteurs à une assemblée pour la constitution définitive de la société (art. 31, dernier alinéa).

Cette assemblée doit être tenue dans les trois mois et devant notaire.

Au jour fixé, les fondateurs justifient à l'assemblée, l'existence des conditions requises, avec les pièces à l'appui.

Si la majorité des souscripteurs présents, autres que les fondateurs, ne s'oppose pas à la constitution de la société, les fondateurs déclareront qu'elle est définitivement constituée.

Le procès-verbal authentique de cette assemblée, qui contiendra la liste des souscripteurs et l'état des versements faits, constituera définitivement la société (art. 32).

Les actes de société anonyme, comme d'ailleurs ceux de société en commandite par actions et de société coopérative, sont publiés en entier, aux frais des intéressés (art. 9).

Ces actes ou extraits d'actes sont, dans la quinzaine de la constitution définitive, déposés entre les mains des fonctionnaires préposés à cet effet, qui en donnent récépissé.

La publication doit être faite dans les dix jours du dépôt, à peine de dommages-intérêts contre les fonctionnaires auxquels l'omission ou le retard serait imputable.

La publication est faite par la voie du *Moniteur*, sous forme d'annexes, adressées aux greffes des cours et tribunaux, où chacun peut en prendre connaissance gratuitement. Elles sont réunies dans un recueil spécial (art. 10).

Un arrêté royal indique les fonctionnaires qui recevront les actes ou extraits d'actes, et détermine la forme et les conditions du dépôt et de la publication.

La publication n'a d'effet que le cinquième jour après la date de l'insertion au *Moniteur*.

A côté de la publicité initiale, il est institué, comme en droit français, une publicité permanente, mais sous une sanction moins sévère.

Dans tous les actes, factures, annonces, publications et autres pièces émanées des sociétés anonymes, on doit trouver la dénomination sociale précédée ou suivie immédiatement de ces mots, écrits lisiblement et en toutes lettres : *Société anonyme*.

Si ces pièces énoncent le capital social, ce capital devra être celui qui résulte du dernier bilan (art. 66).

A défaut de l'acte public la société serait nulle (art. 4). La même sanction frappe le défaut de publicité.

De même toute action intentée par une société dont l'acte constitutif n'aurait pas été publié serait non recevable. Les associés ne pourraient se prévaloir des actes de société à l'égard des tiers qui auraient traité avant la publication ; mais le défaut de publication ne pourrait être opposé aux tiers par les associés (art. 11).

Toutefois, cette nullité ne peut être opposée par les associés aux tiers ; entre les associés, elle n'opère qu'à dater de la demande tendant à la faire prononcer (art. 4, al. 2).

Les fondateurs sont tenus solidairement envers les intéressés et malgré toute stipulation contraire :

1° De tous les engagements sociaux contractés jusqu'à ce que la société ait sept membres au moins;

2° De toute la partie du capital qui ne serait pas valablement souscrite; ils en sont de plein droit réputés souscripteurs;

3° De la libération effective des actions jusqu'à concurrence d'un dixième;

4° De la réparation du préjudice qui serait une suite immédiate et directe, soit de la nullité de la société pour défaut de publicité légale, soit de l'absence ou de la fausseté des énonciations prescrites dans les souscriptions.

Ceux qui ont pris un engagement pour des tiers, soit comme mandataires, soit en se portant fort, sont réputés personnellement obligés, s'il n'y a pas mandat valable ou si l'engagement n'est pas ratifié. Les fondateurs en sont solidairement garants.

Ils sont également tenus des engagements pris par des incapables (art. 34).

Toute personne qui interviendrait pour une société anonyme dans un acte où la prescription relative à la publicité permanente ne serait pas remplie peut, suivant les circonstances, être déclarée personnellement responsable des engagements qui y sont pris par la société.

En cas d'exagération du capital, le tiers a le droit de réclamer de cette personne, à défaut de la société, la somme qu'il aurait obtenue si le capital énoncé avait été le capital réel (art. 67).

Aux sanctions civiles s'ajoute une sanction pénale pour les cas les plus graves.

Si le dépôt légal n'est pas fait dans le délai prescrit, la publication des actes ou extraits d'actes est soumise à une amende d'un pour mille du capital social, sans qu'elle puisse être moindre de 50 francs ni supérieure à 5.000 francs.

Cette amende est exigible sur l'enregistrement de la publication, opérée d'office; elle est due solidairement, quant aux actes publics, par les notaires, et, quant aux actes sous seing privé, par les associés solidaires ou, à défaut de ceux-ci, par les associés fondateurs.

§ 3. — *Organisation de la société.*

L'organisation des sociétés anonymes belges comprend le triple rouage formé par l'administration, la surveillance et l'assemblée des actionnaires.

Les administrateurs. — Les sociétés anonymes sont administrées par des mandataires à temps, salariés ou gratuits (art. 43).

Les administrateurs doivent être au nombre de trois au moins.

Ils sont nommés par l'assemblée générale des actionnaires ; cependant, pour la première fois, ils peuvent être désignés par l'acte de constitution de la société.

En cas de vacance d'une place d'administrateur et sauf disposition contraire dans les statuts, les administrateurs restants et les commissaires réunis ont le droit d'y pourvoir provisoirement. Dans ce cas, l'assemblée générale, lors de la première réunion, procède à l'élection définitive.

Le terme du mandat des administrateurs ne peut excéder six ans, ils sont toujours révocables par l'assemblée générale (art. 45).

Sauf disposition contraire dans l'acte de société, les administrateurs sont rééligibles ; en cas de vacance avant l'expiration d'un mandat, l'administrateur nommé achève le temps de celui qu'il remplace (art. 46).

Les nominations d'administrateurs ne sont opposables aux tiers qu'après publication.

Chaque administrateur doit affecter par privilège, un certain nombre d'actions à la garantie de sa gestion. Pour les actions nominatives, mention de cette affectation est faite par le propriétaire des actions sur le registre d'actionnaires. Les actions au porteur sont déposées dans la caisse de la société ou d'un tiers désigné par les statuts ou par l'assemblée générale (art. 47).

Si l'administrateur est nommé par les statuts, il doit déposer un nombre d'actions représentant la cinquième partie du capital social, sans que cette part doive s'élever au delà de 50.000 francs, valeur nominale des actions.

Les statuts fixent le nombre d'actions à déposer par les administrateurs que nomme l'assemblée générale.

Quand les actions n'appartiennent pas à l'administrateur dont elles garantissent la gestion, le nom du propriétaire doit être indiqué lors du dépôt ; il en est donné connaissance à la première assemblée générale (art. 28).

A défaut de s'être conformé aux conditions prescrites dans le mois de la constitution définitive de la société, s'il s'agit d'un administrateur nommé par les statuts, ou dans le mois de sa nomination ou de la notification qui devra lui en être faite, si elle a eu lieu en son absence et qu'il s'agisse d'un administrateur nommé par l'assemblée générale, tout administrateur sera réputé démissionnaire et il sera pourvu à son remplacement par l'assemblée générale (art. 49).

L'administrateur qui a un intérêt opposé à celui de la société dans une opération soumise à l'approbation du conseil d'administration est tenu d'en prévenir le conseil et de faire mentionner cette déclaration au procès-verbal de la séance. Il ne peut prendre part à cette délibération.

Il est spécialement rendu compte, à la première assemblée générale, avant tout vote sur d'autres résolutions, des opérations dans lesquelles un des administrateurs aurait eu un intérêt opposé à celui de la société (art. 50).

Les administrateurs forment **un collège qui délibère** suivant le mode établi par les statuts et, à défaut de dispositions sur cet objet, suivant les **règles ordinaires des** assemblées délibérantes (art. 56).

La gestion journalière des affaires de **la société, ainsi** que la représentation de la société, **en ce qui concerne** cette gestion, peuvent être déléguées à **des directeurs,** gérants et autres agents, associés ou **non associés, dont la** nomination, la révocation et les **attributions sont réglées** par les statuts.

La responsabilité de ces agents, à **raison de leur ges-** tion, se détermine conformément **aux règles générales du** mandat (art. 53).

A défaut de dispositions contraires **dans les statuts, les** administrateurs ont le pouvoir de faire **tous actes d'admi-** nistration et de soutenir toutes actions **au nom de la so-** ciété, soit en demandant, soit en **défendant (art. 44).**

C'est par eux que s'exerce le **gouvernement général de** la société anonyme. La loi indique **certaines règles aux-** quelles ils sont tenus de se conformer :

Chaque année l'administration doit **dresser un inven-** taire contenant l'indication des valeurs **mobilières et immo-** bilières et de toutes les dettes **actives et passives de la** société, avec une annexe contenant **en résumé tous ses** engagements.

L'administration établit le bilan et **le compte de profits** et pertes, dans lesquels les **amortissements nécessaires** doivent être faits.

Elle doit faire chaque année les **prélèvements néces-** saires à la formation du fonds **de réserve prescrit par la** loi.

L'administration remet les **pièces avec un rapport sur** les opérations de la société, **un mois au moins avant l'as-**

semblée générale ordinaire, aux commissaires, qui doivent faire un rapport contenant leurs propositions (art. 62).

L'adoption du bilan par l'assemblée générale vaut décharge pour les administrateurs et les commissaires de la société, mais en tant seulement que l'assemblée n'ait pas fait de réserve contraire et que le bilan ne contienne ni omission, ni indication fausse dissimulant la situation réelle de la société.

Les administrateurs ne contractent aucune obligation personnelle relativement aux engagements de la société (art. 51).

Ils sont responsables conformément au droit commun de l'exécution du mandat qu'ils ont reçu et des fautes commises dans leur gestion.

Ils sont solidairement responsables, soit envers la société, soit envers les tiers, de tous dommages-intérêts résultant d'infractions aux dispositions de la loi sur les sociétés ou aux statuts sociaux.

Ils ne sont déchargés de cette responsabilité, quant aux infractions auxquelles ils n'ont pas pris part, que si aucune faute ne leur est imputable, et s'ils ont dénoncé ces infractions à l'assemblée générale la plus prochaine, après qu'ils en auront eu connaissance (art. 52).

La preuve des imputations dirigées à raison des faits relatifs à leur gestion contre les administrateurs des sociétés anonymes, est admise par toutes les voies ordinaires, et sauf la preuve contraire, par les mêmes voies (art. 135).

Les commissaires de surveillance. — La surveillance de la société doit être confiée à un ou plusieurs commissaires, associés ou non.

Le nombre des commissaires est fixé par les statuts, mais il peut être modifié par l'assemblée générale.

La nomination est faite, pour la première fois, par

l'acte qui constitue définitivement la société, et, ensuite, par l'assemblée générale des actionnaires.

La durée de leur mandat ne peut excéder six ans; ils sont toujours révocables par l'assemblée générale.

L'assemblée générale fixe les émoluments des commissaires, lesquels ne peuvent être supérieurs au tiers de ceux d'un administrateur.

Si le nombre des commissaires est réduit, par suite de décès ou autrement, de plus de moitié, le conseil d'administration doit convoquer immédiatement l'assemblée générale, pour pourvoir au remplacement des commissaires manquants (art. 54).

Les commissaires fournissent en actions de la société le cautionnement fixé par les statuts (art. 58).

Toutes les dispositions relatives aux actions de garantie que doivent déposer les administrateurs s'appliquent également aux commissaires de surveillance.

Les commissaires de surveillance peuvent former un collège de la même manière que les administrateurs.

Les commissaires ont un droit illimité de surveillance et de contrôle sur toutes les opérations de la société.

Il leur est remis, chaque semestre, par l'administration, un état résumant la situation active et passive.

Les commissaires doivent soumettre à l'assemblée générale le résultat de leur mission avec les propositions qu'ils croient convenables, et lui faire connaître le mode d'après lequel ils ont contrôlé les inventaires.

Leur responsabilité, en tant qu'elle dérive de leurs devoirs de surveillance et de contrôle, est déterminée d'après les mêmes règles que la responsabilité des administrateurs (art. 55).

Il est admis contre eux les mêmes modes de preuve.

De plus les statuts peuvent disposer que les administrateurs et les commissaires réunis formeront le conseil général ; ils en détermineront les attributions (art. 57).

Les actionnaires. — Les actionnaires n'ont en principe de rôle que réunis en assemblée générale. Mais des droits individuels leur sont aussi reconnus.

Il doit être tenu, chaque année, au moins une assemblée générale dans la commune, aux jour et heure indiqués par les statuts (art. 60).

Le conseil d'administration et les commissaires peuvent convoquer l'assemblée générale.

Ils doivent la réunir sur la demande d'actionnaires représentant le cinquième du capital social (art. 60, al. 2).

Les convocations pour toute assemblée générale contiennent l'ordre du jour et sont faites par des annonces insérées deux fois, à huit jours d'intervalle au moins, et huit jours avant l'assemblée, dans le *Moniteur belge*, dans un journal de Bruxelles et dans un journal de la province ou de l'arrondissement où se trouve le siège de la société.

Des lettres-missives sont adressées, huit jours avant l'assemblée, aux actionnaires en nom, mais sans qu'il doive être justifié de l'accomplissement de cette formalité.

Quand toutes les actions sont nominatives, les convocations peuvent être faites uniquement par lettres recommandées (art. 60, alin. 3 et suiv.).

Les statuts déterminent le mode de délibération de l'assemblée générale et les formalités nécessaires pour y être admis. En l'absence de dispositions, les nominations se font et les décisions se prennent d'après les règles ordinaires des assemblées délibérantes.

Les procès-verbaux sont signés par les actionnaires nécessaires à la formation de la majorité.

Les expéditions à délivrer aux tiers sont signées par la

majorité des administrateurs et des commissaires (art. 61).

Le conseil d'administration a le droit de proroger, séance tenante, l'assemblée à trois semaines. Cette prorogation annule toute décision prise. La seconde assemblée a le droit d'arrêter définitivement le bilan (art. 64, al. 2).

Tous les actionnaires ont, nonobstant disposition contraire, mais en se conformant aux règles des statuts, le droit de voter par eux-mêmes ou par mandataire (art. 61, alin. 1).

Nul ne peut prendre part au vote pour un nombre d'actions dépassant la cinquième partie du nombre des actions émises ou les deux cinquièmes des actions pour lesquelles il est pris part au vote (art. 61, alin. 2).

Sont punis d'une amende de 50 francs à 10.000 francs :

1° Ceux qui, en se présentant comme propriétaires d'actions qui ne leur appartiennent pas, ont pris part au vote dans une assemblée générale d'actionnaires;

2° Ceux qui ont remis les actions pour en faire l'usage ci-dessus prévu (art. 131).

Il n'est fait aucune distinction, d'après leur objet, entre les réunions de l'assemblée générale.

L'assemblée générale entend les rapports des administrateurs et des commissaires, et discute le bilan (art. 64).

L'assemblée générale des actionnaires possède, aux termes de la loi elle-même, les pouvoirs les plus étendus pour faire ou ratifier les actes qui intéressent la société.

Elle a, sauf disposition contraire, le droit d'apporter des modifications aux statuts, mais sans pouvoir changer l'objet essentiel de la société (art. 59).

Les actionnaires ont des droits individuels destinés surtout à assurer l'efficacité de leur rôle dans l'assemblée générale.

Quinze jours avant cette assemblée, le bilan, le compte des profits et pertes, ainsi que la liste des actionnaires avec le nombre de leurs actions et leur domicile, sont mis à leur disposition au siège social.

Le bilan et le compte sont adressés aux actionnaires en nom, en même temps que la convocation, de même que le rapport des commissaires, s'il ne conclut pas à l'adoption complète du bilan (art. 63).

La décharge donnée par l'assemblée générale aux administrateurs et aux commissaires du contrôle n'est pas opposable aux actionnaires absents quant aux actes faits en dehors des statuts, s'ils ne sont spécialement indiqués dans la convocation (art. 64, alin. 2).

Le tribunal de commerce peut, dans des circonstances exceptionnelles, sur requête d'actionnaires possédant le cinquième des intérêts sociaux, signifiée avec assignation à la société, nommer un ou plusieurs commissaires ayant pour mission de vérifier les livres et comptes de la société.

Il entend les parties en chambre du conseil et statue en audience publique.

Le jugement précisera les points sur lesquels portera l'investigation et fixera la consignation préalable à effectuer pour le paiement des frais; ces frais pourront être compris dans ceux de l'instance auxquels donneraient lieu les faits constatés.

Le rapport sera déposé au greffe (art. 124).

Une part est faite aux obligataires dans l'organisation générale de la société anonyme.

Les porteurs d'obligations ont le droit de prendre connaissance des pièces déposées.

Ils peuvent assister aux assemblées générales, mais avec voix consultative seulement (art. 70).

§ 4. — *Le fonctionnement.*

Les effets intérieurs et extérieurs de la société, ainsi
que la cession de part, sont déterminés par l'application
des règles traditionnelles, mais avec des particularités de
détail.

1° *Droits et obligations des actionnaires.* — Les droits et
obligations des actionnaires dans la société anonyme ne
sont indiqués par aucune disposition spéciale. En conséquence, l'étendue en est déterminée par l'application des
principes généraux.

Une sanction pénale garantit les associés aussi bien que
les tiers contre la distribution de dividendes fictifs, sujets
à répétition contre ceux qui les ont reçus et prélevés sur
le fonds social.

Sont punis d'une amende de 50 francs à 10.000 francs,
et pourront, en outre, être punis d'un emprisonnement
d'un mois à un an, les administrateurs qui, en l'absence
d'inventaires, malgré les inventaires ou au moyen d'inventaires frauduleux, ont opéré la répartition aux actionnaires de dividendes ou d'intérêts non prélevés sur les
bénéfices réels (art. 133).

2° *Effets de la société à l'égard des tiers.* — L'absence
d'obligation personnelle chez les administrateurs et les
associés a déterminé quelques dispositions relatives au
fonds social, qui forme la seule garantie des tiers. Elles
ont pour but d'en faire connaître la consistance et d'en
assurer la conservation.

Le bilan et le compte des profits et pertes doivent, dans
la quinzaine après leur approbation, être publiés aux
frais de la société et par les soins des administrateurs,
conformément au mode déterminé pour les actes constitutifs (art. 65).

La situation du capital social est publiée, au moins une fois par année, à la suite du bilan.

Elle comprend :

L'indication des versements effectués;

La liste des actionnaires qui n'ont pas encore entièrement libéré leurs actions, avec l'indication des sommes dont ils sont redevables.

La publication de cette liste a, pour les changements d'actionnaires qu'elle constate, la même valeur que la publication des modifications apportées au pacte social (art. 41).

Les créanciers peuvent, dans les sociétés anonymes comme dans les autres sociétés commerciales, faire décider par justice que les versements stipulés aux statuts, s'ils sont nécessaires à la conservation de leurs droits, seront effectués; la société peut écarter l'action en remboursant leur créance à sa valeur, après déduction de l'escompte.

Les administrateurs sont personnellement obligés d'exécuter les jugements rendus à cette fin.

Les créanciers peuvent exercer, conformément à l'article 1166 du Code civil, contre les actionnaires, les droits de la société quant aux versements à faire et qui sont exigibles en vertu des statuts, de décisions sociales ou de jugements (art. 123).

Il est fait annuellement sur les bénéfices nets un prélèvement d'un vingtième au moins, affecté à la formation d'un fonds de réserve; ce prélèvement cesse d'être obligatoire lorsque ce fonds de réserve a atteint le dixième du capital social (art. 62, alin. 3).

Seront punis de l'amende de 50 francs à 10.000 francs et de l'emprisonnement d'un mois à un an, qui frappent les distributeurs de dividendes fictifs, tous ceux qui, comme administrateurs, commissaires ou membres du comité de surveillance, auront sciemment racheté des actions ou parts sociales, en diminuant le capital social ou la réserve légalement obligatoire, fait des prêts ou avances au moyen de fonds sociaux sur des actions de la société, fait par un moyen quelconque aux frais de la société des versements sur les actions, ou admis comme faits des versements qui ne sont pas effectués réellement de la manière et aux époques prescrites (art. 134).

3° *Transmission des actions.* — La transmission des actions est facilitée de la même manière que dans les autres législations et donne lieu à des dispositions protectrices analogues à celles de la loi française, quoique différentes dans les détails. De plus il est établi des règles qui permettent au porteur de se rendre un compte facile de sa situation.

La même distinction qu'en droit francais est faite selon que la société est définitivement constituée ou non.

Les cessions d'actions ne sont valables qu'après la constitution définitive de la société; elles ne peuvent être inscrites sur le registre d'actionnaires qu'après versement du cinquième (art. 40).

Après la constitution les actions demeurent négociables, mais il faut tenir compte de la forme nominative ou au porteur.

Les actions sont nominatives jusqu'à leur entière libération (art. 40, alin. 2).

De plus la mise au porteur n'est possible que si les statuts l'autorisent.

Il est tenu au siège social un registre des actions nominatives, dont tout actionnaire peut prendre connaissance. Ce registre contient :

La désignation précise de chaque actionnaire et l'indication du nombre de ses actions;

L'indication des versements effectués;

Les transferts avec leur date, ou la conversion des actions en titres au porteur, si les statuts l'autorisent (art. 36).

La propriété de l'action nominative s'établit par une inscription sur le registre des transferts.

La cession s'opère par une déclaration de transfert inscrite sur ce même registre, datée et signée par le cédant et le cessionnaire ou par leurs fondés de pouvoirs.

Des certificats constatant ces inscriptions sont délivrés aux actionnaires.

S'il y a plusieurs propriétaires d'une action, la société a le droit de suspendre l'exercice des droits correspondants jusqu'à ce qu'une seule personne soit désignée comme étant, à son égard, propriétaire de l'action.

L'action au porteur est signée par deux administrateurs au moins. L'une des deux signatures peut être apposée au moyen d'une griffe.

Le titre indique :

La date de l'acte constitutif de la société et de sa publication ;

Le nombre et la nature de chaque catégorie d'actions, ainsi que la valeur nominale des titres ou de la part sociale qu'ils représentent ;

La consistance sommaire des apports et les conditions auxquelles ils sont faits ;

Les avantages particuliers attribués aux fondateurs ;

La durée de la société ;

Le jour et l'heure de l'assemblée générale annuelle (art. 38).

La cession de l'action au porteur s'opère par la seule tradition du titre (art. 39).

Les souscripteurs d'actions sont, nonobstant toute stipulation contraire, responsables du montant total de leurs actions ; la cession des actions ne peut les affranchir de contribuer aux dettes antérieures à sa publication.

L'ancien propriétaire a un recours solidaire contre celui auquel il a cédé son titre et contre les cessionnaires ultérieurs (art. 42).

L'indivisibilité des actions est compensée par une disposition particulière. Elles peuvent être divisées en coupures qui, réunies en nombre suffisant, confèrent les mêmes droits que l'action.

Les actions et les coupures portent un numéro d'ordre (art. 35).

§ 5. — *Modifications de la société.*

Il est de principe que la société anonyme a le droit de se transformer en dehors des conditions de droit commun. Cette liberté simplifie beaucoup la révision du pacte social.

L'assemblée générale des actionnaires a, sauf disposition contraire, le droit d'apporter des modifications aux statuts, mais sans pouvoir changer l'objet essentiel de la société.

Lorsqu'il s'agit de délibérer sur les modifications aux statuts, l'assemblée n'est valablement constituée que si les convocations ont mis cet objet à l'ordre du jour.

Ceux qui assistent à la réunion doivent représenter la moitié au moins du capital social.

Si cette dernière condition n'est pas remplie, une nouvelle convocation sera nécessaire et la nouvelle assemblée délibérera valablement, quelle que soit la portion du capital représentée par les actionnaires présents.

Aucune modification n'est admise que si elle réunit les trois quarts des voix (art. 59).

Toute modification conventionnelle aux actes de société doit, à peine de nullité, être faite en la forme requise pour l'acte de constitution de la société (art. 12).

Ces modifications doivent être publiées à peine de ne pouvoir être opposées aux tiers, qui, néanmoins pourront s'en prévaloir.

§ 6. — *Durée et dissolution des sociétés anonymes.*

La durée des sociétés anonymes ne peut excéder trente ans.

S'il est stipulé une durée plus longue, elle est réduite à ce terme (art. 71, alin. 2).

La société peut être successivement prorogée dans les formes prescrites pour les modifications aux statuts, pour un nouveau terme expirant dans les trente ans de prorogation.

Exceptionnellement les sociétés anonymes qui ont pour objet l'exploitation d'une concession accordée par le Gouvernement peuvent être formées pour la durée de la concession (art. 71, alin. 1).

En cas de perte de la moitié du capital social, les administrateurs doivent soumettre à l'assemblée générale la question de dissolution de la société.

Si la perte atteint les trois quarts du capital, la dissolution pourra être prononcée par les actionnaires possédant un quart des actions représentées à l'assemblée (art. 72).

La dissolution est prononcée sur la demande de tout intéressé lorsque six mois se sont écoulés depuis l'époque où le nombre des associés a été réduit à moins de sept (art. 73).

Liquidation et partage. — Le mode de liquidation doit être publié sous peine de nullité dont les tiers pourraient se prévaloir contre les associés.

De même, toutes les pièces émanées d'une société dissoute mentionnent qu'elle est en liquidation (art. 111).

La liquidation des sociétés anonymes et le partage de l'actif se font selon les mêmes règles que pour les autres sociétés de commerce.

Après leur dissolution les sociétés commerciales sont réputées exister pour les besoins de leur liquidation (art. 111).

Sauf convention contraire, le mode de liquidation est déterminé et les liquidateurs sont nommés par l'assemblée générale des associés.

Dans les cas de nullité de société, les tribunaux peuvent déterminer le mode de liquidation et nommer les liquidateurs (art. 112).

A défaut d'autre nomination, les administrateurs des sociétés anonymes sont, à l'égard des tiers, considérés comme liquidateurs.

Les pouvoirs et la responsabilité des liquidateurs sont l'objet de dispositions précises et développées.

A moins de disposition contraire dans les statuts ou dans l'acte de nomination, les liquidateurs peuvent intenter et soutenir toutes actions pour la société, recevoir tous paiements, donner mainlevée avec ou sans quittance, réaliser toutes les valeurs mobilières de la société, endosser tous effets de commerce, transiger ou compromettre sur toutes contestations.

Ils peuvent aliéner les immeubles de la société par adjudication publique, s'ils jugent la vente nécessaire pour payer les dettes sociales, ou si le nombre des associés est de sept ou plus (art. 114).

Avec l'autorisation de l'assemblée générale des associés, ils peuvent continuer, jusqu'à réalisation, l'industrie ou le commerce de la société, emprunter pour payer les dettes sociales, créer des effets de commerce, hypothéquer les biens de la société, les donner en gage, aliéner ses immeubles, même de gré à gré, et faire apport de l'avoir social à d'autres sociétés (art. 115).

Ils ont le droit d'exiger le paiement des sommes que les actionnaires se sont engagés à verser dans la société et qui paraissent nécessaires au paiement des dettes et des frais de liquidation (art. 116).

Les liquidateurs, sans préjudice aux droits des créanciers privilégiés, paient toutes les dettes de la société, proportionnellement et sans distinction entre les dettes exigibles et les dettes non exigibles, sous déduction de l'escompte pour celles-ci.

Ils peuvent cependant, sous leur garantie personnelle, payer d'abord les créances exigibles, si l'actif dépasse notablement le passif ou si les créances à terme ont une garantie suffisante, et sauf le droit des créanciers de recourir aux tribunaux (art. 117).

Enfin la loi belge tranche elle-même, à l'égard des obligataires, une question que le silence de la loi française laisse controversée. En cas de liquidation, les obligations ne sont admises au passif que pour une somme totale égale au capital qu'on obtient en ramenant à leur valeur actuelle, au taux de 5 0/0, les annuités d'intérêt et d'amortissement restant à échoir.

Chaque obligation est admise pour une somme égale au quotient de ce capital, divisé par le nombre des obligations non encore éteintes (art. 69).

Après le paiement ou la consignation des sommes nécessaires au paiement des dettes, les liquidateurs doivent distribuer aux sociétaires les sommes ou valeurs qui peuvent former des répartitions égales ; ils leur remettent les biens qui auraient dû être conservés pour être partagés.

Ils peuvent, moyennant l'autorisation de l'assemblée générale, racheter les actions de la société soit à la Bourse, soit par souscription ou soumission auxquelles tous les actionnaires seraient admis à participer (art. 118).

Les liquidateurs sont responsables, tant envers les tiers qu'envers les associés, de l'exécution de leur mandat et des fautes commises dans leur gestion (art. 119).

Chaque année, les résultats de la liquidation sont soumis à l'assemblée générale avec l'indication des causes qui ont empêché la liquidation d'être terminée.

Le bilan est, en outre, publié (art. 120).

Lorsque la liquidation est terminée, les liquidateurs font un rapport à l'assemblée générale sur l'emploi des valeurs sociales et lui soumettent les comptes et pièces à l'appui. L'assemblée nomme des commissaires pour examiner ces

documents et fixe une nouvelle réunion dans laquelle il
est statué, après le rapport des commissaires, sur la gestion des liquidateurs.

La clôture de la liquidation est publiée de la même manière que les actes relatifs à la fondation (art. **121**).

Prescription. — Les actions contre les sociétés se prescrivent, en principe, dans le même temps que les actions
contre les particuliers (art. **126**).

Sont prescrites par cinq ans :

Toutes actions contre les sociétés ou actionnaires, à partir de la publication, soit de leur retraite de la société, soit
d'un acte de dissolution de la société, ou bien à partir de
son terme contractuel ;

Toutes actions de tiers en restitution de dividendes indûment distribués, à partir de la distribution ;

Toutes actions contre les liquidateurs, en cette qualité,
à partir de la publication légale;

Toutes actions contre les administrateurs, commissaires,
liquidateurs, pour faits de leurs fonctions, à partir de ces
faits.

Toutefois, l'action individuelle des actionnaires, dans le
cas où l'assemblée générale a approuvé la gestion sociale,
devra être intentée dans l'année à partir de cette approbation (art. **127**).

§ 7. — *Des sociétés constituées en pays étrangers.*

Les sociétés anonymes et les autres associations commerciales, industrielles ou financières constituées et ayant leur
siège en pays étranger peuvent faire leurs opérations et
ester en justice en Belgique (art. **128**).

Toute société dont le principal établissement est en Belgique est soumise à la loi belge, bien que l'acte constitutif ait été passé en pays étranger (art. 129).

Les dispositions relatives à la publication des actes et des bilans, ainsi qu'à la publicité permanente, sont applicables aux sociétés étrangères possédant en Belgique une succursale ou un siège quelconque d'opération.

Les personnes préposées à la gestion de l'établissement belge sont soumises à la même responsabilité envers les tiers que si elles géraient une société belge (art. 130).

APPENDICE IV

SOCIÉTÉS ANONYMES SUISSES

La législation des sociétés anonymes n'est pas l'objet d'une loi spéciale en Suisse, mais est contenue, de même que celle des autres sociétés de commerce, dans le Code fédéral suisse des obligations du 14 juin 1881. Rendu en exécution de l'art. 64 de la Constitution fédérale, il s'applique à tous les États de la Confédération. Aucun changement n'y a été apporté depuis sa promulgation. Sur beaucoup de points des dispositions en sont plus développées que celles de la loi française du 14 juillet 1867. Elles s'en distinguent tantôt par une plus grande sévérité, le plus souvent par une plus large latitude.

§ 1. — *Nature de la société anonyme.*

Aux termes mêmes de la loi fédérale, la société anonyme ou société par actions est celle qui se forme sous une raison sociale n'énonçant pas les noms des associés, dont le capital, déterminé à l'avance, est divisé en actions, et dont les dettes ne sont garanties que par l'avoir social, sans que les associés en soient tenus personnellement (art. 612).

Elle jouit de la personnalité morale. Les conséquences lui en sont reconnues expressément ;

Elle a son siège particulier.

Elle a, comme telle, ses droits et ses obligations propres ; elle peut acquérir des droits de propriété et d'autres droits réels, même sur des immeubles.

Elle peut ester en jugement.

Pour les affaires d'une de ses succursales, elle peut aussi être attaquée devant les tribunaux auxquels ressortit cette succursale (art. 625).

Une espèce particulière de société anonyme doit être mise à part. Les dispositions générales de la loi ne sont pas applicables aux établissements (banques, caisses d'assurance, etc.), fondés par des lois cantonales spéciales et administrés avec la participation d'autorités constituées, du moins lorsque l'État se déclare subsidiairement responsable des dettes de la société, et encore que le capital nécessaire ait été, en tout ou partie, divisé en actions et fourni par des particuliers (art. 613).

§ 2. — *La fondation.*

La fondation de la société et les dispositions des statuts doivent être constatées par un acte authentique ou signé de tous les actionnaires (art. 615).

Les statuts doivent déterminer notamment :

1° La raison sociale et le siège de la société ;

2° L'objet de l'entreprise ;

3° La durée de l'entreprise, si celle-ci est restreinte à un temps déterminé ;

4° Le montant du capital social et de chaque action ;

5° La nature des actions, soit au porteur, soit nominatives ; le nombre de chacune des deux espèces, s'il est fixé ; le mode de leur conversion, si cette conversion est admise ;

6° Les organes chargés de [l'administration et du contrôle ;

7° Le nombre des actions que les membres de l'administration sont tenus de déposer ;

8° Les dispositions relatives à la convocation de l'assemblée générale, au droit de vote des actionnaires et au mode de délibérer ;

9° Les questions qui ne peuvent être tranchées à la simple majorité des actionnaires présents, mais seulement à une majorité plus forte ou sous d'autres conditions ;

10° Le mode d'établissement et d'examen du bilan, ainsi que les règles prescrites pour calculer et distribuer les bénéfices ;

11° La forme à suivre pour les publications émanant de la société (art. 616).

De même qu'en droit français la souscription intégrale du capital social est une condition impérative de la formation.

Une protection est organisée au profit des souscripteurs.

Les souscriptions d'actions ne sont valablement faites que par une déclaration écrite se référant aux statuts.

Toute souscription d'actions est faite sous la condition tacite que la société anonyme sera effectivement constituée.

Si une souscription d'actions est subordonnée à une autre condition quelconque, il ne peut en être tenu compte lors de la constatation du capital social qu'autant qu'elle est couverte par une autre souscription faite éventuellement pour le cas où la condition ne s'accomplirait pas (art. 617). Cette règle a pour but de maintenir toute son exactitude à la mention obligatoire du capital social exigée dans l'intérêt des tiers.

Un cinquième au moins du capital social doit être versé pour que la société soit constituée valablement (art. 618).

Les apports en nature et les avantages particuliers sont réglés dans le même esprit que celui de la loi française, mais d'une manière différente.

Lorsqu'un actionnaire fait autrement qu'en argent un

apport compris dans le capital social, ou lorsque la société projetée prend à sa charge certains établissements ou d'autres biens, les statuts doivent indiquer exactement le prix pour lequel elle accepte ces apports, établissements et biens, ou le nombre des actions données en paiement.

Tout avantage particulier en faveur d'un actionnaire ou d'une autre personne ayant participé à la fondation de la société doit également être déterminé dans les statuts.

Les dispositions de cette nature sont approuvées par une décision prise à la majorité dans une assemblée générale convoquée après la souscription du capital social.

Chaque souscripteur d'actions, présent ou dûment représenté, n'a dans cette assemblée qu'une seule voix.

La majorité doit être du quart au moins de l'ensemble des actionnaires et représenter au moins le quart du capital social.

L'associé dont l'apport ou les avantages sont en discussion n'a pas le droit de voter.

La décision doit faire l'objet d'un acte authentique ou signé de tous ceux qui y ont adhéré (art. 619).

Après la clôture de la souscription, une assemblée générale des actionnaires doit, au vu des pièces justificatives qui lui sont soumises, constater par une décision que le capital a été intégralement souscrit et que le cinquième au moins de chaque action a été versé, sauf le cas où les statuts ont reçu la signature de tous les actionnaires et mentionnent que ces conditions ont été remplies (art. 618).

La décision doit faire l'objet d'un acte authentique ou signé de tous ceux qui y ont pris part (art. 618).

Les statuts règlent le mode selon lequel se fera la convocation de l'assemblée générale qui approuve les avantages particuliers et l'évaluation des apports en nature, ou qui vérifie la régularité de la souscription (intégralité, versement du quart) (art. 620).

Une publicité spéciale est assurée à la société par l'institution, particulière à la Suisse, des *Registres du Commerce*. Ce sont des livres spéciaux tenus dans chaque canton sur lesquels doivent être portées certaines mentions énumérées par les lois fédérales et intéressant le public. La tenue et la surveillance en sont confiées à des fonctionnaires cantonaux. Toute personne obligée à une inscription qui a omis de la faire est passible envers les intéressés de dommages-intérêts. Les inscriptions sur les *Registres du commerce* doivent être, en principe, publiées intégralement et sans retard par la *Feuille officielle du commerce :* les inscriptions ne sont opposables aux tiers qu'à partir du moment où ils ont pu en avoir connaissance par la publication officielle (art. 859 et suiv.). Ce moyen est d'un emploi plus efficace que le procédé établi par la loi française.

Les statuts doivent être remis en original, ou en une copie dûment certifiée, au fonctionnaire préposé au *Registre du commerce* dans la circonscription où la société a son siège; ils doivent être inscrits sur le registre et publiés par extrait.

L'extrait doit indiquer :

1° La date des statuts ;

2° La raison sociale et le siège de la société ;

3° L'objet et la durée de l'entreprise ;

4° Le montant du capital social et de chaque action ;

5° La nature des actions, soit nominatives, soit au porteur ;

6° La forme à suivre pour les publications émanant de la société.

Si les statuts déterminent le mode d'après lequel l'administration fait connaître ses décisions et signe pour la société, cette disposition doit aussi être rendue publique (art. 621).

A la demande d'inscription doivent être jointes les pièces suivantes :

1° L'attestation que le capital social est intégralement couvert par les souscriptions;

2° L'attestation que le cinquième, au moins, du montant souscrit par chaque actionnaire a été effectivement versé;

3° Les pièces qui établissent la nomination de l'administration et des contrôleurs;

4° S'il y a lieu, l'acte en bonne forme constatant les décisions prises par l'assemblée générale, relativement aux conditions de souscription et de vérification.

La demande d'inscription doit être ou bien signée par tous les membres de l'administration, en présence du fonctionnaire préposé au registre, ou bien dûment légalisée. L'original ou une copie certifiée des pièces annexées à la demande reste déposé au bureau (art. 622).

Si la société a des succursales dans d'autres circonscriptions, elles doivent être inscrites sur le registre du lieu où elles sont établies, avec référence à l'inscription concernant l'établissement principal.

La demande d'inscription est faite par la direction de la succursale (art. 624).

La société anonyme n'acquiert la personnalité civile que par l'inscription sur le Registre du commerce (art. 623).

Les actions émises avant l'inscription sur les Registres du commerce sont nulles. Ceux qui les ont émises sont solidairement responsables envers les porteurs de ces titres, du dommage que l'émission leur a causé.

Tous ceux qui ont agi au nom de la société avant que l'inscription ait été opérée sont personnellement et solidairement responsables.

Néanmoins, les obligations qui ont été ainsi contractées expressément au nom de la société anonyme en formation, peuvent être acceptées par elle après sa constitution, dans les trois mois à dater de son inscription sur le Registre du commerce. Dans ce cas, le créancier est tenu de reconnaître la société comme son seul débiteur. Cette disposition ne s'applique pas aux engagements pris envers les apporteurs en nature.

Une responsabilité pécuniaire ajoute à la sanction résultant de cette nullité.

Ceux qui ont coopéré à la fondation d'une société anonyme sont tenus, soit envers la société, soit envers chaque actionnaire ou créancier de la société, du dommage qu'ils leur ont causé :

1° En formulant ou en répandant sciemment, dans des circulaires ou des prospectus, des assertions mensongères;

2° En concourant sciemment à dissimuler ou à déguiser dans les statuts des apports ou transmissions de biens, ou des avantages irrégulièrement accordés à certains actionnaires ou à d'autres personnes;

3° En contribuant sciemment à faire inscrire la société sur le Registre du commerce en vertu d'une attestation ou d'un acte contenant des assertions mensongères (art. 671).

§ 3. — *L'organisation.*

Toute société anonyme a nécessairement les organes et pouvoirs suivants :

1° Une administration;

2° Des contrôleurs (art. 642);

3° L'assemblée générale des actionnaires.

C'est de l'assemblée des actionnaires qu'émanent tous les autres pouvoirs. Elle nomme les membres de l'administration et les contrôleurs, ainsi que les autres mandataires et fondés de pouvoirs qu'elle veut instituer. Elle les révoque librement. Toutefois, à la différence du droit français, cette faculté ne s'exerce que sous réserve des indemnités qui peuvent être dues aux personnes révoquées (art. 647).

I. *Les administrateurs.* — L'administration peut se composer d'un ou de plusieurs membres (art. 649, alin. 2).

Les membres de l'administration sont élus pour six ans au plus.

Sauf disposition contraire des statuts, ils sont rééligibles (art. 649, alin. 3).

Pour la première période triennale, ils peuvent être désignés par les statuts sans avoir besoin de la confirmation de l'assemblée générale.

L'administration de la société ne peut être confiée qu'à des actionnaires. Si l'on y appelle des personnes qui ne soient point actionnaires, elles ne peuvent entrer en fonctions qu'après avoir acquis cette qualité en se procurant des actions (art. 649, alin. 1).

Pendant toute la durée de leurs fonctions, les membres de l'administration sont tenus de déposer le nombre d'actions de la société fixé par les statuts (art. 658).

Sauf disposition contraire des statuts, la société n'est valablement représentée vis-à-vis des tiers et engagée par la signature de ses administrateurs qu'autant qu'ils ont agi et signé collectivement (art. 651).

Ceux qui signent pour la société doivent ajouter leur signature personnelle à la dénomination de l'administration (art. 652).

Toute personne autorisée à engager la société par sa signature est tenue de faire inscrire cette signature sur le Registre du commerce, en produisant l'acte qui lui confère ce droit.

Les mêmes formalités doivent être observées pour tout changement qui surviendrait dans le droit de signer (art. 653).

La société est tenue des actes accomplis dans les limites de leur mandat par ceux qui la représentent.

On ne peut, à l'égard des tiers de bonne foi, valablement restreindre les attributions de ces représentants quant à l'époque ou au lieu où ils doivent agir.

Toutefois il est loisible de les obliger à ne signer que collectivement.

De même, le droit de représentation conféré aux directeurs d'une succursale ayant un siège distinct peut être limité à la gestion des affaires concernant cette succursale (art. 654).

C'est à l'administration qu'il appartient d'accomplir tous les actes imposés aux sociétés anonymes.

Elle doit pourvoir à la tenue des livres nécessaires.

Elle doit soumettre aux actionnaires, dans le délai légal, le bilan de l'exercice précédent (art. 655).

Ce bilan est soumis à des règles très minutieuses et très précises, qui contrastent avec le silence, à peu près complet sur ce point, de la législation française.

Il doit être dressé d'une façon assez claire et assez facile à saisir pour que les actionnaires puissent se rendre un compte exact de la vraie situation de fortune de la société.

Aux termes mêmes de la loi, il y a lieu, notamment d'observer les règles suivantes quant à l'actif et au passif.

Les immeubles, bâtiments et machines ne peuvent être évalués tout au plus qu'au prix d'acquisition, et déduction faite de l'amortissement que comportent les circonstances ; s'ils sont assurés, on indique, en outre, la somme pour laquelle ils le sont.

Les valeurs cotées sont évaluées seulement à leur cours moyen dans le mois qui précède la date du bilan.

Les approvisionnements de marchandises ne peuvent être estimés au-dessus de leur prix d'achat et, si ce prix dépasse le prix courant, au-dessus de ce dernier prix.

On doit indiquer le montant total des valeurs douteuses et des amortissements correspondants.

Les frais de fondation, d'organisation et d'administration sont portés intégralement aux dépenses de l'année.

Par exception, les frais d'organisation prévus par les statuts ou par les décisions de l'assemblée générale, soit pour l'installation primitive, soit pour une nouvelle branche d'affaires, soit enfin pour une extension des opérations, peuvent être répartis sur une période de cinq années au plus, à condition de faire figurer aux dépenses de chaque année au moins la part afférente à cet exercice.

Les obligations émises par la société sont portées pour la valeur intégrale à laquelle elles doivent être remboursées. Mais on peut porter à l'actif la différence entre le prix d'émission et le taux du remboursement, en la diminuant chaque année, jusqu'au jour de l'échéance, de la somme nécessaire à l'amortissement (art. 656).

Le capital social et les fonds de réserve ou de renouvellement doivent être inscrits au passif.

Les statuts peuvent prescrire à l'administration de conférer la direction des affaires sociales ou de certaines de ces affaires, soit à un ou plusieurs de ses propres membres, soit à une ou plusieurs autres personnes, même étrangères à la société.

Les commissaires, directeurs et fondés de pouvoirs désignés par l'administration peuvent être révoqués par elle en tout temps, sauf indemnité s'il y a lieu (art. 650).

2° *Les contrôleurs*. — L'assemblée générale désigne un ou plusieurs commissaires-vérificateurs, chargés de lui soumettre un rapport sur le bilan et sur les comptes présentés par l'administration (art. 659).

Ils sont pris indistinctement dans la société même, ou en dehors.

La première élection de contrôleurs, quels qu'ils soient, ne peut se faire pour plus d'un an, les élections ultérieures pour plus de cinq ans (art. 663).

Les commissaires-vérificateurs ont le droit d'exiger la production des livres, avec les pièces à l'appui, et de vérifier l'état de la caisse (art. 660).

L'assemblée générale a, en tout temps, le droit de nommer des commissaires spéciaux ou des experts pour examiner tout ou partie de la gestion (art. 661).

Au surplus, les statuts peuvent contenir d'autres dispositions sur l'organisation du contrôle et étendre les attributions et les devoirs des contrôleurs (art. 662).

Il ne leur serait pas permis de les restreindre.

Une responsabilité identique dans son principe frappe les administrateurs et les contrôleurs.

Les membres de l'administration et les contrôleurs sont solidairement responsables envers la société des dommages qu'ils lui causent en violant ou en négligeant leurs devoirs (art. 673).

Les membres de l'administration et les contrôleurs sont solidairement responsables, envers chacun des actionnaires et créanciers de la société, de tous dommages qu'ils leur ont causés en manquant volontairement aux devoirs que leur imposaient leurs fonctions respectives (art. 674).

Si une société anonyme déjà constituée a émis des actions ou des obligations, soit pour son compte, soit pour celui de tiers, tous ceux qui ont coopéré à l'émission sont responsables, envers tout actionnaire ou obligataire, du dommage qu'ils auraient causé en publiant ou en répandant sciemment des circulaires ou prospectus mensongers (art. 672).

L'action en responsabilité appartient à la société et à chaque personne lésée individuellement. Mais la société ne peut disposer de son droit que sans préjudice des autres droits.

Lorsque, par décision de l'assemblée générale, ceux qui pourraient être poursuivis en dommages et intérêts, ont été libérés de leur responsabilité, cette décision n'est opposable à un actionnaire que s'il y a adhéré, ou s'il n'a formé aucune opposition dans les six mois à dater du moment où il en a eu connaissance, ou s'il a acheté ses actions postérieurement à la décision et en parfaite connaissance de cause (art. 675).

Les actionnaires ont le droit de réclamer immédiatement.

Les créanciers de la société ne peuvent faire valoir leurs droits qu'après la mise en faillite de la société, à moins que leurs créances ne résultent de titres au porteur (art. 675, alin. 2).

3° *L'assemblée générale des actionnaires.* — L'assemblée générale des actionnaires constitue le pouvoir suprême de la société anonyme (art. 643). Cette idée ne résulte pas seulement des dispositions de la loi, mais elle est exprimée formellement.

La convocation, la composition et les attributions de l'assemblée sont réglées avec précision.

Les actionnaires se réunissent une fois par an, en assemblée générale ordinaire, dans les six mois qui suivent la clôture de l'exercice, pour prendre connaissance du bilan, voter sur le résultat de l'exercice et fixer le dividende.

Les décisions que l'assemblée prend à cet égard sont nulles si elle n'a pas été nantie préalablement du rapport des contrôleurs (art. 644).

L'assemblée générale est convoquée par l'administration et, au besoin, par les contrôleurs (art. 644).

Cette assemblée doit, en outre, être convoquée sur la demande d'un ou de plusieurs actionnaires, à condition que leurs actions représentent ensemble au moins le dixième du capital social. Cette demande doit être signée par eux et indiquer le but de la convocation (art. 645).

La convocation se fait selon le mode fixé par les statuts.

L'ordre du jour de la réunion doit toujours être indiqué dans la convocation.

Il ne peut être pris aucune décision sur des objets ne figurant pas à l'ordre du jour, si ce n'est sur la proposition, faite en séance, de convoquer une assemblée générale extraordinaire.

Il n'est pas nécessaire qu'on ait annoncé à l'avance les propositions et les délibérations qui ne doivent pas être suivies d'un vote (art. 646).

Les assemblées générales extraordinaires sont convoquées aussi souvent qu'il en est besoin (art. 644, alin. 7).

En principe, les actionnaires exercent leur droit de vote dans l'assemblée générale proportionnellement au nombre d'actions qu'ils possèdent. Tout actionnaire, même lorsqu'il ne possède qu'une action, a droit à une voix.

Toutefois, cette règle comporte deux exceptions, l'une statutaire, l'autre légale :

1° La société peut limiter, par les statuts, le nombre de voix du porteur de plusieurs actions;

2° En aucun cas, un seul actionnaire ne peut réunir entre ses mains plus du cinquième des droits de vote qui se trouvent représentés dans l'assemblée générale (art. 640).

Ceux qui, à un titre quelconque, prennent part à la gestion, n'ont pas voix délibérative lorsqu'il s'agit de donner décharge à l'administration pour la gestion et la reddition des comptes.

La règle ne s'applique pas aux personnes qui se bornent à surveiller la gestion (art. 655, alin. 2).

Sauf disposition contraire de la loi ou des statuts, l'assemblée générale prend ses décisions et fait ses nominations à la majorité absolue des voix des actions représentées (art. 648).

L'assemblée générale exerce, au nom de l'ensemble des

actionnaires, les droits qui leur sont attribués dans les affaires sociales, notamment en tout ce qui concerne la conduite de l'entreprise, la vérification du bilan, la supputation des bénéfices et les propositions relatives aux dividendes (art. 639).

C'est elle seule qui possède les attributions suivantes :

1° Le droit de nommer l'administration et les contrôleurs;

2° Le droit de voter les statuts et les modifications qu'ils comportent;

3° Le droit de statuer sur toutes les questions qui lui sont réservées par la loi ou par les statuts (art. 684, alin. 3 et suiv.).

Les actionnaires considérés individuellement ont les mêmes droits de contrôle et d'action que dans la législation française.

Huit jours au plus tard avant l'assemblée générale, le bilan et le compte de profits et pertes doivent être mis, avec le rapport des commissaires-vérificateurs, à la disposition des actionnaires.

L'avis que ces pièces sont à leur disposition doit, s'il y a des actions au porteur, être inséré dans les feuilles publiques désignées à cet effet.

Quant aux titulaires d'actions nominatives qui sont inscrits sur le registre des actions, l'avis doit leur être donné directement contre reçu ou par lettre recommandée.

Les actionnaires ont le droit de signaler à l'attention des contrôleurs les points douteux, et de demander les explications nécessaires.

Ils ne peuvent être autorisés à prendre connaissance des livres et de la correspondance que par décision de l'assemblée générale ou de l'administration, ou par ordre de justice, et à condition que le secret des affaires ne soit pas compromis sans nécessité.

Ces droits des actionnaires ne peuvent être supprimés

ou restreints, ni par les statuts, ni par une décision de l'assemblée générale (art. 641).

§ 4. — *Le fonctionnement.*

1° *Des droits et obligations des actionnaires.* — Des dispositions précises font connaître avec plus de détail que la loi française ce que chaque associé a le droit de prétendre et les charges qui pèsent sur lui.

Pendant la durée de la société, chaque actionnaire a droit à une part proportionnelle des bénéfices nets, dans la mesure où, d'après les statuts, il y a lieu de les répartir entre les actionnaires.

Les dividendes et tantièmes ne peuvent être payés que sur le bénéfice net établi par le bilan annuel.

Même en dehors de toute stipulation statutaire, il est permis à l'assemblée d'en mettre de côté une portion quelconque pour constituer les réserves complémentaires utiles à la consolidation de l'entreprise (art. 631, alin. 2).

Il ne peut être payé d'intérêts pour le capital-actions.

Toutefois des intérêts d'un taux déterminé peuvent être convenus pour le temps que réclame, d'après les statuts, la préparation de l'entreprise jusqu'au commencement de l'exploitation normale (art. 630).

Une solution très favorable est donnée à la question des dividendes fictifs. Dans aucun cas les actionnaires ne sont tenus de rapporter les dividendes ou intérêts qu'ils ont reçus de bonne foi (art. 632).

Les actionnaires ne sont pas tenus de contribuer au delà du montant statutaire de leurs actions à l'exécution des engagements de la société et à la réalisation de l'objet de l'entreprise.

Un actionnaire ne peut être déclaré déchu de ses droits si les appels de versements n'ont été publiés au moins trois fois dans les feuilles publiques désignées à cet effet. La dernière insertion doit précéder de quatre semaines au moins le terme fatal fixé pour les versements (art. 635).

Si les actions sont nominatives et ne sont transmissibles que par voie d'inscription sur le Registre des actions, l'avis de l'appel de fonds doit être donné directement et par trois fois à chaque actionnaire par communications spéciales (lettres recommandées). Dans ce cas, la publication par la voie des journaux n'est pas nécessaire (art. 635, alin. 2).

Si un actionnaire ne verse pas en temps utile le montant de son action, il doit de plein droit des intérêts moratoires.

Les statuts peuvent prononcer des peines conventionnelles contre les actionnaires qui n'effectuent pas aux termes fixés les versements auxquels ils sont tenus.

Ils peuvent même déclarer que les retardataires seront déchus de leurs droits de souscripteurs et que les versements partiels par eux opérés demeureront acquis à la société.

La société a le droit d'émettre de nouvelles actions en remplacement de celles qui ont été ainsi annulées (art. 634).

2° *Effets extérieurs de la société par rapport aux tiers.* — De même que dans toutes les autres législations, les tiers n'ont affaire qu'à la société personne morale et propriétaire du fonds social. En conséquence la loi suisse s'est préoccupée, avec plus de sollicitude encore que la loi française, de faciliter au public la constatation de ce fonds et d'en assurer la conservation contre toutes les reprises illégitimes des actionnaires.

Parmi les formalités de publicité figure en première

ligne l'indication du capital auquel est fondée la société anonyme.

On devra dans toutes les publications officielles de la société (annonces, circulaires, rapports, etc.) dans lesquelles il est fait mention du capital-actions, mettre clairement en évidence quelle proportion de cc capital a été effectivement versée (art. 638).

Les actionnaires n'ont pas le droit de réclamer la restitution de leurs versements, ni lors de la dissolution de la société, ni auparavant (art. 629, alin. 2).

Le dividende n'est fixé qu'après déduction des prélèvements statutaires en faveur du fonds de réserve.

Si la consolidation de l'entreprise l'exige, l'assemblée générale a le droit, avant toute distribution de dividendes, de constituer des réserves, même en dehors des prélèvements prévus par les statuts (art. 631).

La valeur nominale des actions ne peut être ni diminuée ni augmentée pendant la durée de la société, si cette modification influe sur la valeur nominale du capital-actions; sauf les dispositions relatives à l'amortissement ou à la réduction légale du capital social (art. 614, alin. 2).

Il est interdit, en principe, aux sociétés anonymes d'acquérir leurs propres actions.

Elles ne le peuvent que dans les cas suivants :

1° Lorsque l'achat a pour objet un amortissement prévu par les statuts ;

2° Lorsque l'achat est fait en vue du remboursement partiel du capital social ;

3° Lorsque l'acquisition est la conséquence de poursuites faites par la société en vue d'obtenir paiement de ses créances ;

4° Lorsque l'achat se rattache à une catégorie d'opérations rentrant d'après les statuts dans l'objet de l'entreprise.

Dans les deux premiers cas, les actions rachetées doivent être immédiatement rendues impropres à toute nouvelle aliénation.

Dans les deux derniers cas, les actions dont la société est devenue propriétaire doivent, au contraire, être revendues dans le plus bref délai possible, et le rapport annuel doit signaler ces acquisitions et reventes.

Les actions rachetées par une société ne peuvent être représentées dans les assemblées générales (art. 626).

3° *Cession d'actions.* — La transmission des actions est facilitée, selon le principe même de la société anonyme, mais les mêmes précautions qu'ailleurs sont prises pour garantir les droits de chacun contre les effets de cette transmission.

Les actions peuvent être au porteur ou nominatives (art. 614).

Les actions, promesses ou certificats provisoires au porteur ne peuvent être émis qu'autant qu'il a été versé cinquante pour cent de la valeur nominale (art. 636).

Si les actions sont nominatives, le nom et la demeure de l'actionnaire doivent être inscrits sur le registre des actions de la société.

Les actions nominatives sont transmissibles, sauf stipulation contraire des statuts.

La transmission peut avoir lieu par voie d'endossement.

L'acquéreur d'une action nominative doit faire inscrire le transfert sur les registres de la société et, à cet effet, produire le titre et justifier de la cession dont il se prévaut.

A l'égard de la société ne sont considérés comme actionnaires que ceux dont les noms sont inscrits sur le registre des actions.

La société a le droit, mais non l'obligation, de vérifier les droits du porteur de titre (art. 637).

. Tant que des actions au porteur ou nominatives ne sont pas entièrement libérées, on doit indiquer clairement, sur chaque titre, le montant effectivement versé (art. 638).

L'indivisibilité des actions est proclamée par l'art. 614.

Jusqu'au versement intégral de 50 0/0 de la valeur nominale, le souscripteur d'une action reste tenu d'une manière absolue, encore qu'il ait transféré ses droits à un tiers et que celui-ci ait assumé à sa place l'obligation de payer (art. 636, alin. 2).

Même après le versement de 50 0/0 de la valeur nominale de l'action, le souscripteur ne peut être personnellement libéré qu'autant que les statuts primitifs le permettent expressément (art. 636, alin. 3).

Tant qu'une action n'est que partiellement libérée, l'actionnaire qui la transfère demeure obligé au paiement du solde, à moins que la société n'accepte en ses lieu et place le cessionnaire et ne relève le cédant de ses engagements.

Même dans ce dernier cas, le souscripteur originaire reste subsidiairement tenu des versements non effectués, jusqu'à concurrence de la valeur nominale de l'action, si la société tombe en faillite dans l'année qui suit la libération par lui obtenue (art. 637, alin. 7).

§ 5. — *Modifications de la société.*

La révision du pacte social est possible et rendue plus facile par des dispositions spéciales de la loi. Mais des règles variées protègent la minorité contre la volonté de la majorité, et les tiers contre la société elle-même.

La majorité ne peut imposer à la minorité une transformation du but de la société.

L'assemblée générale ne peut, par un vote de la majorité, priver les actionnaires de droits acquis (art. 627).

A moins de dispositions contraires dans les statuts, les décisions par lesquelles la société étend le cercle de ses opérations en y comprenant des affaires analogues, ou le restreint, ou fusionne avec une autre société, ne peuvent être prises que dans une assemblée générale où les deux tiers au moins des actions sont représentés.

Si dans une première assemblée générale, les deux tiers des actions ne sont pas représentés, une seconde assemblée peut être convoquée à trente jours au moins de la première, et les décisions peuvent y être prises, encore qu'un tiers seulement des actions soit représenté.

Au surplus, elles ne sont valables qu'après avoir été inscrites sur le Registre du commerce (art. 627, alin. 2).

Toute décision de l'assemblée générale relative à la continuation de la société, à la réduction du capital-actions ou à son augmentation par voie d'émission nouvelle, ou bien à toute autre modification des statuts, doit faire l'objet d'un acte authentique ou signé de tous ceux qui ont voté pour la décision (art. 626).

La décision doit être inscrite sur le registre du commerce et publiée comme les statuts primitifs (art. 626, alin. 2).

Elle ne produit aucun effet tant qu'elle n'a pas été inscrite sur le Registre du commerce de la circonscription où la société a son siège (art. 626, alin. 3).

Indépendamment de ces règles générales, plusieurs cas particuliers de modifications sont soumis à l'application de règles spéciales.

Le remboursement du capital social aux actionnaires ou la réduction de ce capital ne peut avoir lieu qu'en vertu d'une décision de l'assemblée générale.

Ce remboursement ou cette réduction ne peut s'opérer que conformément aux règles prescrites pour la réparti-tion de l'actif en cas de dissolution.

Les membres de l'administration qui contreviennent à

cette disposition sont personnellement et solidairement responsables envers les créanciers de la société (art. 670).

Si une société par actions est dissoute à raison de sa fusion avec une autre société anonyme, on applique les dispositions suivantes :

1° L'actif de la société qui se dissout doit être administré séparément jusqu'à ce que ses créanciers aient été payés ou qu'ils aient reçu des sûretés ;

2° Les tribunaux compétents jusqu'à ce moment le restent pendant toute la durée de l'administration séparée ; mais l'administration n'en appartient pas moins à la nouvelle société ;

3° Les administrateurs de la nouvelle société sont personnellement et solidairement responsables envers les créanciers du maintien de la séparation des deux administrations.

4° La dissolution de la société doit être publiée par voie d'inscription sur le Registre du commerce.

5° La sommation publique aux créanciers de la société dissoute peut être ajournée. Toutefois les biens des deux sociétés ne peuvent être confondus avant le moment où la loi permet le partage, entre les actionnnaires, de l'actif d'une société dissoute (art. 669).

§ 6. — *De la dissolution de la société.*

La société anonyme est dissoute, entre autres cas :

1° Par l'expiration du terme fixé dans les statuts ;

2° Par une décision de l'assemblée générale, constatée dans un acte authentique ou signée de tous les actionnaires qui y ont adhéré ;

3° Par la faillite de la société.

Il existe un mode de dissolution analogue à celui qu'édicte l'art. 37 de la loi française de 1867 : lorsqu'il résulte du dernier bilan que le capital social a été réduit de moitié, l'administration doit immédiatement convoquer l'assemblée générale et lui faire connaître la situation.

Dès que l'actif ne couvre plus les dettes de la société, l'administration est tenue d'en donner avis au juge compétent, à l'effet de faire déclarer la faillite de la société.

Sur la demande des créanciers ou d'un curateur nommé pour pourvoir aux intérêts communs de certaines classes de créanciers, le juge a le droit d'ajourner la déclaration de faillite et de prendre provisoirement d'autres mesures en vue de la conservation de l'actif (art. 657).

Les mêmes dispositions générales sont également applicables quel que soit d'ailleurs le mode de dissolution.

Sauf le cas de faillite, la dissolution doit être inscrite sur le Registre du commerce, à la diligence de l'administration. Elle doit être publiée à trois reprises dans les feuilles désignées pour les publications de la société, avec sommation aux créanciers de produire leurs créances (art. 665).

Cette disposition s'applique sans distinction à la société qui, en cas de fusion, ne disparaît que pour être fondue dans une autre (art. 669-4°).

La liquidation se fait par les soins de l'administration, à moins que les statuts ou une décision de l'assemblée générale n'aient désigné d'autres liquidateurs (art. 666).

Les pouvoirs des liquidateurs peuvent toujours être révoqués par la majorité des actionnaires ou par un jugement rendu sur la demande d'un ou de plusieurs d'entre eux (art. 666, alin. 3).

Les dispositions relatives aux inscriptions et publications des sociétés en nom collectif, ainsi qu'aux attributions des liquidateurs, sont applicables aux sociétés anonymes, sous cette seule réserve que les mesures de publicité doivent être prises à la requête de l'administration (art. 666, alin. 2).

La liquidation et le partage sont réglés plus longuement que dans la loi française.

Les créanciers dont les noms sont connus par les livres ou autrement doivent être invités par communications spéciales (lettres recommandées) à produire leurs créances. S'ils négligent de le faire, le montant de leurs créances doit être consigné en justice (art. 667, alin. 3).

Il y a lieu également à consignation pour les affaires pendantes et pour les créances litigieuses, à moins que le partage de l'actif ne soit ajourné jusqu'au règlement ou qu'on ne donne aux créanciers des sûretés suffisantes (art. 667, alin. 4).

Les membres de l'administration et les liquidateurs qui contreviennent à ces dispositions sont tenus personnellement et solidairement envers les créanciers à la restitution des paiements indûment opérés (art. 667, alin. 5).

L'actif de la société dissoute est réparti, après paiement des dettes, entre les actionnaires en proportion de leurs actions (art. 667 et 669, 2° alin.).

Cette répartition ne peut avoir lieu qu'après l'expiration d'un délai d'un an, à dater du jour de la troisième insertion faite dans les feuilles publiques à ce désignées (art. 667).

Les livres de la société dissoute doivent être déposés en un lieu sûr, désigné par le fonctionnaire préposé au Registre, pour y être conservés pendant dix ans (art. 668).

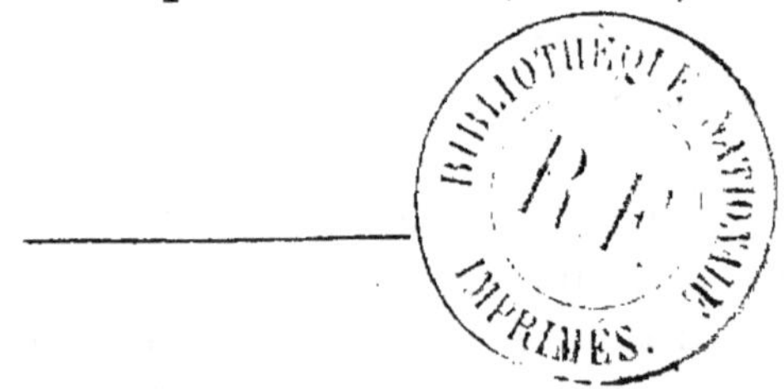

TABLE ANALYTIQUE

CHAPITRE IV

Pages.

APPENDICES

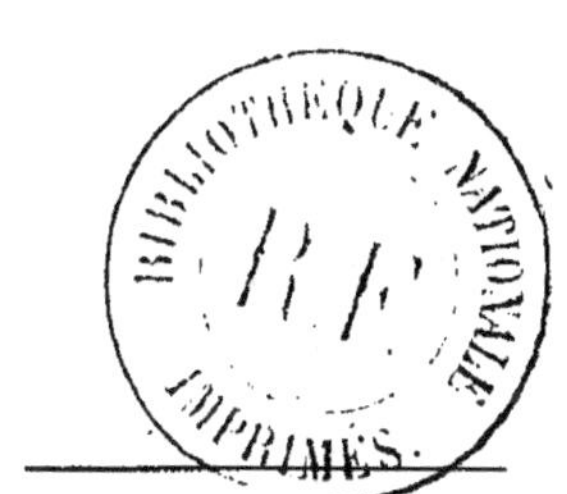

TABLE ALPHABÉTIQUE